蕭振豪 著

華嚴字母新探

明清宗教、語言與政治

中華書局

目錄

《華嚴字母新探：明清宗教、語言與政治》序言

黃耀堃

　　二十一世紀初一個學術會議的早餐桌上，幾天來都是嚴肅的討論，四五個語言學的前輩聚首一起，一邊吃早點一邊討論博士生和碩士生的題目。前輩們認為現在的學術生態失衡，大量培養文科研究生，論文題目陳陳相因，了無新意；並認為要及早解決文科研究缺乏新題目、新的研究方向這個瓶頸問題，以免後患無窮……。「早餐會議」比研討會議場裏的討論來得激烈，因為這是跟每年幾十個以至幾百個研究生的「性命」攸關。

　　我可以帶的研究生不多，前輩的討論也沒有放在心上，畢竟還是有個陰影。幾年後陸續負責指導三個研究語言學的研究生，他們竟然都是在中學開始協助余廼永教授的研究工作的。我讀大學一年級時，余廼永教授已是周法高老師的研究生，我們在日語課上認識，余教授那時正校注《廣韻》，其後不久余教授就出版了他校注的《廣韻》的初版。此後二三十年，余教授不斷進行《廣韻》研究，記得 1984 年一同赴桂林參加中國音韻學研究會的年會，同住一個房間，余教授每日通宵達旦撰寫《廣韻》校記。二十一世紀初，余教授陸續出版《廣韻》的新校注本，然而他聘用中學生當他的半職助理，頗令人費解，多年後我才明白他的深意，實際是為未來學術研究培養人材，其中一位就是蕭振豪教授。

　　振豪兄修讀畢業論文課時，和他談起，才清楚知道他得到余教授的培養。開始探討畢業論文選題時，真的出現了前輩擔心的問題。不是我擔心題目沒有意義，就是振豪兄拒絕做一些平庸的題目，最後決定做「白石旁譜」的研究。

這個題目我的確很擔心，常宗豪老師曾經告誡我不要碰姜夔的詞譜，然而結果是振豪兄不單完美地寫出了論文，獲得評審委員高度讚賞，更運用起統計學的 SPSS（Statistical Product and Service Solutions）程式。日本學者利用佛教聲明擬測中國古代某些方音的聲調，而振豪兄的論文更推進一步，提升到定時定點上去。接着，振豪兄入讀研究院，決定研究課題時的確又再次出現前輩所説的陰霾，經過一年討論才定下來，老實説我的確有點擔心。不過，他寫得很快，大部分在半年內就完成了，題目就是《華嚴字母與明清韻學關係考》，也就是本書的其中一個部分。修讀完碩士課程很自然就升讀博士，但我想到余廼永教授的苦心，很希望振豪兄不要再留在我那裏讀博士，甚至離開香港。完成碩士課程的一年後，振豪兄去到平田昌司教授的門下，也了卻我的心事。

華嚴字母，甚至「白石旁譜」，在很多人眼中這些研究都是偏仄冷門的學問，多少年來惹來了不少冷言冷語，雖然有時褒稱為「絕學」，實為譏諷；甚至有人認為無益世道人心，對中文研究毫無建樹。當然，這兩門學問對我來説也是相當陌生，與其説我擔任論文導師，其實只是和振豪兄一起走過幾年的學術生涯。一同走過這條側徑，我才深深體會到走進「窄門」的道理，世上很少東西是不施有報，無實有獲。兩年碩士與其説是指導，不如説是我學習的過程。華嚴字母關係語言、社會，不單是宗教的東西，還是貫串天竺、震旦歷史的文化結晶，大大打開了我的視野。

振豪兄研究華嚴字母，啟發我重新檢視清代古韻學中「考古」與「審音」的問題，「考古」與「審音」是近幾十年來研究清代古音學的一個基本概念，如果沒有了振豪兄的研究，也不能清楚分辨出「考古」與「審音」在清代真正的意義，振豪兄考訂戴震跟華嚴字母的關係，可以説是學術史上重要的一個板塊。華嚴字母不單是佛教的東西，振豪兄指出其中涉及多種宗教，審閱振豪兄的論文同時，也引起我對其他宗教的興趣，後來我和另一位學生在《封神演義》之中找到一些祆教的痕跡，這也是我學習的心得。審閱論文時，最為震撼的竟是劉獻廷的部分，劉獻廷明確提出建立一種世界共同語音的體系，識力超越了方言和國界，甚至時代。「華嚴字母」這個曾被人冷落的學問，裏面真的還有不少可待開發的相關的研究。

我在修讀大學一年級時，晚上兼教一所中學一年級語文課，課程有葉聖陶

〈努力事春耕〉，文章說的是一首廣為人知的詩：大地藏無盡，勤勞資有生。念哉斯意厚，努力事春耕。現代人也許認為這首詩有點不合時宜，打開媒體滿目盡是能源困乏，污染嚴重，社會不公，戰爭不斷……但我仍充滿希望，深信很多東西可以改變。正如振豪兄不失盼望，努力春耕，就打開了華嚴字母這個寶庫，前輩的憂慮更激發我們的努力。不要手把犁耙向後看，不要挑人人都走的輕輕鬆鬆的陽關大道，文科還是充滿希望，還是充滿生機。振豪兄，勉乎哉！

2018 年除夕

唱韻考──以《悉曇經傳》為中心

一、韻主和尚

　　早在宋代，鄭樵（1104-1162）已提到「釋氏以參禪為大悟，通音為小悟」，[1]
然而佛門弟子傳習聲韻的具體情況，卻沒有相關的文獻足徵。劉獻廷（1648-
1695）《廣陽雜記》提到小悟的手段即為唱韻，明清之際更有專門負責唱韻的韻
主和尚：

　　當明中葉，等韻之學盛行于世，北京衍法、五臺、西蜀峨眉、中州伏
　　牛、南海普陀，皆有韻主和尚，純以唱韻開悟學者。學者目參禪為大
　　悟門，等韻為小悟門。而徽州黃山普門和尚，尤為諸方之推重。[2]

據此，唱韻遍及北京、山西、四川、河南、浙江、安徽等地，當中的徽州黃山
普門和尚即雲亭惟安（?-1625，鄜縣［今陝西眉縣］人），萬曆三十二年（1604）
立黃山道場，後敕賜慈光寺。[3]劉獻廷的韻學傳承與黃山有密切關係，其師為虛
谷大師：

　　虛谷大師，本無錫秦氏，其祖為長沙太守，遂流寓衡山。［……］嘗
　　受等韻之學于語拙韻主，韻主真定鉅鹿縣人，為黃山第二代教授師。
　　［……］語拙師幼不識字，年三十矣，入黃山充火頭，寒暑一衲，行住
　　坐臥，惟唱等韻。如是者六年，一旦豁然而悟，凡藏典繙繹，無留難
　　者，遂為第二代韻主教授師。歲在丁卯［1627］，傳法南來，五臺顴
　　愚和尚甚器重之。桂王［引案：即桂端王朱常瀛（1597-1644），1627
　　年就藩］聞其名，延入藩府，執弟子禮，學等韻。後養于南岳以終老
　　焉。虛谷師嘗從之學，深有所得，受付囑，迄今五十年矣。嘗抱人琴
　　俱亡之懼，逢人即詔之等韻，聞余至甚喜。［……］大師始遇予于康甲

1　　鄭樵：《通志》，《等韻五種》影印元至治本（台北：藝文印書館，2003年），頁7。

2　　劉獻廷：《廣陽雜記》（北京：中華書局，1957年），頁143。

3　　事見《新續高僧傳四集》、《宗統編年》。

夫家，為余唱誦通釋一過，梵音哀雅，令人樂聞，確有指授，非杜撰
也。余既願學，大師復不吝教，留彼數日，而等韻之事畢矣。[4]

師承關係可簡化如下：

```
普門 ── 語拙 ──┬── 虛谷 ── 劉獻廷
                └── 桂王
```

文中稱虛谷為黃山「第二代（韻主）教授師」，案教授師即教授阿闍梨，為五
種阿闍梨（ācārya，漢譯師、教師、教授等）之一，負責教授威儀（坐作進退
及儀式作法），又稱威儀師。[5] 由此可知韻主和尚屬於教授師之一，又簡稱韻主。
劉獻廷又稱「余髫年於燕都仁壽寺遇蜀僧大悅，自言善唱等韻，少少為余言其
梗概，不及學也」，[6] 可見北京仁壽寺也有韻主和尚。

　　趙宧光《悉曇經傳》（1606 序，刊於 1611 或以後）中又稱韻主和尚為韻
師。《悉曇經傳・學悉曇記》中記趙宧光學於真定仁淖（潮），淖公「北產而
久居南國，西參而東人多與，得之刺麻，參之韻主」，「比越調則直而和雅，校
吳音又滿而不乖」，[7] 可知趙宧光的韻學師承，也與韻主和尚有關。值得注意的
是，淖公為真定府（治所在今河北省石家莊市正定縣）人，而語拙則被稱為「真
定鉅鹿縣（今河北省邢台市）人」，考鉅鹿縣並不在真定府境內，而在鄰近的
順德府。金代編訂《五音集韻》、《四聲篇海》的韓孝彥、韓道昭父子均為真定
松水（今河北省石家莊市靈壽縣）人，[8] 二書對佛門聲韻影響深遠。劉獻廷誤記

4　《廣陽雜記》，頁 143。
5　《四分律・皮革揵度之餘》：「阿闍梨者，有五種阿闍梨。有出家阿闍梨、受戒阿闍梨、教授阿
　　闍梨、受經阿闍梨、依止阿闍梨。出家阿闍梨者，所依得出家者是。受戒阿闍梨者，受戒時作
　　羯磨者是。教授阿闍梨者，教授威儀者是。受經阿闍梨者，所從受經處讀修妬路，若說義乃至
　　一四句偈。依止阿闍梨者，乃至依止住一宿。」（T22, no. 1428, p. 848a4-11）另參丁福保《佛
　　學大辭典》「威儀師」條。
6　《廣陽雜記》，頁 144。
7　饒宗頤編集：《悉曇經傳：趙宧光及其〈悉曇經傳〉》影印南京圖書館藏本（台北：新文豐出
　　版股份有限公司，1999 年），頁 113-114。此書俗字與異體字極多，難以卒讀，為方便理解，
　　一概改為通行字形。
8　甯忌浮：《漢語韻書史・金元卷》（上海：上海人民出版社，2016 年），頁 16-17。

語拙籍貫，到底是無心之失，抑或是有意以真定地名尊顯語拙的聲韻水平，今已無法得知，但真定一地與聲韻尤其是佛門聲韻的關係，值得進一步考究。

從後文所引《悉曇經傳》的文字所見，韻師除了負責唱韻以外，還負責聲韻的教學和韻學材料的刊刻、編定，當中牽涉到韻圖、韻書、等韻、門法，甚至是韻書及字書中所牽涉到的字學問題。因此諸如宋元以來字書和韻書所附「語文雜叢」關於字形辨析的內容，[9]以至真空《貫珠集》所收篇海類書籍部首檢索等內容，都是韻主和尚所關注的材料，而且與唱韻學習相關。現存佛教文獻有關唱韻的記載甚少，如《嘉興藏》收錄了明末清初創立忠州高峰寺（在今重慶市）的三山燈來（1614-1685）教導弟子唱韻的片段：

> 眾僧唱韻次，師豎掌云：「這字作麼生唱？」一僧撫桌，師云：「歸那個母？」曰：「請和尚指示。」師云：「待汝切得字時，即向汝道。」[10]

如果把誦讀聲韻的練習法也計算在內，廣義的唱韻早見於六朝。早期的唱韻以梵學為中心，所練習唱誦的都是悉曇字母，如《悉曇慕》、《悉曇章》等，後者在明清之際更與古琴音樂融合，成為琴歌《普庵咒》。[11]此外日藏咸通三年（862）抄《悉曇經悉談章》提到「以頭為尾」、「以尾為頭」等以不同方式誦讀梵字的練習法，與敦煌 S.1344 背（舊題「論鳩摩羅什通韻」，當非鳩摩羅什作）、高野山親王院本《次第記》內容相通，均可視為佛門音韻的學習教材。[12]至於以中國韻圖為中心的唱誦，《悉曇經傳》詳細記載了唱韻的步驟和材料；[13]介乎兩者之間的有華嚴字母韻表，此表在梵文四十二字門的基礎上擴充漢字

---

9   「語文雜叢」的概念，參閱嚴至誠：《宋元語文雜叢所見等韻資料研究》，香港中文大學中國語言及文學課程哲學碩士論文，2006 年，頁 1-2。

10   《三山來禪師語錄》，J29, no. B244, p. 708b4-6。

11   麥文彪：〈「普庵咒」における悉曇字母について：佛教真言の中國化の一例〉，《東方學報》第 88 冊（2013 年），頁 189-219。

12   蕭振豪：〈通韻與羅文——重讀《論鳩摩羅什通韻》〉，《日本中国語學會第 65 回全国大会予稿集》（東京：好文出版，2015 年），頁 132-136。

13   有學者認為邵雍《皇極經世‧聲音唱和圖》的「唱和」或與唱誦有關，但此處的「唱和」應指聲母和韻母的拼合。呂昭明：《東亞漢語音韻學的觀念與方法》（台北：元華文創，2017 年），頁 194。

韻表，後來成為《康熙字典 · 內含四聲音韻圖》的重要參考材料（參閱第四章）。[14] 至今華嚴字母在中國及海外佛門仍廣為唱誦，可說是現今最為人所知的唱韻材料。

　　劉獻廷提到的各個寺廟，以北京衍法寺最為可考。此寺在北京阜城門西一里許，成化四年（1468）由宦官阮安於元代觀音寺舊址重修，「請於朝，得賜今額」，正德三年（1508）由宦官張雄、谷大用、張永、魏彬、馬永成等重建。[15] 正德十一年（1516），衍法寺覺恆主持《四聲篇海》及《五音集韻》（附《切韻指南》、《貫珠集》、《直指玉鑰匙門法》）；嘉靖三十八年（1559）由怡菴、本讚重修，瀛海、若愚、明賢校錄（亦附《切韻指南》、《貫珠集》、《直指玉鑰匙門法》）；嘉靖四十三年（1564）釋本讚刻《切韻指南》；萬曆二十六年（1598）刻《切韻指南》。衍法寺為明皇室的私人出版機構，因此具有特殊的地位，[16] 而上面提到的僧人，應為衍法寺的韻主和尚。

　　除衍法寺外，明代金臺（即今北京）寺廟所刊的聲韻著作較多，如嘉靖三十一年（1552）本《經史正音切韻指南》由上藍禪寺所刻；編著《貫珠集》的真空為金臺慈仁寺僧人，[17] 則真空也應屬韻主和尚。北京又有大隆福寺，在今北京市大興區，明景帝勅建於景泰四年（1453），[18]《萬曆野獲編》謂其「壯麗甲京師」。《成化丁亥重刊改併五音類聚四聲篇海》自成化三年（1467）開始籌備，至七年（1471）完稿，序文提到：

　　　　至於僧錄覺義、大隆福寺住持戒璇，令本山文儒、思遠、文通輩，間

14　陳子怡 [陳雲路]：〈釋康熙字典內含四聲音韻圖的唱〉，《女師大學術季刊》第一卷第二期（1930年6月），無總頁碼。

15　何孝榮：《明代北京佛教寺院修建研究》（天津：南開大學出版社，2007年），頁434，450。

16　蕭漢威：《明代佛教典籍出版研究》，輔仁大學碩士論文，2018年，頁27。

17　〈重刊檢篇韻貫珠集序〉稱「大慈仁寺後學沙門清源性德真空」，《新編篇韻貫珠集》卷一卷首則稱「京都大慈仁寺後學沙門清泉真空」。

18　《[嘉慶] 大清一統志》卷九：「隆福寺，在大興縣東大市街之西北，明景泰四年建，本朝雍正元年修。」按諸書所載建成年分不一，如《明一統志》：「大隆福寺，在府東南，景泰三年建。」劉侗《帝京景物略》：「景泰四年寺成。」于敏中《日下舊聞考》：「原景泰三年六月，命建大隆福寺，役夫萬人，以太監尚義、陳祥、陳謹、工部左侍郎趙榮董之。閏九月，添造僧房。四年三月工成。」

取《篇》、《韻》，協心考訂，重加刪補，而僧錄、講經文淳，又校詳
之，凡三繕稿，俱出思宜一手。至辛卯午日方克就緒，適司設太監賈
安、房懋來禮寺，覯茲成書，欣然捐貲繡梓〔……〕。[19]

此書刻就後由宦官資助，亦可見大隆福寺所刻書與內廷的關係；考《切韻指南》
弘治九年（1496）本為「金臺釋子思宜重刊」，似當為同一人。此寺又於成化
六至七年（1470-1471）刻《五音集韻》，弘治十年（1497）刻《切韻指南》。

　　本書附錄二「明清僧人刊刻及編撰聲韻學著作一覽」列出明代僧侶所刻或
所撰的著作，當中有兩點值得關注：

1. 明代僧侶所刻的韻學書籍局限在《切韻指南》、《五音集韻》、《四聲篇
海》、《貫珠集》、《直指玉鑰匙門法》數種，這幾種又往往合函或同刻。
《切韻指南》劉鑑序明言此書「與韓氏《五音集韻》互為體用，諸韻字音
皆由此韻而出也」，書中如〈檢篇韻法〉、〈檢篇卷數捷法〉均為配合檢
索《四聲篇海》而設。明代佛教徒學習聲韻，似乎即以韓氏父子著作為
核心，《五音集韻》具有《集韻》的功能，《四聲篇海》則是改良版的《玉
篇》，並配以韻圖《切韻指南》。當中僧侶刊印《切韻指南》受政府支持，
且出現跨寺院合作的情況，據婁育統計，起碼涉及十二所寺院，遍及京
畿、金陵、八閩、江南、山西等，可見《切韻指南》受佛門重視。[20]

2. 真空《新編篇韻貫珠集》雖然指「《等子》觀音斯置造」，[21]《四聲等子》
序也提及「以此附《龍龕》〔手鑑〕之後」，但明代僧侶並未刊刻《四
聲等子》，這一點令人感到訝異。除楊從時重編本外（參閱本書〈《重
編改正四聲全形等子》初探──兼論《四聲等子》與《指玄論》的關係〉

19　韓孝彥、韓道昭撰，釋文儒、思遠、文通刪補：《成化丁亥重刊改併五音類聚四聲篇海》，
　　《續修四庫全書》影印北京大學圖書館藏成化七年文儒募刻本（上海：上海古籍出版社，1995
　　年），冊229，頁246b。

20　婁育：《經史正音切韻指南文獻整理與研究》（北京：中央民族大學出版社，2013年），頁
　　200-202。

21　釋真空：《新編篇韻貫珠集》，《四庫全書存目叢書》影印北京大學圖書館藏明弘治十一年本（台
　　南：莊嚴文化事業有限公司，1997年），冊213，頁529b。

一文），現今尚未發現清代以前的《四聲等子》本子，[22] 而且明代所稱《四聲等子》往往是《切韻指南》（參見後文），《四聲等子》與明代韻學的關係似乎較為疏離。

上述材料中，只有《悉曇經傳》完全運用中土的韻學文獻唱韻，且又詳細說明唱韻的方法，對探究佛門如何利用聲韻材料意義重大。本文結合趙宧光《説文長箋》（1608 序），嘗試復原《悉曇經傳》所提及的唱韻法。需要注意的是，現在所見的孤本《悉曇經傳》，最晚的紀年為〈釋談真言引〉的萬曆辛亥（1611），但此本並非趙宧光的最後定本，因此書中有些內容或未臻完善，或前後不符，其與熊士伯《等切元聲》（1703?）所引用的《悉曇經傳》也並不相同。後文遇到這種情況時，隨文説明。

二、《悉曇經傳》唱韻所用韻圖考

趙宧光學習音韻，自言得之於《四聲等子》：

宧光髫年，得《四聲等子》於先大夫齋閣，始而不知其誰何。[……]因持之以請之先處士。先子曰：「此吾州刺史劉君 [引案：疑指劉世龍，正德十六年（1521）進士] 所刻 [……]，汝求其學，尚有他書為之引導。[……]」於是再探故篋，得《門法玉鑰 [鑰]》於亂籍中，亦劉本也，間有釋氏語。[23]

趙宧光更有《四聲等子栞定》，已佚，《説文長箋》自言「但恨其書成於淺俗之手，[……] 寧忍任其鄙俗乃爾？於是一如其法，而為之理正焉」。[24] 然而趙宧

22　所謂萬曆五年本《四聲等子》並不存在。黃耀堃：〈萬曆五年本《四聲等子》？〉，《南大語言學》第二輯（2005 年），頁 143-144。

23　《悉曇經傳：趙宧光及其〈悉曇經傳〉》，頁 107。

24　趙宧光：《説文長箋》，《四庫全書存目叢書》影印首都圖書館藏崇禎四年趙均小宛堂刻本，冊195，頁 110a。

光所謂《四聲等子》，實際上是劉鑑《經史正音切韻指南》，書中除了多次提到「劉氏等韻」、「劉氏不察，［⋯⋯］編成《四聲等子》，鄙俗誤人」，〈排攝例〉中又提到「《等子》二十四排」：

> 《等子》二十四排失之略，《七略》四十二排［引案：《七音略》當有四十三轉］，唐宋六十餘韻，并失之煩。［⋯⋯］今于音分字具者分之，音涸則合，字闕則空，作二十八排，以像天之全體，開闔自相畸偶，合一十四攝。[25]

今本《四聲等子》只有二十圖，即使是日本國立公文書館藏楊從時編《重編改正四聲全形等子》也只有二十一圖，而《切韻指南》則恰好有二十四圖，可證趙宧光所說的《四聲等子》即《切韻指南》，而非誤將《四聲等子》視為劉鑑所作。[26] 此外，書中提到「舊江攝以字少，故開闔并為一排」，「五扇開闔迭互」，「舊唱止攝陂、彼五［引案：當為六之誤］字合口，而餘皆開口」[27]，這些都與《切韻指南》的韻圖相符。

　　《悉曇經傳》並非完全依照《切韻指南》唱韻，其所分十四攝二十八排，與《切韻指南》並不一致。現在列出其見母列位，並與諸書比較：

開口					合口				
十六攝	悉曇經傳		切韻指南	今本四聲等子	重編本四聲等子	十六攝	悉曇經傳		切韻指南	今本四聲等子	重編本四聲等子
	攝名	列位					攝名	列位			
宕江	網	岡	岡江	剛	亢	宕江	網	光	光	光	光

25　《悉曇經傳：趙宧光及其〈悉曇經傳〉》，頁 24-25。

26　考明清之際《四聲等子》與《切韻指南》經常相混，如錢大昕《元史藝文志》即云「劉鑑《經史正音切韻指南》一卷（一名《四聲等子》）」，錢曾《讀書敏求記》亦云「古《四聲等子》一卷，即劉士明《切韻指南》」。直到《四庫全書總目提要》斷定二書作者不一，《四聲等子》為無名氏作，始成定論。錢大昕：《元史藝文志》，《續修四庫全書》影印潛研堂全書本，冊 916，頁 243b。錢曾：《讀書敏求記》，《續修四庫全書》影印雍正六年濮梁延古堂刻本，冊 923，頁 108。

27　《悉曇經傳：趙宧光及其〈悉曇經傳〉》，頁 27，44。江攝開合同圖所產生的問題是「本當各唱，而後人不知，或欲從省，於是并唱，而開闔間出，其謬特甚」。

（續上表）

開口						合口					
曾梗	等聲	拽庚	拽庚	絅	絅	曾梗	等聲	肱觥	肱䚋	肱	肱
通	通	公	公	公	公	通	通	攻	—	—	功
遇	圖	孤	—	—	胡	遇	圖	拘	孤[28]	孤	孤
果假	羅歌／遮加	歌		哥	歌	果假	羅戈／遮瓜	戈	戈	戈	戈
蟹	開	該	該	該	該	蟹	開	傀	傀	傀	瑰
止	頼	飢	飢	祐[29]	祐	止	頼	龜	龜	—	姉
臻	羣	根	根	根	根	臻	羣	昆	昆	昆	昆
山	闌	干	干	干	干	山	闌	官	官	官	官
深	音	金	金	站[30]	站	深	音	（昆）[31]	—	—	—
咸	梵	弇	弇	甘	甘	咸	梵	劍	黔		—
效	攺	高	高	高	高	流（開口）	攺	鉤	鉤	鉤	勾

　　從上表可見，《悉曇經傳》曾梗二攝分圖，止攝、深攝、咸攝開口見母列位的用字，及咸攝合口另列一圖，均與《切韻指南》相同；宕江二攝開口不分圖，果假二攝分圖，通攝、遇攝、深攝開合口對立，流攝定為效攝合口，則與《切韻指南》相異。

　　十四攝可分為三類：

（1）遮、羅、圖、攺、開、頼、網、洞、闌、羣十攝為外聲（「開口讀也」，包括零韻尾、-n韻尾及大部分 -ŋ 韻尾的韻攝）。其中遮、羅、圖、攺、開、頼攝只有平上去三聲；網、洞攝兼有四聲；闌攝兼有外聲和中聲，配四聲為八聲；羣攝兼有外、中、內聲，配四聲為十二聲。

（2）聲、等二攝為中聲（「開口而聲從鼻出」，包含央元音 -ŋ 韻尾的韻攝）；[32]

28　《切韻指南》與今本《四聲等子》遇攝均只有一圖，且並未標明開合口，按《悉曇經傳》「孤排舊視作闔」列為合口。

29　諸本誤作「祐」、「祐」。

30　諸本誤作「站」。

31　借昆排內聲。

32　參考耿振生對明清南方方言區音系的擬音。耿振生：《明清等韻學通論》（北京：語文出版社，1992年），頁157，202-205。

（3）梵、音二攝為內聲（「閉口讀也」，包含 -m 韻尾的韻攝）。

闡攝（即山攝）兼外聲、中聲，即 -n、-ŋ 相通；羣攝（即臻攝）兼外、中、內聲，即 -n、-ŋ、-m 相通。又音攝（即深攝）諸本合口無圖，《悉曇經傳》另立昆排「借內聲」，昆排已見羣攝，同樣是 -m、-n 相混的明證。案趙宧光為太倉（今江蘇太倉）人，明代吳方言區等韻著作中，山咸攝一等寒、談與覃韻為一類，二等與寒、談部分舌齒音為一類，正與《悉曇經傳》闡攝八聲相符。又如《聲韻會通》（1540）仍保留 -m 韻尾，但明末清初之際 -m 韻尾消失，連 -ən 和 -əŋ 的對立也一併消失，即臻、深、曾、梗四攝合流，與《悉曇經傳》羣攝十二聲之說相應。[33] 現代吳方言的情況仍與闡、羣攝的安排大致對應。[34] 因此可以斷定《悉曇經傳》的分攝，是在《切韻指南》的基礎上，按照開合對立原則及吳方言的實際語音改動而成。

　　《悉曇經傳》中一共提到三種韻圖，除《四聲等子栞定》外，尚有《四聲表》及《五聲表》。《四聲等子栞定》「全用元式，去泰去甚，剪其俗謬而已」，且聲母「全加無減」；《四聲表》「裁等韻故法，就偏方吳音」，「縱橫皆四，凡可合者，溷在半齒、半舌，略其變宮、變徵，悉併歸一輕母，以就本土之音也」，凡有「見毆羣疑」二十母；《五聲表》則「窮音韻之全體也，南音所不足，以北音輔之；北音所不足，以南音輔之；元等所不足，以梵字補之；三者皆不足，以方俗具有之聲補之」，「縱橫皆五，即無論字之有無，亦無論音之南北，悉分立一母」，上聲分出展聲以成五聲。[35] 三種韻圖各有不同的音韻體系和用途，唱韻到底應以何者為準？《悉曇經傳‧唱韻例》中多次提及「豎讀平上去入四聲」、「橫唱四聲四等」，並未言及展聲，可知唱韻與《五聲表》無關。又〈唱韻例〉並未明言字母的次序及名目，但其中有「橫讀二十餘聲」一句，可知用的也不是只有二十母的《四聲表》，因此可以推論唱韻用的是《四聲等子栞定》，亦即改良了的《切韻指南》。

33　《明清等韻學通論》，頁 156-160。

34　《明清等韻學通論》，頁 158。曹志耘：《南部吳語語音研究》（北京：商務印書館，2002 年），頁 85-88。

35　《悉曇經傳：趙宧光及其〈悉曇經傳〉》，頁 7-8，33。《說文長箋》，《四庫全書存目叢書》，冊 195，頁 110a-111b。

三、唱韻過程復原

趙宧光對唱韻的練習次序說明如下：

> 韻次，須用三聲遮攝為首。然習學者須以十二聲羣攝入門，此為完
> 局，不欲使初學者以闕漏法先入胸中，反生阻隔耳。次八聲，次四
> 聲，次三聲，如此讀徧便知前後了然有敘，完闕絕然不紊。[36]

以遮攝即 -a 元音為首，自然是受梵文字母排列的影響，但遮攝只有三聲，沒有
入聲，而且麻韻沒有一等韻，不便練習，於是改用「完局」的十二聲羣攝（即
臻攝）為入門，從十二聲倒回頭唱到三聲。但唱羣攝也有問題：

> 凡唱韻，須用滿字排為法，滿排又須取八聲、十二聲者為法。八聲
> 干、官二排，字滿而闕中聲；十二聲根、昆二排，中、內二聲完具，而
> 字但孤莊不滿，各有宜先，隨取可也。高、該二排亦滿，最後始唱三
> 聲。[37]

十二聲的羣攝屬於內轉，[38] 因此二等只有齒音字（「孤莊不滿」），不是最佳的選
擇；反而闞攝干、官二排「字滿」，不過只有八聲。唱韻時「舉其四而得其八，
得其八，斯得其十二矣」，[39] 即在十二聲中先唱屬於原圖的 -n 韻尾，然後再將韻
尾分別改為 -ŋ 和 -m 即可，因此在「舉其四」的層面上，用闞攝或羣攝來練習
並無分別，「各有宜先，隨取可也」。本文為了方便讀者閱讀，不選取二等字少
的羣攝，改用闞攝為例說明。

韻圖中無字之處（有音無形）也必須唱出（詳見後文），其讀音固然可以

36　《悉曇經傳：趙宧光及其〈悉曇經傳〉》，頁 41-42。
37　同上注，頁 42。
38　有關臻攝舊屬內轉，可參閱大矢透：《韻鏡考・隋唐音図》（東京：勉誠社文庫，1978 年），
　　頁 94-113。
39　《悉曇經傳：趙宧光及其〈悉曇經傳〉》，頁 28。

按其音韻地位推定，但趙宧光的《四聲等子栞定》對此另有安排：

> 俗書悉皆刪去，若此為本無正字正音者，用正字轉音，以小圓圈別
> 之。又無正字可轉者，借正字方音，以小方圈別之，各隨四聲，贅於
> 字之四隅。其八聲、十二聲諸排所闕，借同位二排，旁書小字，或兩
> 字並列。其轉注、方音、中聲、內聲，四法並不可借者，空之可也。[40]

書中又提到另一種處理手法，即「于每等四聲之下，各綴本母，以白文別
之」，[41] 無法得知哪一種才是趙宧光的定案。以下即以收字較多的闡攝十二聲開
口干排（即《切韻指南》山攝外四開口呼）為例，嘗試復原《四聲等子栞定》。[42]
由於無法得知《四聲等子栞定》在收字上的具體改動，只能完全依照今本《切
韻指南》，有音無形之處依《切韻指南》作○。圖中上排字母為重母，下排為
輕母。[43]

---

40 同上注，頁 48。

41 這一做法的目的是要辨正輕重二母。但趙宧光又提到「此條之說，今刻惟《四聲表》用之，而
    又有輕無重，須後此改作如說」，可知在 1611 年刻《悉曇經傳》時，仍未採用此說。《悉曇經
    傳：趙宧光及其〈悉曇經傳〉》，頁 36-37。

42 李柏翰《四聲等子栞定》重構圖，輕重母位置上下互倒，來日二母五音互倒；《四聲表》及《五
    聲表》的重構圖亦有其他訛誤。李柏翰：《明清悉曇文獻及其對等韻學的影響》，台灣清華大
    學中國文學系博士論文，2015 年，頁 88-91。

43 趙宧光指「喝舌五字用方圍，宮湯五字用圓圍，二十五輕母字，黑方內陰文，干開二十五重
    母，黑圈內陰文」，但「此條表圖內失刻，須後改作如說」，此復原圖據以加入符號。《悉曇經
    傳：趙宧光及其〈悉曇經傳〉》，頁 29。

習	來	喻合好匣	邪心從清精	明並滂幫	泥定透端	危香開見	闉攝干排	
日	離	運匣曉影[44]	禪審床穿照	微奉敷非	孃澄徹知	疑羣歐見[45]		
舌半	齒半	喉	齒	吻	舌	腭		
商半	徵半[46]	羽	徵	角	商[47]	宮		
○	蘭	○寒頊安	○刪殘餐籛	○○○○	難壇灘單	犴○看干	平	一
○	嬾	○旱罕安	○散瓚趲	○○○○	攤但坦亶	○○侃笴	上	
○	爛	○翰漢按	○繖饡儧贊	蔫○○○	攤憚炭旦	岸○侃旰	去	
○	刺	○曷顕遏	○薩攃擦鬢	蔫○○○	捺達闥怛	薛○渴葛	入	
○	瓓	○閑豤顠	○山虥獌○	○瓣○○	然獮○㣭	顔○慳間	平	二
○	○	○限○軋	○產棧剗醆	○版盼	報○暴	眼○齦簡	上	
○	○	○骭○晏	○訕輚屭	慢瓣○扮	景袒暴	鴈○○諫	去	
○	○	○點瞎軋	○殺鏟剎札	密拔汃捌	疤噠獺啐	眰○篦鶷	入	
然	連	馮○嗎焉	鋋䄅○○餐	㡢○○○	○纏脡邅	言乾愆攓	平	三
跡	輦	○○幰枚	善然○闡膳	免辯䩅辡	趁邅振展	齴件繾蹇	上	
軔	癱	○○獻躽	繕扇○硟戰	○卞○變	輾邅振騸	彦健偄建	去	
熱	列	○紒蚗朅	○設舌掣哲	○別○瞥	○轍屮哲	孼傑揭孑	入	
○	蓮	延賢祆煙	次仙前千箋	眠便篇鞭	年田天顛	妍○牽甄	平	四
○	○	演峴顯蜸	綫獮踐淺翦	○梗篇○	撚珍腆典	齴○遣繭	上	
○	練	衍見羂宴	羨霰賤蒨箭	麫便艑徧	晛電瑱殿	硯○譴見	去	
○	○	抴纈祫噎	○屑截切節	蔑蹩擎驚	涅姪鐵窒	齧○猰結	入	

　　以下即結合《悉曇經傳・唱次例》的說明，並以上圖為例，說明唱韻的具體方法與步驟。[48]

44　《悉曇經傳》未載「睍」母，據熊士伯《等切元聲》補。

45　「見」〈排攝例〉作「覺」。

46　趙宧光謂「舊以來母為半商，今改半徵」，「舊以日母為半徵，今改半商。」按《切韻指掌圖》、《四聲等子》均以來母為半徵（半舌），日母為半商（半齒），與趙宧光所引「舊」說相反（《韻鏡》、《七音略》則以兩母同為半徵（半）商）。案趙宧光以日母為半舌（「以半舌（日母）別全齒（禪母）」），又將齒舌二音之宮商互換，故當理解為「舊以來母為（吾說之）半商（即半舌，舊說之半徵），今改（吾說之）半徵（即半齒）。」「舊以日母為（吾說之）半徵（即半齒，舊說之半商），今改（吾說之）半商（即半舌）。」

47　書中或作「湯」。

48　《悉曇經傳：趙宧光及其〈悉曇經傳〉》，頁38-43。

1. 唱韻次敘，先唱字母，正其譌，辨其異聲同音，使知清濁互奏，如
   五色之相宣，使重而輕，自輕而重，前後四徧。又須未唱韻時，先
   識字母，凡南北方音，習俗譌亂，交互相犯者，韻師並須示以本母
   具在某排某位，將前後清濁、上下輕重、排攝開闔、顎舌音聲，
   一一校量分明，使知七音一呼而至，四聲不召自來。

在唱韻前，先要掌握字母的讀法。〈形相例〉中對初學者學習字母的指示如下：

> 初習等韻，先將字母各文，讀正音聲。若方言交互不清者，須取此母所
> 現之排，示以母位，橫讀豎讀，比類校量。若又認不清，可令靜聽韻師
> 出聲開闔長短，更以手指作唇齒開闔之狀，使之熟察，便知端的。[49]

趙宧光十分重視唇齒開闔的差異，更謂「唱字分明，全在開闔。開闔得所，斯
輕重長短，各有分量矣」[50]，於是書中對容易混淆的聲母，常有「齒離二分」、「唇
離二分」、「齒開一分」、「齒二唇一」等模糊的描述，沒有韻師當面指授，似乎
難以理解箇中區別。

　　讀字母時又牽涉字母的輕重問題。除了本身已有兩套字母的唇（趙宧光稱
為吻音）、舌、齒音外，趙宧光在其餘各母均輕重相配。所謂輕重是相對概念，
大概而言即一等最重，四等次之，二、三等為輕。[51]《四聲表》和《五聲表》「盡

49　《悉曇經傳：趙宧光及其〈悉曇經傳〉》，頁 16。
50　同上注。
51　重紐三等 B 類（喬、危）為重，普通三等韻（羣、疑）為輕，原因不明。趙宧光論四等純粹
　　依照韻圖，因此重紐三等 A 類（韻圖列於四等）、習母（邪母三等字，韻圖列於四等）及照
　　母（清韻三等，韻圖列於四等）均視同四等，列為重母。只有明母（三等韻，韻圖亦列三等）
　　屬例外。案趙宧光說與《廣韻》附載〈辯四聲輕清重濁法〉略為相似，但不完全相同。有關
　　〈辯四聲輕清重濁法〉中四等的輕重問題，可參唐蘭：〈論唐末以前韻學家所謂「輕清」和「重
　　濁」〉，《國立北京大學五十周年紀念論文集（文學院第二種）》，收入《均社論叢》第 15 號
　　（1984），頁 33-53。黃典誠：〈輕清重濁的劃分是等韻之學的濫觴〉，《黃典誠語言學論文集》
　　（廈門：廈門大學出版社，2003 年），頁 108-121 頁。蕭振豪：〈輕清重濁重議：以詩律為中
　　心〉，《中國語學》第 260 號（2013 年），頁 54-73。所謂輕重又與唇齒開闔程度有關，所謂
　　「凡排攝四等，上二等自開而闔，下二等自闔而開，分限不定，而為之損益」。《悉曇經傳：趙
　　宧光及其〈悉曇經傳〉》，頁 17-18。

黜重音，全用輕音，足矣」，而《四聲等子栞定》則「全加無減，［……］而後詳略正俗，各得其所」。[52] 韻師首先介紹各字母所在（如「干」即見於闡攝干排干母一等平聲，「見」見於闡攝干排見母四等去聲），熟習圖中清濁、輕重等關係，再釐清時音或方音中容易相混的字母（包括端透定二等、知徹澄三等與照穿床二三等；禪日；泥娘；匣喻疑），便可開始唱字母。「使重而輕，自輕而重」的說明不太具體，根據下文「則已知橫讀二十餘聲」，不妨理解為各自橫讀重音和輕音：

> 干開喬危端透定泥 ［……］ 來習　見甌罍疑知徹澄孃 ［……］ 離日
> （共四遍）

2. 既能認母，則已知橫讀二十餘聲，聲聲和諧，猶豎讀平上去入四
   聲，無有異法，便可正讀還母，點版徐唱。其法有三：初讀時，一
   字一點，四聲并母而五。再讀時，前三聲三點，後入聲合母作一點
   而四。入聲音短，故連母唱韻，不惟合律，且可帶音過於下文。三
   讀時，平、上二聲作一點，去、入、母三聲作一點，衍長其音而成
   韻。三法互用，雜以疾徐，此聲韻之梯航也。

熟習字母和四聲聲調以後，便可開始唱韻。首先是「正讀還母」，即仍然以理解聲母為主。「一點」即一拍，從文中「點版徐唱」、「衍長其音」等語，可知此處的唱韻與今天華嚴字母唱法相類，以鼓鈸等伴奏，且每字拖腔頗長。以闡攝為例：

> 干笴旰葛干　看侃侃渴開 ［……］
> 干笴旰葛干　看侃侃渴開 ［……］
> 干笴旰葛干　看侃侃渴開 ［……］

52　《悉曇經傳：趙宧光及其〈悉曇經傳〉》，頁 31，33。

趙宧光沒有交代這一步驟的唱韻方向，以及是否要唱完四等。但從唱韻的整體過程而言，這裏似乎只是要學習如何還母，並不牽涉四等的觀念。而且下文凡要求全唱四等者，全部不厭其煩地標明「四等」、「自一至四」，因此這裏只構擬一等字的部分。

> 3. 次橫唱四聲、四等。每字一點，勻聲徐出。［……］

熟習攝中各字母的讀法以後，開始引入四等的概念，從一等平聲到四等入聲逐行橫唱，主要要求初學者熟習四等各韻如何與各字母相配：

干看○豜單灘壇難　［……］　蘭○
笴侃○○亶坦但攤　［……］　㜵○
［……］
結猰○齾窒鐵姪涅　［……］　○○

這一步驟與《韻鏡・橫呼韻》的練習法相同，如二冬韻：

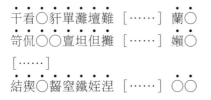

但《韻鏡》只要求「只隨平聲五音相續橫呼，至於調熟」，並不要求讀畢四聲四等。

> 4. 次唱綱領，每聲跳唱。若和者，四聲連屬；若不和者，姑且別起，
> 　　以竢更定。

趙宧光對綱領的說明如下：

> 綱領者，每扇舉首一字也，舊謂之跳唱。若謂之跳唱，則字字可跳，但須依位對取，無有不諧，以致左右前後，上下順逆，無不和諧，乃是精到。

七音中每音即為一扇，這裏和《悉曇經悉談章》一樣，要求初學者從諸字母中歸納出五音或七音的概念，同樣不牽涉四等：

　　干笴旰葛　單亶旦怛　〔……〕蘭嬾爛剌　○○○○

5. 次直唱還母，唱完一等，再唱前等首平聲一字，亦作一點，帶下後等，使輕重交合，自一而二，二而三，三而四止矣，不須收韻。收韻者，韻未正時遷就法耳。

接着再次複習還母，前一次還母只唱一等，這次則藉重複前一等的平聲字，要求初學者注意同一字母和各等韻母相配時的變化：

　　干笴旰葛干　　看侃侃渴開〔……〕
　　干間簡諫鬜干　看慳齦○礍開〔……〕
　　間操騫建子見　慳愆綣傿揭顩〔……〕
　　操甄繭見結見　愆牽遣譴猰顩〔……〕

　　四等各自還母，牽涉到輕重字母的轉換，但趙宧光並無任何說明，不能排除四等統一用輕母代替的可能性。這裏又提到不須收韻，詳見後文。

6. 次如前唱，而平、上合一點，去、入、母合一點，稍引其音，以調為主。

再次複習聲調。

　　干笴旰葛干　　看侃侃渴開〔……〕
　　干間簡諫鬜干　看慳齦○礍開〔……〕
　　間操騫建子見　慳愆綣傿揭顩〔……〕
　　操甄繭見結見　愆牽遣譴猰顩〔……〕

7. 次如前唱，而每行還本位平聲，不須還母矣。一平帶二平，二平帶三平，自始至終，使知字字皆母，母可母立，字自有母具於己聲也。

這次進一步擺脫字母，「還本位平聲」即要求初學者熟記該排各聲母每等的列位：

干笴旰葛干　　看侃侃渴看　［……］
干間簡諫鵤間　看慳齦○褉慳　［……］
間操蹇建子操　慳愆綣俀揭愆　［……］
操甄繭見結甄　愆牽遣譴獧率　［……］

8. 再唱綱領，每等每音唱首字，自平至入，自一至四，其輕音稍不甚和，須認清而後出字，勿躁進而反失之。

第二次唱綱領，加入四等的概念，重新複習五音和四等韻母，大抵是先唱完七音的一等，再依次唱二等到四等：

干笴旰葛　單亶旦怛　［……］　蘭嬾爛刺　○○○○
間簡諫鵤　亶○○唶　［……］　爛○○○　○○○○
操蹇建子　亶展骡哲　［……］　連輦瘦列　然蹨軔熱
甄繭見結　顛典殿窒　［……］　蓮○練○　○○○○

9. 次跳唱，如前綱領，清完唱次，次完唱濁，濁完唱半，亦自平至入，自一至四。

最後將綱領演為「跳唱」，按次唱出全清、次清、濁、清濁等行，以達到跳唱「左右前後，上下順逆，無不和諧」的效果：

干笴旰葛單亶旦怛［……］　間簡諫鵤亶○○唶［……］　操蹇建子亶展骡哲

［……］甄繭見結顛典殿窒［……］

　　看侃侃渴灘坦炭闈［……］慳齦○簹○暴暴獺［……］愆缝俵揭腄捵○中
［……］牽遣譴猰天腆瑱鐵［……］

　　○○○○壇但憚達［……］○○○○獮○祖噠［……］乾件健傑纏遝遷轍
［……］○○○○田殄電姪［……］

　　豻○岸嶭難攤攤捵［……］顏眼鴈聒然赧暴疤［……］言黬彥孼○趁輾○
［……］妍齞硯鼇年撚睨涅［……］蓮○練○○○○○

　　以上的唱韻過程，依次引入字母輕重、四聲、四等、五音、聲母清濁等概
念，但如果按照程序唱完十四攝二十八圖，不免有繁碎複沓之感。然而對於沒
有音標等工具的古人而言，尤其是韻主和尚面對操不同方言、聲韻知識良莠不
齊的信眾，這麼繁碎的唱韻教學法，恐怕仍有其需要。

四、其他韻師的唱韻

　　趙宧光提倡的唱韻法，使用自己重新編定的韻圖，自然與其他韻師的唱韻
有所不同。一般韻師聲韻水平不一，產生各種謬誤也屬意料之內。到了明末清
初，劉獻廷已感嘆於韻主和尚對唱韻之學不甚了了：

> 余聞普陀法門，以唱韻為小悟門，其中必有玄奧，與余所悟四字［引
> 案：當指阿彌陀佛四字］無迥異者。然求之二十年，吳、楚、燕、齊之
> 僧，無能言其學者，抑又何也？[53]

這裏所說的「無能言其學者」，主要指未能言及「小悟門」的玄奧，即如何以
唱韻悟入。然而如果結合劉獻廷「三、四十年以來，此道絕傳久矣，間有一二

53　《廣陽雜記》，頁65。

人留心此事者，未經師承口授，終屬模糊，不可學也」一語，[54] 當時一般韻師對唱韻的掌握已頗為不足，更遑論深入了解唱韻與佛理的關係。

　　比劉獻廷略早的趙宧光，在《悉曇經傳》中多次批評當時的韻師，更設〈盲師例〉一節直斥其非。趙宧光不但批評韻主和尚，還進一步批評儒生不通聲韻之學：

> 韻學不傳，所賴者釋氏學。有韻主和尚，而韻主多不解文義，徒以口耳行教，竟不問所習之業因何而設。韻師不知文，猶儒生不知韻，其可駭等耳。但釋可無文，儒寧可無韻乎？[55]

從趙宧光的批評，可大致窺見當時韻師的唱韻特色及習慣，大致有以下數端：

1. 收韻

　　上文提到趙宧光唱韻時不用收韻之法，所謂收韻當指唱畢一行或一等後，再唱所屬韻目收結，以達到認識韻目的效果。當時韻師大多使用收韻之法，趙宧光直斥其「尤為害事」：

> 唱完收韻，尤為害事。昔韓氏不敢變更沈氏韻首，仍用東棟〔引案：原文如此〕送屋，而韻師又視韓韻如聖經賢傳，加之以強作不通，行教訓俗，習成謅口，而和諧之音反大為障隔，害豈小哉！若必欲如法收韻，須改韻從等次第，則不收而收，收亦不紊。況《韻會》改正已久，正不必泥晉泥唐，拘此謬亂法式也。[56]

所謂「《韻會》改正已久」，當指《古今韻會（舉要）》已全部改列見母字小韻為首，同時傳統韻目只列於小注中，等同於改用見母字為韻目，如一公、二攻之類。《古今韻會》又有所謂字母韻，現在《古今韻會舉要》正文及〈禮部韻略

54　　同上注，頁 143。

55　　《悉曇經傳：趙宧光及其〈悉曇經傳〉》，頁 8。

56　　同上注，頁 44。

七音三十六母通考〉仍保留了字母韻的內容。如東韻即有字母韻「公」、「弓」，分別代表東韻一等及三等（另有字母韻「雄」，另為一類）。字母韻大多都屬見母字，在見母起首的韻圖中當屬於圖中首字，遇到沒有見母字的情況，只能改用圖中第一個字母的小韻為字母韻。[57]

　　唱韻時如果拘泥於傳統韻目，如唱東韻時用一等字「東」作東韻三等字的收韻時，出現韻目與所唱諸字韻母不盡相同的情況，初學者容易感到無所適從。如果收韻時改用相應的字母韻來收韻，即一等用「公」，三等用「弓」，即能解決問題。趙宧光提倡「改韻從等次第」，似乎即按等重新分韻（並使用見母字），甚至直接以字母韻代替傳統分韻。[58]改動韻目後，各韻目已出現在韻圖見母之下，少數韻目即使不屬見母，也同樣出現在圖中，因此「不收而收，收亦不紊」。因此趙宧光認為「收韻者，韻未正時遷就法耳」，因此如果重新分韻，已沒有額外收韻的必要。實際上〈禮部韻略七音三十六母通考〉每小韻均列所屬字母韻及字母，等於是該小韻的反切，趙宧光甚至希望藉此廢除傳統反切（切腳），改用字母及圖中小韻為切腳。[59]如此一來，切腳所用字均在韻圖中，初學者掌握了唱韻，自然就掌握了切腳之法。

2. 只唱具字

　　趙宧光提到當時韻師只唱有字之文：

　　韻師唱韻還母，習俗只唱具字，于是每以音聲非類者合成排等，以至

57　甯忌浮認為字母韻「就是韻圖《七音韻》諸圖各等列的第一個字」。〈禮部韻略七音三十六母通考〉起首有「今以七音韻母通考韻字之序」，甯忌浮認為「七音韻母」即《七音韻》。《漢語韻書史・金元卷》，頁195，201。

58　趙宧光曾批評黃公紹「敢於分母，而不敢於釐韻」。《悉曇經傳：趙宧光及其〈悉曇經傳〉》，頁59。

59　趙宧光認為「《集韻》[引案：即《五音集韻》]當指切腳，本是贅肬，其母即切，其同韻同等諸字，隨可取韻。[……]自當刪卻，即黃公紹亦不解此，何邪？」又謂「凡切腳之二字，前字為母，後字為韻，故當即用字母各文為切，并取每等四聲各一文之易識而無轉聲者為韻，列之韻書之前，定為切腳母。又並列排譜，以示其位次，使讀不誤謬。」這裏雖然沒有堅持分韻或使用字母韻，且改用每等中較易提到的小韻而非見母字為韻，但「列之韻書之前」，與〈禮部韻略七音三十六母通考〉的原則並無二致。《悉曇經傳：趙宧光及其〈悉曇經傳〉》，頁65-66。

輕重二母，去留失所者多矣。[60]

韻師欲省唱無字之音，而反煩于收韻。余則詳唱全音空等，而盡黜煩功。[61]

省唱無字之音，導致四聲、四等不全，自然更難還母和收韻。韻師對無字之音不予重視，與其使用韻圖的目的有關：

韻學主聲不主字，排攝既定，毋論有字空字，捱次調和。至若檢篇取字，不過此道中淺近一端耳。而韻師于二等齒音之孤莊排攝，四音並廢，前無所起，後無所歸者，而亦強接上下等以渾唱，坐見其失矣。以至最狹等扇，獨唱一二文，使四聲皆闕，猶仍前失，有是理乎？此無他，韻師專為檢篇取字，遂謂無字者不必加功，何淺陋至此。[62]

二等只有齒音字的內轉諸圖，以及圖中字少之處，如果略去無字之音，諸如四聲、清濁、五音、四等交錯等概念都無從體現，唱韻自然變得支離破碎。

3. 母領

除收韻外，尚有母領：

字自為母，不必外求。唱入還平，前聲唱，後聲和，此自然之母也。別立母領者，雖古人成法，總之贅肬。所謂渡河還用筏，到岸不須船，如筏喻者，執柯之道也。[63]

所謂母領當指助紐字，助紐字早見於《韻鏡》等韻圖，當時韻師將助紐字

60　《悉曇經傳：趙宦光及其〈悉曇經傳〉》，頁36。
61　同上注，頁43。
62　同上注。
63　同上注，頁35-36。

融入唱韻中練習反切並不為奇，但其形式已無法稽考。[64]

4. 重視韓韻

趙宦光認為俗師收韻是「視韓韻如聖經賢傳」，書中多次批評韓孝彥、韓道昭父子：

> 韓氏淺陋，編輯《篇海》、《集韻》二書，以俚鄙謡謬之字，翻譯強作之書，一同淄入。其子道昭，陋劣滋甚，旁取坊版半邊，市肆杜撰，或模糊臆度，或污墨贅肬，緟覆數十見者有之。［……］而後代韻師，不辨是非，反編作〈海底金〉［引案：當指《貫珠集‧五音借部免疑海底金》］，使習韻者下死功熟讀，誤殺天下後世僮學，引起誹謗漫漢先生。[65]

趙宦光認為「道昭淺陋妄作，比乃父特甚」，「昔韓孝彥淺陋之書，而其子道昭諸人，又增益其醜。因其不成書，遂不為文士收錄。至真空、若愚二人，以韻師行教，無學之徒，一時景從，而此道逾鄙俗矣。」[66]配合篇韻類書籍在明代大為盛行的背景，可見當時韓氏父子影響之大，甚至成為唱韻的依據。

5. 門法

趙宦光指斥韻師濫用門法，立意全部改正：

> ［四］等有所不明，不得不立門法。門法互增，而無學韻師，以經典謡文漫然添足，不得不開知者笑齒。余故盡為抹殺，寧借方言俗字，悉立音和，以便後學。[67]

64　唱韻中使用助紐字可能與沈寵綏《度曲須知》所謂「釋家等韻［……］以四切一」之說相似。有關「以四切一」的確切解釋，可參閱黃耀堃：〈歸納助紐字與漢字注音的「三拼制」〉，《語言研究》第 28 卷第 2 期（2008 年），頁 20。

65　《悉曇經傳：趙宦光及其〈悉曇經傳〉》，頁 46。

66　同上注，頁 46，53-54。

67　同上注，頁 65。

昔人為門法之說者多矣，逾說而逾晦，欲易而反難，此無他，失其本
也。本者何？音和是也。[68]

趙宧光對音和和類隔的定義有些特別，[69] 他對於因反切上下字的音韻差異而產生
的門法意見不大，而對所謂「就形」（就取字之形，矯切腳之形）頗為反對，認
為「尤非法也」；[70] 此外又特別反對「不定門」，即翻譯梵字遇上漢語沒有的音
節時，「不得不以鄙俚方言，市儈俗字，勉附其下」，「但于彈經持咒，用法無
妨 [⋯⋯] 不知者乃泥字牽率」，[71] 有時甚至為梵語對音中的特殊讀法另立法門，
如邪、夜、沙、叉、佉、伽數字。坊間韻師「既曰就形，又曰不定就形，復曰
梵音不定就形，何韻師不憚煩一至此哉」，這些門法都沒有特立一門的必要。
案就形門見於《貫珠集・玥安玉鑰匙捷徑門法歌決 [訣]》，當中「梵音就形門」
即收有邪、夜、沙、叉、佉、伽等字，此後又有「梵音切身例」、「篇韻無出處
例」等與佛教有關的複雜門法，趙宧光的批評，當針對真空等韻師而發。

6. 依據方音及舊時惡習

趙宧光又謂：

等法既定，韻隨法轉，字隨韻轉。若反以字從俗，以韻從字，如北之
疑、喻，南之匣、喻，以至止攝三等吻音六字 [引案：即上文所引「止
攝陂、彼六字合口，而餘皆開口」] 之類，謬庚迭出，皆習俗泥於胸中
使之耳。即使南北風氣不齊，當以我之不能學彼所能。[⋯⋯] 變在法
外，不在法內，法內齟齬，敗俗之夫也，姑置勿論。[72]

---

68   同上注，頁 67。
69   「若窩切、振救、開合、內外，皆音和生也。若輕重就形，皆類隔生也。若通廣局狹，則兩有
      所生。」「音和者，輕母切輕字，重母切重字。」「類隔者，輕母切重字，重母切輕字。」同上
      注，頁 68-69。
70   同上注，頁 70。
71   同上注，頁 71。
72   同上注，頁 45。

如果沿襲《切韻指南》舊圖的錯誤，又或按照方音來唱讀字音甚至改動韻圖，都必定牴觸等韻的基本法則。因此趙宧光雖然有收錄方音的《四聲表》、《五聲表》之議，但唱韻時則用《四聲等子栞定》，後者只是傳統三十六字母、十六攝框架下的微調。[73]《四聲表》、《五聲表》之作，則是趙宧光「變在法外」的嘗試。

從《悉曇經傳》可見，明代韻主和尚熱衷於韓氏父子著作及《貫珠集》一類著作，並採納了和佛門有關的各種門法與切身，前文更提到明代僧侶多刊刻與韓氏父子有關的《切韻指南》，足見佛門的韻學有其獨自的傳統。趙宧光在書中始終強調自己儒士的身份，[74] 而非從佛教的角度審視唱韻，加上使用自己刊定的韻圖，其唱韻之法自然與當時差別頗大。至於其他的佛門唱韻材料，趙宧光雖然曾將〈普庵咒〉和華嚴字母與烏思藏字母（即藏文字母）、蒙古字及回回字母等一同收入其所著《字母藏錄》，並特別將其華嚴字母系統的「四十二母，別以韻法比量作一表，如華嚴字母之法，正其譌，補其闕」，[75] 然而趙宧光始終只關注〈普庵咒〉，對華嚴字母未見熱衷。趙宧光又邀請老師仁淖對〈普庵咒〉「校閱補訂」，命其子墧「摹大梵字，刻坿總持，與華嚴字母相為流通」，雖然提到了華嚴字母，但也有意通過刊刻〈普庵咒〉抗衡流通於世的華嚴字母。[76] 饒宗頤認為趙宧光不採用華嚴字母，原因在於仁淖力譏其失，「蓋淖公為密宗巨匠，言有所祖」。[77] 然而在《悉曇經傳》和《說文長箋》中，並未看到仁淖對華嚴字母的具體批評，更未見從密教角度「言有所祖」的證據。相反，趙宧光對華嚴字母的批判，主要從其字母不成體系，以及世人貪圖華嚴字母唱韻悅耳兩個角度而言，並未有「言有所祖」的成分：

73　八聲、十二聲之設雖然遷就了吳方言的語音系統，但趙宧光仍然要求唱者按外、中、內聲依次練習，且未直接根據實際語音將 -m、-n、-ŋ 諸韻重新合併，足見趙宧光仍然以中古音系統為定法。

74　趙宧光自稱「孔氏之徒」，「身服孔氏，口誦達摩」，甚至指責「學者結髮修文，臨文步韻，何乃竟不問韻為何物，徒知守沈氏而下諸家陳言故紙，捏拈成按，以為模範，非吾儒家之恥乎？」趙宧光只在〈刻梵書釋談真言小引〉及〈字母總持引〉中自稱「（吳郡）寒山迦羅越趙宧光（凡夫）」。《悉曇經傳：趙宧光及其〈悉曇經傳〉》，頁 8，9，87，114。

75　《說文長箋》，《四庫全書存目叢書》，冊 195，頁 109b。

76　《悉曇經傳：趙宧光及其〈悉曇經傳〉》，頁 81。

77　同上注，頁 5。

> 惟華嚴字母流行於世，然不得其根原，雖唱和者眾，而不知其所以為
> 字母，何以立名，何以為用，何以取法。昔人譯成唐言，遂失其傳。[78]

有關趙宧光批判華嚴字母的具體理據，在以下數章討論到相關內容時隨文指
出。在進一步探討華嚴字母的得失前，不妨先回顧華嚴字母的產生及流傳背
景，以及其與四十二字門的關係。

---

78   同上注，頁 87。其餘理據可參閱頁 49-50，61。

第一章

四十二字門與華嚴字母

一、五十字門與四十二字門

唱韻的材料，除了宋元以來的韻圖之外，還有根據梵語或其他語言字母組成的表格。「字母」一詞在漢語聲韻學中頗有歧義，如三十六字母中的「字母」基本上對應於聲母；但明清以來討論字母的源頭，往往引述佛經中的字母，這個字母指的是「拼音文字或注音符號的最小書寫單位」，[1] 相當於英語中的 alphabet。不過 alphabet 和 letter 在漢語中似乎不加區分，而且梵語文字系統的「字母」可能兼有上述兩義，[2]「字母」一詞甚至來源於梵文詞 *mātā* /*mātṛkā*（一譯「摩多」；母親、元音），可見「字母」的含意頗為複雜。[3]

從佛教教義的角度出發，又有「字門」一詞，《佛光大辭典》的解釋最為明晰：

> 以字為門，由此門而入，則可了悟諸法之理，故稱為字門。每一字均附有其一定之意義。[4]

將字母與特定的佛教概念連接起來，因此字門其實即有特殊用途的字母。所謂「門」即梵語 *mukha*（口、門、入口、方法），引申為入門之途徑（參考漢語中「門」、「入門」、「門徑」等詞的邏輯關係），如《大智度論 · 釋四念處品第十九》即謂四十二字門「是一切字根本。因字有語，因語有名，因名有義；菩薩若聞字，因字乃至能了其義。」[5] 早期經典中往往稱字門為「陀羅尼門」、「陀鄰尼木佉」（*dhāraṇī-mukha*；陀羅尼 - 門，一譯總持門、文字門、文字陀羅尼

---

1 漢語大詞典編纂委員會：《漢語大詞典》（上海：漢語大詞典出版社，1989 年），冊 4，頁 193。

2 梵文中表示輔音的文字，在不加上其他元音符號的情況下，即表示 -a 元音；加上其他元音符號，即表示該輔音與元音結合的音節。後者較接近漢語中的「字母」概念，悉曇學中又稱輔音（「體文」）為字母。

3 有關「字母」一詞在佛教材料中的使用及其含混性質，可參閱慶谷壽信：〈「字母」という名稱をめぐって〉，《日本中國學會報》第 33 集（1981 年），頁 201-213。

4 佛光大辭典編修委員會：《佛光大辭典》，CBETA 版。

5 T25, no.1509, p. 408b12-14。

門），[6] 因此字門與陀羅尼也有密切的關係，而陀羅尼雖然往往被理解為咒語一類的東西，其實本來有「以字詞幫助記誦」的含意。[7] 漢文佛教文獻中「字母」和「字門」常常交錯使用，有時不免令人感到混亂。[8]

　　在悉曇學與佛教文獻中，主要有五十字門與四十二字門兩類，這兩類字門本來屬於不同的字母系統。五十字門基本上與梵文的字母系統等同，[9] 以下先按發音部位及發音方法列出五十字門：

	摩多			別摩多		摩多			
短	1 a	3 i	5 u	7 ṛ	9 ḷ				
長	2 ā	4 ī	6 ū	8 ṝ	10 ḹ	11 e	12 ai	13 o	14 au
						空點（隨韻）			15 aṃ
						止聲（涅槃點）			16 aḥ

	五類聲					遍口聲			
	清		濁		鼻音	近音（無擦通音）	嚥音	擦音	
	不送氣	送氣	不送氣	送氣				[聲門／喉間]	
[聲門／喉間]								49 ha	
舌根	17 ka	18 kha	19 ga	20 gha	21 ṅa				
舌面中	22 ca	23 cha	24 ja	25 jha	26 ña	42 ya	46 śa		
舌尖後	27 ṭa	28 ṭha	29 ḍa	30 ḍha	31 ṇa	43 ra	47 ṣa		
舌尖中	32 ta	33 tha	34 da	35 dha	36 na	44 la	48 sa		
唇	37 pa	38 pha	39 ba	40 bha	41 ma	45 va			

6　如《放光般若經》：「何等為陀隣尼目佉？與字等、與言等，字所入門。」（T08, no.221, p. 26b13-14）

7　慧琳《一切經音義》釋「陀羅尼」：「此云總持。按諸經中有多種，有旋陀羅尼，是定也；有聞持陀羅尼，是法也；有呪陀羅尼，秘密語。」聞持陀羅尼即幫助記誦的工具。T54, no2128, p. 478a。參考 Nattier 對 *dhāraṇī* 和 *mantra* 差異的解說。Jan Nattier, *A Few Good Men: the Bodhisattva Path According to the Inquiry of Ugra (Ugrapariprccha)* (Honolulu : University of Hawai'i Press, 2003), pp. 292-293.

8　早期提及四十二字門的文獻，並不使用「字母」一詞，八十華嚴以後則使用「字母」。〈「字母」という名稱をめぐって〉，《日本中國學會報》第 33 集（1981 年），頁 200-201。

9　梵文沒有 10 ḹ 和 llaṃ，字母表中一般不列出 50kṣa。

複合音字	50 kṣa
	（llaṃ）

　　五十字門大致依照語音學的原則整齊排列，如表示元音的字門（1-16，包括「空點」和「止聲」）在前，表示輔音的字門（17-50）在後；輔音中「五類聲」（17-41）每五個輔音為一組，按發音部位即舌根（velar）、舌面中（palatal）、舌尖後（retroflex）、舌尖中（dental）和唇音（bilabial）分為五組，對應傳統聲韻學所說的牙音、齒音、舌上音、舌頭音和唇音，依據發音部位從後到前。[10] 每組之內又按清音不送氣、清音送氣、濁音不送氣、濁音送氣、鼻音的次序排列。其後為「遍口聲」，包括半元音（42-45）和與 S- 有關的三個噝音（sibilant）（46-48），同樣按發音部位從後到前排列。這些輔音全是單輔音，複合輔音 50kṣa 屬於例外。五十字門在《大般涅槃經》（曇無讖譯本 T12, no.374；法顯譯本 T12, no.376）、《方廣大莊嚴經》（T3, no.187）及其梵本 *Lalitavistara* 等都有記載，[11] 而且更是日本悉曇學的重要基礎。

　　相對於五十字門，四十二字門卻顯得雜亂無次：

1 a	2 ra	3 pa	4 ca	5 na
6 la	7 da	8 ba	9 ḍa	10 ṣa
11 va	12 ta	13 ya	14 ṣṭa	15 ka
16 sa	17 ma	18 ga	19 tha	20 ja
21 sva	22 dha	23 śa	24 kha	25 kṣa
26 sta	27 ña	28 rtha	29 bha	30 cha
31 sma	32 hva	33 tsa	34 gha	35 ṭha
36 ṇa	37 pha	38 ska	39 ysa	40 śca
41 ṭa	42 ḍha			

10　唐智廣《悉曇字記》卷一將五類聲分別標為牙、齒、舌、喉、脣（T54, no.2132, p. 1188a-b），把相應於端組的 ta 行稱為喉音。安然《悉曇藏》卷五引「字紀異本」後的圖表，在 ta 行亦作「上五字喉聲」（T84, no.2702, p. 413c），因此可以斷定此說確實存在。然而《悉曇藏》卷二也引到《悉曇次第記》：「呼梵字亦有五音倫次，喉、齗、齒、唇、吻等聲皆從深向淺。」（T84, no.2702, p. 382c）又與《悉曇字記》不一樣，但肯定了從後到前的說法。

11　如《大般泥洹經 · 如來性品第十三》：
初短阿者［a］吉義，吉者三寶義。次長阿［ā］者現聖智義，其名聖者離世間數，清淨少欲能度一切三有之海，故名為聖。［……］短伊［i］者，此也，言此法者是如來法，梵行離垢清淨，猶如滿月顯此法故，諸佛世尊而現此名。［……］T12, no.376, pp. 887c29-888a12。

　　由於首五個字門是 a、ra、pa、ca 和 na，歐美學者一般稱四十二字門為 Arapacana syllabary 或 Arapacana alphabet。四十二字門在流傳的過程中，其內容及字門數目時有出入（如有四十三、四十四等説法，參閱第六章），[12] 如果將最通行的四十二字門重新按發音部位及發音方法排列成下圖：

摩多
1 a

	五類聲					遍口聲		
	清		濁		鼻音	近音（無擦通音）	擦音	
	不送氣	送氣	不送氣	送氣			嘶音	[聲門／喉間]
[聲門／喉間]								
舌根	15 ka	24 kha	18 ga	34 gha				
舌面中	4 ca	30 cha	20 ja		27 ña	13 ya	23 śa	
舌尖後	41 ṭa	35 ṭha	9 ḍa	42 ḍha	36 ṇa	2 ra	10 ṣa	
舌尖中	12 ta	19 tha	7 da	22 dha	5 na	6 la	16 sa	
唇	3 pa	37 pha	8 ba	29 bha	17 ma	11 va		
複合音字	25 kṣa	33 tsa	39 ysa	28 rtha	40 śca	14 ṣṭa	38 ska 26 sta 31 sma 21 sva	32 hva

　　可以發現四十二字門中，代表元音的字門只有 1a 一個，其餘全部代表輔音，輔音字門的排列次序也無語音學的邏輯可言，其中如 ka 和 ca 兩行更各自缺少了 ṅa 和 jha，無法形成完整的系統。複輔音字門除 kṣa 外，還有 tsa 等十個，其次序及輔音配搭亦錯落難明，當中更有一些梵語中十分罕見（如 32 hva、33 tsa、40 śca）甚至沒有（如 39 ysa）的複輔音，反而梵語中常見的複輔音如 pra、tra、sya 等沒有出現。這種雜亂無章的字門，似乎難以想像其用途及價值。然而四十二字門及其所衍生的華嚴字母，對南亞、中亞和東亞各國的佛教及語言均影響深遠，毫不遜色於五十字門。

12　《大智度論・釋四念處品第十九》：「荼外更無字；若更有者，是四十二字枝派。」T25, no.1509, p. 409a15-16。

二、四十二字門的來源和應用

　　四十二字門的來源和用途向無定說，自二十世紀以來，不少學者提出了自己的說法。最早關注這個問題的學者是 Lévi，他於 1929 年發現四十二字門中 39 ysa 在塞語（Saka，屬東伊朗語支，于闐語屬此）中用以表示 z- 音，ysa 作為 z- 使用的歷史可追溯至公元前 100 年至公元 100 年之間。[13] 然而 Lévi 並沒有進一步談及四十二字門的來源問題。

　　Konow（1934）在此基礎上，提出四十二字門代表某些字詞的音節。當創製者要表達梵文 *jarā*（老年）這一概念時，本來應該減縮為第一音節的 ja 字門，然而 ja 已出現在 20 ja 字門中，於是只好使用塞語的同義詞 ysara，並定字門為 39 ysa。Konow 據此認為四十二字門的創製以梵文為主，但又受塞語的影響，四十二字門的發源地應同時使用梵語和塞語，當中以發祥於于闐一帶的可能性最高。[14] 然而這一說法暗示四十二字門是從中亞向西傳播至印度，這違反了當時文化由印度東傳至中亞的一般情況。[15]

　　另一派學者認為四十二字門起源於印度地區，如田久保周譽（1944）注意到各種經典所載的四十二字門差距頗大，不太可能是印度本土實際使用的字母，因此主張其與北印度和閃族語系有關。[16] Thomas（1950）認為四十二字門源於印度西北或西部，Conze（1975）也持西北印度說；[17] 同時 Thomas 認為

13　Sylvain Lévi, "Ysa." In *Feestbundel uitgegeven door het Koninklijk Bataviaasch Genootschap van Kunsten en Wetenschappen bij Gelegenheid van zijn 150 Jarig Bestaan 1778-1928* (Weltevreden: G. Kolff, 1929), deel II, pp. 100-108; *Memorial Sylvain Lévi* (Paris: Paul Hartmann, 1937), pp. 355-363.

14　Sten Konow, "The Arapacana Alphabet and the Sakas." In *Acta Orienalia*, vol. XII, 1934, pp. 13-24.

15　Richard Salomon, "New Evidence for a Gāndhārī Origin of the Arapacana Syllabary." In *Journal of the American Oriental Society*, Vol.110, No.2, 1990, p.257.

16　田久保周譽：《批判悉曇學論說篇》（東京：眞言宗東京專修學院，1944 年），頁 41-44。

17　Edward Conze (trans.), *The Large Sutra on Perfect Wisdom, With the Divisions of the Abhisamayālaṅkāra* (Berkeley, Los Angeles, London: University of California Press, 1975), p. 22.

四十二字門可能用以記誦或概括某些佛教概念或經典。[18] 另如印順（1991）以
四十二字門出自南印度，且《大智度論》中提及四十二字門時引及南天竺方言，
推斷《大智度論》也出自南印度。[19] 西北印度說詳見下文；南印度說則難以成立，
沒有證據證明四十二字門與南印度有關，《南傳大藏經》也沒有發現四十二字門
的蹤影。

　　Brough（1977）發現《普曜經・現書品第七》中對應四十二字門的漢字
並非音譯而是意譯，據此說明提出四十二字門是為了背誦某些詩歌或篇章，抽
取各部分首個音節而成的記憶法（mnemonic device），因此其次序雜亂無次。
如：（相應的梵文為引者所加）

　　　其言無者，宣於無常、苦、空、非我之音。[1 a]
　　　其言欲者，出淫、怒、癡諸貪求音。[2 ra]
　　　其言究者，出悉本末真淨之音。[3 pa]　[……]
　　　其言沒者，出消瞋厭諍訟之音。[14 ṣṭa]　[……] [20]

　　Brough 嘗試復原這些字門所對應的梵文詞，如 1 a 代表梵文的否定前綴
a-，即代表「無」；2 ra 代表 rajas-（慾望），即譯文的「欲」；3 pa 代表 parama-（最
遠的、極、目的），即譯文的「究」。到了 14 的 ṣṭa 代表 naṣṭa（破壞、毀滅），
與「沒」對應，但由於 na 已是第五字門，不能重複使用，因此改用第二音節
的 ṣṭa。[21] 這個說法頗有說服力，尤其是複輔音集中在四十二字門的後半部分，
這些字門都因其第一音節已被前面的字門使用，只能使用第二音節之故。值得
注意的是，《普曜經》沒有提供全部四十二字門的漢譯；至於附有漢譯的字門，

18　Federick William Thomas, "A Kharoṣṭhī Document and the Arapacana Alphabet."
　　In *Miscellanea Academica Berolinensia: Gesammelte Abhandlungen zur Feier des
　　250-jährigen Bestehens der deutschen Akademie der Wissenschaften zu Berlin*, II/2,
　　pp. 194-207.
19　印順：〈《大智度論》之作者及其翻譯〉，《東方宗教研究》新二期（1991 年），頁 53。
20　T30, no.1579, p. 498c8-10, 28。
21　John Brough, "The Arapacana Syllabary in the Old Lalita-vistara." In Bulletin of the
　　School of Oriental and African Studies, Vol. 40, No. 1, 1977, pp. 87-89.

也有部分字門 Brough 無法復原。此外法雲（1088-1158）《翻譯名義集》卷五
已附有各字門對應的梵文詞的音譯，可以參看。Brough 進而探討四十二字門
中含有犍陀羅語（Gāndhārī，古犍陀羅國［在今巴基斯坦西北部］所使用的語
言，屬印度俗語［Prakrit］之一）的痕跡，[22] 如 10 ṣa 對應犍陀羅語 ṣaddhā（梵
語 śraddhā），然而 Brough 認為四十二字門的創製語言並非犍陀羅語，其來源
仍然成謎。

　　到了 Salomon（邵瑞琪，1990），四十二字門的研究才出現突破性的進展。
Salomon 發現三件公元 1-2 世紀的犍陀羅石雕上均刻有佉盧文（Kharoṣṭhī，又
稱佉留文，犍陀羅語所使用書寫的文字，一般從右至左書寫）的四十二字門，
其中兩件石雕更描寫《普曜經》中菩薩或選友（Viśvāmitra）向童子教授四十二
字門的情景，四十二字門被刻在菩薩和選友手中的寫字板之上。[23] Salomon 又分
析尼雅（今新疆維吾爾自治區民豐縣）遺址中書有四十二字門的木板，這塊木
板應書於犍陀羅語已經成為中亞通用語之時，木板上的字門和四十二字門並不
完全一致。[24] 以上文物都說明了四十二字門的來源應為犍陀羅語，四十二字門由
犍陀羅語梵文化（Sanskritization）並從佉盧文改寫成婆羅米文（Brāhmī，印度
最古老的文字之一，一般從左至右書寫）而成，遇到犍陀羅語特有的音節時，
只好改寫為相應或近似的梵語音節（如 vha 改為 32 hva）。Salomon 更大膽推
測四十二字門本來就是犍陀羅語和佉盧文字母的標準排列次序，本來並非為記
誦特定篇章而設。[25]

22　有關犍陀羅語和佉盧文的扼要解說，可參閱 Richard Salomon, *The Buddhist Literature of
　　Ancient Gandhāra: An Introduction with Selected Translations* (Somerville, MA: Wisdom
　　Publication, 2018), pp. 62-68.

23　《普曜經‧現書品第七》：「爾時菩薩與諸釋童俱住，菩薩手執金筆栴檀書隸，眾寶明珠成其書
　　狀，侍者送之。問師選友：『今師何書而相教乎？』其師答曰：『以梵、佉留而相教耳，無他異
　　書。』」（T03, no.186, p. 498a26-29）

24　現藏大英圖書館，編號 Or. 8211/1390。

25　"New Evidence for a Gāndhārī Origin of the Arapacana Syllabary.", pp. 255-273.

　　其後犍陀羅語的考古文獻大量湧現，支持 Salomon 假設的證據陸續被發現。Salomon 發表了一系列論文，再舉巴基斯坦描繪菩薩教授四十二字門的石雕，[26] 以及 2000 年在烏茲別克發現，書有四十二字門的陶片等證據，[27] 證明四十二字門即犍陀羅語的字母，甚至可以用來標示物件的排列次序（如石刻中佛像的安放位置與次序），[28] 四十二字門源自犍陀羅語說至此已成定說。不過諸家雖然都認同四十二字門與記誦佛教篇章、詞語有關，對於兩者孰先孰後則意見不一。四十二字門原為犍陀羅語字母的說法，說明了先有字母，相應的篇章產生在後，然而學界一直沒有找到按照四十二字門而創作的篇章。2006 年，學界注意到 1999 年在巴基斯坦北部巴焦爾（Bajaur）發現的佉盧文寫卷，其中有據四十二字門創作的佛教組詩。這個寫卷的左側殘缺約三分之一，導致部分文句無法復原，但仍保留了 2 ra 至 42 ḍha 等字門及其相應的犍陀羅詞語，這些詞語和梵語及漢譯佛經所保留的代表字出入頗大，對理解犍陀羅語中四十二字門誦讀的情況極為重要。[29] 2017 年，Melzer 初步釋讀並翻譯這些詩歌，以 6 la 為例，這首詩的上下句都以 la- 音節開首：

　　ladhva ñaṇabalo ṇaṯi sukuṣ̌alo diva kare s ...... ///
　　ladho me varabudhañaṇaviṣ（ayo......）///

26　Richard Salomon, "An Additional Note on Arapacana." In *Journal of the American Oriental Society*, Vol. 113, No. 2, 1993, pp. 275-276.

27　Richard Salomon, "An Arapacana Abecedary from Kara Tepe (Termez, Uzbekistan." In *Bulletin of the Asia Institue*, New Series, Vol. 18, 2004 [publ. 2008]，pp. 43-51.

28　Richard Salomon, "Kharoṣṭhī Syllables used as Location Markers in Gandhāran Stūpa Architecture." In Pierfrancesco Callieri (ed.), *Architetti, capomastri, artigiani: l'organizzazione dei cantieri e della produzione artistica nell'Asia ellenistica: Studi offerti a Domenico Faccenna nel suo ottantesimo compleanno* (Roma: Istituto italiano per l'Africa e l'Oriente, 2006), pp. 181-224.

29　Ingo Strauch, "The Bajaur collection: A new collection of Kharoṣṭhī manuscripts-A preliminary catalogue and survey." (2018), pp. 37-40.
　　https://www.academia.edu/25779968/The_Bajaur_collection_A_new_collection_of_Kharo%E1%B9%A3%E1%B9%ADh%C4%AB_manuscripts_A_preliminary_catalogue_and_survey. Accessed 1 Jan 2019.

已得到知識的力量，無敵的（？）、非常有能力的……
我獲得極廣的關於佛陀的知識……[30]

　　實際上，傳統印度的經典背誦十分嚴謹，以字門的方式來幫助背誦，對
印度佛教徒來說顯得幼稚。[31] Nattier 指出這種記憶法在閃族和米索不達米亞的
宗教世界中反而最為常見，如猶太教和摩尼教等文獻均有其例，暗示了以佉盧
文字母引入到佛教文獻的做法與西亞以至閃族文字的關係，甚至是受到伊朗文
化的影響。[32] 與犍陀羅關係密切的法藏部（Dharmaguptaka），其戒律《四分律》
（Dharmaguptakavinaya，姚秦佛陀耶舍共竺佛念等譯）中也提到前五個字門，[33]
法藏部可能就是最先將佉盧文字母當作傳教的陀羅尼使用的派別。[34] 隨着犍陀羅
語和梵語在中亞的流播，四十二字門在中亞廣泛流傳，除了上述尼雅遺址的發
現以外，如成書年代不早於 7 世紀的于闐語（Khotanese）佛教失題詩集也發現
了四十二字門的蹤影。此詩由官吏 Ysaṃbasta（=Zambasta）下令書寫，因此英
譯定名為 *The Book of Zambasta*，當中第六章提到四十二字母的其中十一個字
門，而且次序也不盡相合，可能出於作者的剪裁與創作。[35]

30　Gudrun Melzer, "An Acrostic Poem Based on the Arapacana Alphabet from Gandhāra: Bajaur Collection Kharoṣṭhī Fragment 5." (17 May 2017), p. 41. http://130.223.29.184/editions/melzer_bc5_20170517.pdf. Accessed 1 Jan 2019.

31　古印度針對吠陀經典的背誦，發明了各種的背誦方式（*paṭha*），將字詞按不同方向來回背誦。如其中最為複雜的 *ghanapāṭha*，字詞的背誦次序為 ab ba abc cba abc, bc cb bcd dcb bcd……。Pierre-Sylvain Filliozat, "Ancient Sanskrit Mathematics: An Oral Tradition and a Written Literature." In Karine Chemla (ed.), *History of Science, History of Text* (Dordrecht: Springer, 2005), pp. 137-160.

32　*A Few Good Men: the Bodhisattva Path According to the Inquiry of Ugra* (*Ugraparipṛccha*), pp. 292-293. "The Bajaur collection: A new collection of Kharoṣṭhī manuscripts-A preliminary catalogue and survey." (2018), p. 37.

33　「字義者，二人共誦不前不後：『阿羅波遮那。』」（T22, no.1428, p. 639a14）

34　Sarita Khettry, "History of Buddhism in Gandhāra: A Relook at Material Remains." In *Proceedings of the Indian History Congress*, Vol. 70 (2009-2010), p.83.

35　本書的詩句一般翻譯自其他語言，但第六章似乎是例外。又此詩提到中國人用漢語學佛法，但于闐人卻偏好印度語言文獻，結果沒有辦法好好理解義理，可視為于闐佛典語言的一個側面。R. E. Emmerick, *The Book of Zambasta: A Khotanese Poem on Buddhism* (London: Oxford University Press, 1968), pp. 120-121, 342-343.

　　至於漢藏地區，四十二字門早就在 3 世紀隨譯經傳入，鳩摩羅什譯（Kumārajīva，344-413）《大智度論》詳細解釋四十二字門，六十卷本《華嚴經》（六十華嚴）的翻譯進一步促進了四十二字門的傳播。[36] 南朝天台宗慧思（515-537）更撰有《四十二字門》二卷，此書雖佚，但日本西教寺、比叡山叡山文庫（均在滋賀縣大津市）各自藏有《四十二字門略鈔》、《四十二字門鈔》等引述《四十二字門》的問答體著作。[37]《四十二字門》的獨特之處，即在於慧思將四十二字門與《菩薩瓔珞本業經》中的四十二地相互結合，[38]《菩薩瓔珞本業經》（傳姚秦竺佛念譯）是五世紀在中國出現的偽經，慧思可以説是採用《菩薩瓔珞本業經》的先驅者。唐代以來，華嚴宗諸祖大都注意梵文字母，[39] 同時四十二字門更出現了密教化的傾向，相較於顯教四十二字門用以記誦般若智慧，持誦者能得到各種功德，[40] 密教四十二字門為與文殊關係密切的極秘陀羅尼，而且以成就眾生般若智慧為目的。[41] 如不空（Amoghavajra，705-774）譯《金剛頂經瑜伽文殊師利菩薩法一品》（T20, no.1171）和《金剛頂超勝三界經説文殊五字真言勝相》（T20, no.1172）、金剛智（Vajrabodhi，669 或 671-741）譯《金剛頂經曼殊室利菩薩五字心陀羅尼品》（T20, no.1173）均與文殊菩薩有關，而且只引

36　有關四十二字門的翻譯及早期流傳情況，可參閱周廣榮：《梵語〈悉曇章〉在中國的傳播與影響》（北京：宗教文化出版社，2004 年），頁 28-29，33-59。

37　佐藤哲英：〈南岳慧思の「四十二字門」について〉，《印度學佛教學研究》第 16 卷 2 期（1968 年），頁 40-47。

38　四十二地即十住、十行、十向、十地、無垢地、妙覺地。智顗《維摩經玄疏》卷四：「又大品經明四十二字門，初阿字門亦具四十二字門，後荼字門亦攝四十二字門。南岳 [引案：即慧思] 師解，即是圓教四十二地之異名也。」（T38, no.1777, p. 542a1-4）

39　《梵語〈悉曇章〉在中國的傳播與影響》，頁 150-162。

40　《放光般若經‧摩訶般若波羅蜜問摩訶衍品》：
　　當得二十功德。何等為二十？一者得強識念力，二者得慚愧羞恥力，三者得堅固行力，四者得覺知力，五者得辯才工談語力，六者得陀隣尼不難力，七者所語不說不急之事，八者終不狐疑於經，九者聞善不喜聞惡不憂，十者亦不自貢高亦不自卑，十一者進止安詳不失威儀，十二者曉了五陰、六衰，十三者善於四諦、十二緣起事，十四者善知識因緣事，十五者善於法慧能滿具諸根，十六者知他人所念吉凶報應，十七者善於天耳徹聽、自識宿命，十八者善知眾生所生，十九者能消諸漏，二十者善於往來處處教授。（T08, no.221, pp. 26c28-27a10）

41　高橋純佑：〈四十二字門と文殊菩薩〉，《智山學報》第 39 卷（1990 年），頁 67-77。

錄前五個字門（a、ra、pa、ca、na），並配合各種特殊的修行方法。[42] 除此之外，還有八字門、十六字門、十九字門、二十六字門、二十八字門等説，但以五字門影響力最大，文殊心咒 oṃ arapacanadhīḥ 在藏傳佛教中至今不衰。[43] 文殊菩薩和藏傳佛教在清帝國的地位特殊，詳情請參閱第六章。

三、華嚴字母與華嚴字母韻表

華嚴字母即《大方廣佛華嚴經》中所記載的四十二字門，嚴格來説應該稱為「華嚴字門」，這裏沿用傳統的命名。《華嚴經》記述善財童子（Sudhanakumāra）從文殊菩薩處漸次南行，拜訪了五十三位善知識（*kalyāṇa-mitra*，一譯善友；有美德的朋友，此指能引領人入於佛法的益友），其中第四十四位善知識名為善知眾藝（Śilpābhijña）童子，善知眾藝向善財童子傳授了四十二字門：

> 彼童子告善財言：「善男子！我得菩薩解脫，名善知眾藝。我恒唱持入此解脫根本之字，唱阿 [1 a] 字時，入般若波羅蜜門，名菩薩威德各別境界；唱羅 [2 ra] 字時，入般若波羅蜜門，名平等一味最上無邊；

42　計有：
1. 曼荼羅法：「選擇極清淨處作曼荼羅，以瞿摩夷塗地，復以白檀香泥塗之，隨意大小。於曼荼羅中，畫文殊師利五髻童子形狀，身如欝金色，種種瓔珞莊嚴其身，右手把金剛劍，左手把梵夾，坐於月輪中。於月輪四面，周旋書五字陀羅尼。」
2. 契印曼荼羅法：「壇中畫金剛劍，四面各於本方，畫八供養契及四攝契，對於此壇念誦。」
3. 三摩耶曼荼羅法：「壇中書五字及八供養四攝種子字，對此壇念誦而作是言。」
4. 羯磨曼荼羅：「壇中安般若波羅蜜經卷，日日讀誦念誦。」
5. 畫像法：「或白㲲絹素等中，畫文殊師利菩薩坐月輪中，輪內周旋書五字。四面畫八供養及四攝，如大壇法。對此像前如法念誦而作是言。」
6. 遶塔行道念誦法：「於舍利塔四面，周旋右轉書五字陀羅尼。遶塔行道念誦，勿令斷絕。」
　　（T20, no.1171, p. 705a19-c4）

43　尚有變體 *arapacanamuḥ*。Gudrun Bühnemann, "Buddhist Deities and Mantras in the Hindu Tantras: II The *Śrīvidyārṇavatantra* and the *Tantrasāra*." In *Indo-Iranian Journal*, Vol. 43, No. 1 (2000), pp. 36-37.

唱波〔3 pa〕字時，入般若波羅蜜門，名法界無異相；唱者〔4 ca〕字時，入般若波羅蜜門，名普輪斷差別；〔……〕唱陀〔42 ḍha〕字時，入般若波羅蜜門，名一切法輪出生之藏。善男子！我唱如是入諸解脫根本字時，此四十二般若波羅蜜門為首，入無量無數般若波羅蜜門。」[44]

所謂「唱持」並非歌唱之唱，梵本對應的字詞為 *parikīrtayataḥ*（*pari* + $\sqrt{kīrt}$），一譯宣說、稱念、稱讚。[45] 除了唱持之法，以及上一節提到的各種特殊修行法外，不空譯《大方廣佛花嚴經入法界品頓證毘盧遮那法身字輪瑜伽儀軌》還提到觀想和旋陀羅尼之法，後者乃「於月輪內，右旋布列四十二梵字」的「圓明字輪」。[46]

宋代《夢溪筆談》已將華嚴字母當作聲韻材料加以引用，[47] 明清以來唱誦華嚴字母，進一步將每個字門當作聲母，各配十二韻（黃維楚稱為「從音字」）以幫助唱誦者熟習這些字門的讀法，形成了一個韻表，其功能類近於音節表。這個韻表沒有固定的名稱，如「華嚴經字母圖」（袁子讓《字學元元》）、「華嚴字母韻圖」（趙蔭棠）等，[48] 甚至逕稱「華嚴字母」。考慮到這個表格只列出平聲字，性質近於韻表多於韻圖，本書將之命名為「華嚴字母韻表」。各書中的華嚴字母韻表用字及形式不一，現在先列出《禪門日誦》中的華嚴字母韻表；各本之間的異同，請參閱附錄四「華嚴字母韻表彙校」。

1. 阿○　佚韓翁烏爐哀醫因安音諳謳阿
2. 多○　當登東都刀驙低顛單⟨顛⟩耽兜多
3. 波○　幫崩⟨閉⟩連襃頒卑賓般⟨斌⟩⟨般⟩襃波

44　T09, no.278, pp. 765c7-766a28。

45　可參考吉藏《勝鬘寶窟》卷上對「持」字的解釋：「終則憶而不忘曰持。」T37, no.1744, p. 11c13-14。

46　T19, no.1020, p. 709b-c。各種字體的圓明字輪，可參林光明：《華嚴字母入門》（台北：嘉豐出版社，2007 年），頁 60-63。

47　沈括撰，胡道靜校注：《新校正夢溪筆談》（香港：中華書局，1975 年），頁 159。

48　〈康熙字典字切韻要法考證〉，趙憩之〔趙蔭棠〕：《等韻源流》，（台北：文史哲出版社，1985 年），頁 261。

4.　左○　　臧增宗租遭災賷津籛浸簪陔左

5.　那●　　囊能濃奴猱痲泥年難詽南甮那

6.　邏◖　　郎楞籠盧勞來黎嶙闌林藍婁邏

7.　柁●　　唐騰同徒陶臺嗁田檀(田)覃頭柁

8.　婆●　　傍朋蓬蒲袍牌毘頻槃(夯)邅哀婆

9.　茶●　　長澄重除桃嫷池陳獺沉悈儔茶

10.　沙◎　　霜生春疎稍崼詩申山深衫搜沙

11.　嚩◑　　忘(愵)麈無○(帽)微文㮁(芰)(琰)霏嚩

12.　哆○　　鐺燈冬都啁懍堤顛殫(顛)擔佢哆

13.　也◖　　陽蠅容余遙(哇)移寅延淫鹽由也

14.　瑟吒◎○　尸張尸徵書中書朱尸朝師桯尸知尸珍㲲尸砧師詀師斡瑟吒

15.　迦○　　岡挷公孤高該雞斤干金甘鈎迦

16.　娑◎　　桑僧檏甡騷腮西新珊心三涑娑

17.　麼◐　　茫薹蒙模毛埋彌民瞞(旻)妞呣麼

18.　伽●　　強殃窮渠喬(揩)奇勤虔琴鉗求伽

19.　他◎　　湯鼕通珱叨胎梯天灘礑貪偷他

20.　社●　　常成慵蛉韶(澠)時辰禪諶蟾酬社

21.　鏁◎　　穎僧馻蘇掃愢洗凶傘罧糙娑鏁

22.　柂●　　堂縢筒途桃攞提田壇(田)談投柂

23.　奢◎　　傷升舂書燒篩尸伸饘琛苫收奢

24.　佉◎　　康硘空枯尻開欺緊看欽龕佉佉

25.　叉◎　　創琤衝初抄釵鷗嗔猠覷攙搊叉

26.　娑多◎○　思當思登蘇東蘇都思刀思鼉西低西顛思單西(顛)思耽思兜娑多

27.　壤◖　　穰仍茸如饒(倈)而仁然任霠柔壤

28.　曷攞多●◐○　杭郎當恆楞登洪籠東胡盧都毫勞刀孩來鼉奚黎低賢嶙顛寒闌單(言)林(顛)含藍耽侯婁兜曷攞多

29.　婆●　　旁棚鞷葡炮排皮貧桦(姘)邅髻婆

30. 車◎　　昌稱衝樞惉差蚩瞋闡覰韂譁車

31. 娑麼◎◗　斯茫斯萌蘇蒙蘇模思毛思埋西迷西民西蠻西㉡思菱思
　　　　　　謀娑麼

32. 訶婆◎●　欣旁亨朋烘蓬呼蒲蒿袍哈排希毘希貧頩桙希㊀含謤呴
　　　　　　衰訶婆

33. 縒◎　　喪僧鬆蘇繰顙西辛珊芯糝鎪縒

34. 伽●　　強擎蛩劬翹㉡其芹乾禽鍼裘伽

35. 吒○　　張徵中豬朝桓知珍亶砧詀輆吒

36. 挐◗　　孃蘿醲袻嬈捀尼紉喏詽誻輭挐

37. 娑頗◎◎　思滂思㳠蘇徬蘇蒲思胞思崩西披西㸓思潘西㉡思芝思
　　　　　　拰娑頗

38. 娑迦◎○　思岡思㧁蘇公蘇孤思高思該西雞西斤思干西今思甘思
　　　　　　勾娑迦

39. 也娑◗○　亦桑亦僧亦蚣亦甦亦臊亦腮亦西亦辛亦珊亦心亦三亦
　　　　　　鞖也娑

40. 室左◎○　室臧室增束宗束租室遭室災室賞室津瑟餞室浸瑟簪室
　　　　　　陬室左

41. 侘◎　　蕩燈踵攄超攄絺獭脡琛眈抽侘

42. 陀●　　唐滕彤圖韜駘騠田驒㊀曇骰陀

華嚴字母韻表首先列出字母，然後以符號標明其聲母清濁。其後以該字門的聲
母配上十二個韻母，得出十二字，如果該字門由兩個或三個字組成，則各得
二十四或三十六字。具後又再重複一次字門，全行終結。

四、華嚴字母韻表的作者問題

　　華嚴字母韻表的作者及時代問題，一直是個難以解決的謎團。有學者從聲
韻角度入手，認為韻表成於唐代或以前，甚至是實叉難陀收入經中，這種說法

無論從聲韻還是版本而言均不能成立（參看第二至第四章）。[49] 周叔迦認為「近
人以四十二字合十四音而呼之，非經本意，乃元明人妄作耳」，[50] 對此周叔迦並
沒有進一步的考證。明末莫銓《音韻集成 · 華嚴字母解》中提及「華嚴藏中有
〈金字經〉梵音字母四十二字，即戒璇所傳也」，[51] 似即以戒璇為〈華嚴字母贊〉
及韻表的作者。緒論已提到，戒璇曾參與《成化丁亥重刊改併五音類聚四聲篇
海》的出版，該書自成化三年（1467）開始籌備，至七年（1471）完稿，可知
戒璇當活躍於十五世紀初至中葉。然而沒有其他材料證明戒璇與華嚴字母韻表
之間的關係，無法驗證莫銓的説法是否正確。

　　周廣榮認為華嚴字母韻表很可能始於寶金禪師（字壁峰，1306-1370），以
為寶金以前未有以「華嚴字母」稱四十二字門者，又從華嚴字母韻表的韻類劃
分與《中原音韻》時代相近，得出寶金創製華嚴字母韻表「開啟了明清時期華
嚴字母的廣泛傳習之風」的結論。[52] 然而周廣榮也未敢遽定寶金為創製華嚴字母
者，林光明對此亦較為審慎，指出「此點與筆者原先的想法相近，但目前仍缺
少較為直接的證據，支持此一説法」，因此「目前無法確定『華嚴字母［韻表］』
的作者及製成年代」。[53]

　　明初的文獻如宋濂（1310-1381）〈寂照圓名大禪師壁峯寶金公設利塔碑〉
並沒有提到寶金創製華嚴字母一事。周廣榮所引述的文獻有《清涼山志》和《山
西通志》，前者原為明鎮澄所撰（萬曆二十四年［1596］序），其後屢有增訂，
有康熙四十五年（1706）《清涼山新志》、乾隆五十年（1785）《欽定清涼山志》
等；後者有成化本、四庫本、光緒十八年（1982）本等。先看《清涼山志》諸
本提到寶金和華嚴關係的兩則材料，各本記述略有差異（下加橫線標記）：

49　認為韻表為唐宋或以前產物的論點，見潘文國：《韻圖考》（上海：華東師範大學出版社，
　　1997 年），頁 25。譚世寶：《悉曇學與漢字音學新論》（北京：中華書局，2009 年），頁 57。

50　周叔迦：《周叔迦佛學論著集》（北京：中華書局，1991 年），下冊，頁 748。

51　轉引自《等韻源流》，頁 295。

52　周廣榮：〈禪門日誦中的華嚴字母考述〉，《中國禪學》第五卷（2010 年），頁 514。

53　《華嚴字母入門》，頁 10。

（一）

《清涼山志》	金公嘗依華嚴制為佛事，梵音哀婉，凡四十二奏。唯本寺襲其法，四方學者于茲觀頂受業焉。[54]
《清涼山新志》	金公常依華嚴製為懺法，梵音婉雅，凡四十二奏。唯本寺襲其法，四方學者於茲觀頂受業焉。[55]
《欽定清涼山志》	壁峯常依華嚴製為懺法，梵音婉雅，四十二卷。惟本寺僧襲其法，四方學者于此觀頂受業焉。[56]

（二）

《清涼山志》	師嘗製華嚴佛事，梵音清雅，四十二奏，盛行于世。[57]
《清涼山新志》	師嘗製華嚴字母佛事，梵音清雅，盛行於世。[58]
《欽定清涼山志》	師嘗製華嚴字母佛事，梵音清雅，盛行於世。[59]

案（二）諸本均用「佛事」一詞，但（一）明本仍稱為「佛事」，清代的兩種本子卻改稱「懺法」，結合兩則材料看來，原本應作「佛事」。清本用字自成一系，如「製為懺法」、「婉雅」都是如此，清本在（二）更刪除了「四十二奏」一句。改稱「華嚴佛事」為「華嚴字母佛事」，顯然是清本以意改動。至於乾隆本「四十二奏」作「四十二卷」則顯係誤字。

　　成化本及康熙本《山西通志》均沒有這兩則材料，[60] 四庫本和嘉慶本用語基本相同：

　　　　壁［當作壁］峰依華嚴製懺法，梵音婉雅，凡四十二奏。唯寺眾襲其

54　釋振澄：《清涼山志》，《故宮珍本叢刊》影印萬曆本（海口：海南出版社，2001 年），冊248，頁 28a。

55　老藏丹巴：《清涼山新志》，《故宮珍本叢刊》影印康熙四十五年本，冊 248，頁 153b。

56　董誥等編：《欽定清涼山志》，《故宮珍本叢刊》影印乾隆五十年本，冊 248，頁 346a-b。

57　《清涼山志》，《故宮珍本叢刊》，冊 248，頁 92a。

58　《清涼山新志》，《故宮珍本叢刊》，冊 248，頁 205b-206a。

59　《欽定清涼山志》，《故宮珍本叢刊》，冊 248，頁 387a。

60　此書提到「長安人寶金」，卒於永樂年間，當為另一人。

> 法，四方學者觀頂受業焉。[61]
>
> 壁峰製華嚴字母佛事，梵音清雅，盛行於世。[62]

用字大致上與《清涼山志》相同，而刪去「本（寺）」、「於茲」等字，顯然從後者轉錄而成。四庫本和光緒本《山西通志》又載「明寶金華嚴字母佛事梵音清雅」，[63] 其說不但晚出，「華嚴字母佛事梵音清雅」更不像是書名。

　　無論如何，寶金所製原名並無「字母」二字，但《大理叢書》本《華嚴字母經》於 1549 年重刻（詳見下文），其時已有華嚴字母之名，如果寶金所製真的是華嚴字母韻表，為何萬曆本《清涼山志》沒有「字母」二字，似乎難以解釋。退一步說，所謂「佛事」或許只是唱誦華嚴字母韻表時所用的科儀而已，和華嚴字母韻表似乎並非一物。[64] 況且明代以來，對寶金的生平多有比附，萬曆年間的《三寶太監西洋記通俗演義》中的碧眼胡僧金碧峰，其原型即來自寶金。[65] 寶金曾遊於五台山，天台山的文殊信仰與華嚴字母密切相關，明清佛子因而附會，亦未可知。總而言之，華嚴字母韻表作於元末明初的說法基本可信，但其作者仍然無法歸到寶金名下，只能闕疑待考。

61　覺羅石麟編：《山西通志》，《景印文淵閣四庫全書》（台北：臺灣商務印書館，1986 年），冊 548，頁 314a。王軒等撰：《山西通志》，《中國省志彙編》影印嘉慶本（台北：華文書局，1969 年），冊 6，頁 3286a。

62　《山西通志》，《景印文淵閣四庫全書》，冊 547，頁 533a。《山西通志》，《中國省志彙編》，冊 6，頁 3067b。

63　《山西通志》，《景印文淵閣四庫全書》，冊 548，頁 450b。《山西通志》，《中國省志彙編》，冊 6，頁 3375b。

64　佛教文獻中以「佛事」為名者不多，只見《三時繫念佛事》。

65　有關金碧峰的原型問題，可參閱黃永年：〈《西洋記》裏金碧峰的本來面目〉，《中國典籍與文化論叢》第 2 輯（1995 年），頁 144-155。廖可斌：〈《三寶太監西洋記通俗演義》主人公金碧峰本事考〉，《文獻》第 1 期（1996 年），頁 24-46。

五、華嚴字母的唱法

華嚴字母的唱誦音樂屬於「套曲式梵唄」，即以套曲形式成套出現，當中包括儀式中一連串相關的讚和偈文，在漢傳佛教音樂中較為罕見。[66] 一般在誦讀《華嚴經》一卷以後才唱誦華嚴字母：《華嚴經》卷末自卷一起順次附有三個字門，至卷十四即唱畢四十二字門，自卷十五起不斷重複，卷七十六至八十一則每卷附有四個字門。

在誦讀《華嚴經》一卷以前，須誦〈爐香讚〉（「爐香乍熱……」）（或〈香讚〉、〈寶鼎香讚〉），由維那（原為統理種僧雜事之僧，今多負責領唱）舉腔，其後眾人齊唱。本文共六句，其後有「菩薩陀」部分，唱「南無香雲蓋，菩薩摩訶薩」一句三遍。考《九宮大成南北詞宮譜》載《牧羊記》的〈華嚴海會〉二體，《牧羊記》為宋元舊曲，此二體比〈爐香讚〉第五句少一字，樂音亦稍異。[67] 其後讀「祝願文」，維那獨唱〈華嚴啟止儀〉（用於初一、十五及華嚴法會開經日，「遮那妙體遍法界……」）或〈鐘聲偈〉（用於平日誦經，「鐘聲傳三千界內……」），或說此部分「曲調來自古印度」。[68] 其後唱誦或唸誦〈普賢行願品偈〉（「所有十方世界中……」），自祝願文至〈普賢行願品偈〉，均未見於古譜。最後唱誦〈開經偈〉（「無上甚深微妙法……」）。

讀畢《華嚴經》一卷，即開始唱華嚴字母及其相關梵唄，這裏又可分為序部、主體、尾部三部分。[69] 首先唱〈輔闕真言〉（「南無三滿哆……」）及〈華嚴海會讚〉。〈華嚴海會讚〉共十四種，分別為佛讚（用於卷一至三）、法讚（卷四至五）、僧讚（卷六至八）、經讚（卷九至十一）、七處九會讚九首（見於卷十二至八十），卷八十一另有「經畢總讚」。

66　袁靜芳：《中國漢傳佛教音樂文化》（北京：中央民族大學出版社，2003 年），頁 79。

67　周祥鈺、鄒金生等輯：《新定九宮大成南北詞宮譜》，《續修四庫全書》影印古書流通處影乾隆十一年刻本，冊 1755，頁 505a-b。《牧羊記》作者問題，《寒山堂新訂九宮十三攝南曲譜》題馬致遠作，聊備一說。

68　傅暮蓉：〈華嚴字母儀式中的梵唄〉，《樂府新聲（瀋陽音樂學院學報）》第 3 期（2012 年），頁 150-151。

69　《中國漢傳佛教音樂文化》，頁 81。

首先唱序部〈華嚴字母讚〉（「華嚴字母，眾藝親宣……」），其曲調與〈爐香讚〉同，但無「菩薩陀」部分。[70] 其後唱主體及華嚴字母。維那先領唱該字母兩次，並接唱出其下八字；自第九字起，眾人合唱，回歸到字母後，接唱「小迴向」，即「唱某字時，普願法界眾生，入般若波羅蜜門」。至此即完成一字母，維那再唱下一字母。唱二合字時，由於唱者不將二合字視為複輔音，因此必須加入過渡音（黃維楚稱為「鼻（輕）音」），以確保二合字互相連貫。如14 瑟吒，「尸張」、「尸徵」等「尸」後加 hiŋ，「書中」、「書朱」等「書」後加 hoŋ，「尸知」、「尸珍」等「尸」後往往加入 hɛ 音。[71] 唱畢每卷三或四個字母後，即齊唱尾部「總迴向」（「四十二字妙陀羅……」），三稱「南無華嚴海會佛菩薩」而終。有些佛寺其後尚有迴向發願文（「願以此功德……」）。

各地唱誦華嚴字母的旋律，其骨架音基本相同，但裝飾音根據地域及師傳則頗有不同，形成了所謂「同曲變體」。[72] 各地所用的讚偈也詳略各異，但核心的序部、主體、尾部則大致保留。唱時要求一氣呵成，運字餘音「藕斷絲連」等；一般使用敲打樂器，維那師使用大磬（符號為◎，▷為捺磬），一人擊鼓（○），一人敲木魚（◖重敲，◗輕敲），一人敲鐘（＿或、）。[73] 在網上可以看到不少以管弦樂器伴奏的錄音或影片，這些都不是原來的作法。[74]

---

70   同上注，頁 59。

71   《華嚴字母及其唱法》，頁 9，15。

72   徐菲：〈上海地區三個不同寺院的梵唄《華嚴字母讚》的音樂風格比較〉，《黃河之聲》第 20 期（2011 年），頁 82-84。有關調式問題，可參閱〈華嚴字母儀式中的梵唄〉，《樂府新聲（瀋陽音樂學院學報）》第 3 期（2012 年），頁 157-158。

73   舊譜只有◎○、三種符號。

74   黃維楚（智隆）：《華嚴字母及其唱法》（上海：上海佛學書局，無刊印年），頁 10-11。

第二章

從宗教史看華嚴字母韻表諸本

一、《大理叢書》本與明教

　　現存最早的華嚴字母韻表收錄於《大理叢書》的《大方廣佛華嚴經字母》嘉靖二十八年（1549）刊本，前人研究華嚴字母均未提及此一本子。《大理叢書》收錄了雲南地區所存的《大方廣佛華嚴經》刻本及寫本十五種、經疏一種，此外又有藏文、梵文寫經、「梵漢文神咒」、灌頂儀等。《大方廣佛華嚴經字母》1956 年發現於大理市鳳儀鎮北湯天村法藏寺金鑾寶剎內，經折裝，存二十九折半，半折六行，行十七字，29 X 11 厘米，現存雲南省圖書館。書中可分為〈舉華嚴海會贊〉、華嚴字母韻表、〈華嚴字母起止道場大略〉、〈字母要解〉、〈大方廣佛華嚴唱字母序〉等部分，卷末有「大明國雲南都司觀音堂哨居士奉佛善士陳寬」、「時嘉靖二十八年冬吉旦水目山戒堂重刊」等牌記。整理者提及此書的價值所在，一是印刷精美，為雲南雕版之精品；二是牌記中提及「都司」、「哨」，刊印者可能為衛所制下的屯田居民；三是牌記中「水目山戒堂」字樣說明已出現專門從事雕版印刷的機構。[1] 然而考水目山在雲南祥雲縣，唐元和八年（813）普濟慶光禪師建，為雲南著名的佛寺，[2] 因此第三點似乎不盡正確。

　　《大理叢書》本雖然將〈華嚴字母起止道場大略〉（相當於諸本的「諷華嚴經起止儀」）的部分放在華嚴字母韻表的後面，但所載儀軌基本上涵蓋後世諸本的內容（僅欠「補缺真言」及「禮華嚴文」的一部分，參閱附錄五），說明唱誦華嚴字母的儀軌，在早期已大致確立。本書所載韻表與後世韻表的用字頗不相同，如○中的漢字及二合、三合的前字頗為獨特，而且帶有若干方音色彩（詳見第三章）。其後的〈字母要解〉因「恐人於唱誦之中，泥於音聲，昧於義理，而不達字母之指歸」，因而撮抄清涼澄觀《大方廣佛華嚴經疏》的內容，說明四十二字門的秘義；另一方面說明字母用字各有不同，「進退兩求，不知何是」，因此據不空《大方廣佛華嚴經入法界品四十二字觀門》說明各本異字代

1　　楊世鈺、趙寅松主編：《大理叢書‧大藏經篇》（北京：民族出版社，2008 年），卷四，頁301。

2　　參閱張廣保、宋學立：《宗教教化與西南邊疆經略 —— 以元明時期雲南為中心的考察》（北京：社會科學文獻出版社，2014 年），頁 92-97。

表的聲母實際相同,「不必改聲」。[3]

　　本書的序文〈大方廣佛華嚴唱字母序〉頗為罕見,而且詳細說明此書的來歷,先將全文引錄如下:

　　　　善財童子五十三參,徧界南行,至四十五參善知眾藝童子,彼即告言:「我得菩薩解脫,名善知眾藝,學菩薩字智,但唱持此之字母。唱阿字時,入般若波羅蜜門,名以菩薩威力入無差別境界,乃至唱陀字時,入般若波羅蜜門,名一切法輪差別義 [引案:原經文作「藏」]。善男子!我唱如是字母時,此四十二般若波羅蜜門為首,入無量般若波羅蜜門。」此經流傳東土以來,受持者多,讀誦者廣。然唱字母者,或未獲真本,至於南北諸參,江湖涉獵,亦罕見流通,是可長歎息也。

　　　　先師淨明堂去古庭和尚在龍河日,予因觀省,久而以此唱字母咨之師。師始唱,未終,不覺身心踴悅,可謂如飢得食,如貧得寶,昔所願者,今已滿足。師復曰:「無上妙法,諸佛心宗,未許輕易。曩予在明教,適遇端法主和尚講《華嚴法界觀》[引案:即杜順(558-641)《修大方廣佛華嚴法界觀門》],予率同學懇決字母之指南,再四而傳之,囑曰:『誦讀經文,不唱字母,功德未圓。』端師去世久矣,吾亦老之將至矣。意欲鋟梓,恐未及行,殃在汝邊。」而以時不待人,無何順世。茲予流通,用酬先師之願,庶幾與四方共之流傳,將來至於無窮無盡。然以功答四恩,行皇幾而悠久;益資三有,俾幽趣以開明。隨喜見聞,會普賢行願之海;呻吟鏨刻,入眾藝字智之門,爰冀先師莊嚴報地者。

　　　　或曰:「華嚴境界,超情越見,體廣用深,橫遍十方,豎窮三際,任持法性,軌生物解。開大夜之重昏,朗萬法之幽遂 [邃]。因果靡閒,真應普資。攝持眾生,性相無盡,非口所宣,非心所測,又豈可以筆舌能及哉?況般若波羅蜜門無量無邊,豈心力所能及哉?」答曰:「雖然,華嚴境界,不拘文字,亦不離文字。文字性空,是為般若,以至豎窮橫遍等,亦不離人人方寸。迷之則經於累劫,悟之則只在剎

3　《大理叢書‧大藏經篇》,卷四,頁 329-333。

那。語默動靜，無非毘盧境界。故經云乃至身語意業，無非梵行。況南閻浮提，以音聲為佛事？又《首楞嚴經》云：『此方真教體，清淨在音聞。』此唱字母，良有以也。故善財童子，一聞千悟，乃至入無量般若波羅蜜門。若人能於一字一聲，豁然會去，則華嚴法界、波羅蜜門得之矣，又何難之有哉？」是為序。[4]

序文並無署名，但序中提及的人物卻頗堪玩味。首先是序文作者的老師「淨明堂去古庭和尚」即古庭善堅（1414-1493），昆明人，宣德十年（1435）至貴州，並入四川，正統間（1436-1449）復至隆恩寺參無際，得其心印，暮歸四川。憨山德清（1546-1623）稱其「以遠公開浮山百餘年而墜，久則古庭振起之」，「古庭非遠公之後身［耶］」，[5] 為雲南佛教的重要人物。古庭善堅所在的龍河即金陵天界寺，與靈谷寺、報恩寺並稱金陵三大佛寺，《五燈全書》卷五九即記載古庭「初遊金臺，止大容山，復南還，住金陵天界」的事蹟。[6] 古庭善堅本人對《華嚴經》亦曾究心，著有《華嚴大意》，收入卍續藏冊五十八，因此他關注華嚴字母，亦在情理之中。古庭善堅在世之時，已能在金陵習得華嚴字母韻表，說明韻表創作的下限，當在明成祖、宣宗之世，即 15 世紀初期。

教導古庭善堅唱誦華嚴字母的端法主和尚是明教徒，不但講解《華嚴法界觀》，而且對唱誦華嚴字母的造詣高深，連佛教徒也再四請求指導。現存的佛教文獻中並沒有古庭善堅「在明教」的記錄，不免令人對這篇序文感到驚訝。明教在明代的活動情況如何，為何要唱誦華嚴字母？

摩尼教（明教）自公元 3 世紀從波斯外傳，為便於傳教，期間不斷與各地的宗教融合。如高昌出土 10 世紀的摩尼教預言者殘片（MIK III4947 & III 5d），原本應繪有摩尼及塞特（Seth）、釋迦牟尼、瑣羅亞斯德（Zoroaster/Zarathustra）、耶穌等先知，可為明證。[7] 摩尼教傳入中國，除了和佛教融合外，

---

4   《大理叢書‧大藏經篇》，卷四，頁 334-339。
5   Q3, X73, no. 1456, p. 680a19-22 // 22:32, p. 323b16-c1 // R127, pp. 645b16-646a1。
6   Q3, X82, no. 1571, p. 236b5 // Z 2B:14, p. 131b1-2 // R141, p. 261b1-2。
7   參閱 Gulácsi 對其說法的修正。Gulácsi Zsuzsanna, "Searching for Mani's Picture-Book in Textual and Pictorial Sources." In *Transcultural Studies*, Vol.2, No.1, 2011, pp. 243-245.

宋代以來更有道教化的傾向。[8] 宋元時代的明教徒，主要可分為寺院式和秘密結社式兩類，前者往往未受統治者的干預，[9] 尤其是成吉思汗對宗教較為寬容，使摩尼教得以在中國東南沿岸繼續活動。如泉州發現的皇慶二年（1313）碑刻，碑主馬里失里門阿必思古八（馬小鶴釋為「高僧＋Solomon＋主教」）「管領江南諸路明教、秦教等」，足見當時明教與天主教、基督教等關係密切。[10] 馬可・波羅（Marco Polo，1254-1324）更在其遊記中提及在福州誤認一批神秘信徒為基督徒，並要求成吉思汗承認他們為基督徒的故事，這批為數七十萬戶的信徒，很可能就是明教徒。此外泉州晉江草庵（1339）摩尼像的發現，也證明了明教在元代江南繼續流傳。[11]

　　傳統觀點認為明代禁制明教，導致明教逐漸消失或只能淪為地下宗教，[12] 甚至認為明代國號與明教有關，因此為明室所忌諱。[13] 然而 2006 至 2010 年間，吉田豐等人考察日本所存摩尼教繪畫，先後發現了大和文華館藏〈六道圖〉（馬小鶴稱「冥王聖圖」）、山梨縣栖雲寺藏「虛空藏菩薩」耶穌像（基督教大名有馬晴信 [1567-1612] 舊藏）、〈宇宙圖〉、〈天界圖〉、〈聖者傳圖〉二幅、摩尼像（下落不明）、九州國立博物館藏〈摩尼誕生圖〉，當中〈六道圖〉屬元代後期寧波職業畫工製作，〈宇宙圖〉、〈天界圖〉、〈聖者傳圖〉、〈摩尼誕生圖〉等均為元末明初之作，充分反映當時南方明教的畫像仍有其市場。[14] 這些畫作一方面表現

8　窪德忠：〈宋代における道教とマニ教〉，和田博士古稀記念東洋史論叢編纂委員會編：《和田博士古稀紀念　東洋史論叢》（東京：講談社，1960 年），頁 361-371。牟潤孫：〈宋代之摩尼教〉，《注史齋叢稿》（香港：新亞研究所，1959 年），頁 95-118。

9　林悟殊：《摩尼教及其東漸》（北京：中華書局，1987 年），頁 145-146。

10　馬小鶴：《光明的使者 —— 摩尼與摩尼教》（蘭州：蘭州大學出版社，2013 年），頁 393-394。

11　Samuel N.C. Lieu, "Manichaean Remains in Jinjiang 晉江," In *Medieval Christian and Manichaean Remains from Quanzhou (Zayton)*, Turnhout: Brepols, 2012, pp. 61-82.

12　宋濂〈故岐寧衛經歷熊府君墓銘〉即謂「温有邪師曰大明教，造飾殿堂甚侈，民之無業者咸歸之。君以其瞽俗眩世，且名犯國號，奏毀之，官沒其産，而驅其眾為農。」但何喬遠《閩書》（1620）則謂「戶部尚書郁新、禮部尚書楊隆奏留之，因得置不問」。參閱《光明的使者》，頁 400-416。

13　參閱吳晗的說法及田海（Barend ter Haar）的相反意見。吳晗：〈明教與大明帝國〉，《讀史箚記》（北京：生活・讀書・新知　三聯書店，1961 年），頁 235-270。田海著，劉平、王蕊譯：《中國歷史上的白蓮教》（北京：商務印書館，2017 年），頁 112-136。

14　吉田豐、古川攝一：《中國江南マニ教繪畫研究》（京都：臨川書店，2015 年），頁 79-82, 88。

明教與道教相互融合的世界觀，在樣式上又與佛教繪畫相當一致，分別對應於曼荼羅、獨尊像、變相圖、高僧圖等。[15]

　　霞浦文書的發現，為明清時期的明教流播情況提供了更為詳盡的證據。2008 年，吳春明、林鋆、陳進國等人在霞浦發現大量明教遺跡文書，當中包含大量科儀和明教徒林瞪的族譜，這些科儀文書夾雜了道教及佛教內容，充分反映了明教的道教化傾向。[16] 時至今日，該處仍有祭祀活動。[17] 上述的文書當中，最值得注意的是《高廣文》，其中有「大方廣佛華嚴經，變化宅庭高廣大，堪容萬聖與千賢，恭祈惠力利存亡，廣莊嚴菩薩摩訶薩。（本偈看經）稽首敬歎妙貞明，無上邊無智，堪寂妙體 ［……］（看《貞明經》）」字樣，[18] 足見明教的確參考《華嚴經》等佛經，並與明教的經典《貞明經》融合。從以上所列舉明教在中國流播的情況來看，明教在元明時代不但並未消失，而且還與民間宗教相互結合；明教徒學習華嚴字母，應是為了融入本土，因而採納了佛教的唱讚。而端法師唱誦華嚴字母讀音精確，連古庭等高僧也要向他請教，說明華嚴字母韻表在明初已非常流行，進而成為明教徒藉以傳教的工具。

　　另一方面，雲南水目山戒堂為何刻印《大方廣佛華嚴經字母》，同樣值得玩味。雲南處於中國西南，與緬甸等國接壤，為南亞文明及中原教化體系同時進入雲南提供了良好的地理環境，景德四年（1004）大理科舉兼試密教、儒典，可以說是兩者在雲南並行的最佳例證。然而對於雲南所流行的阿吒力（又稱阿闍梨、阿左梨等，對應梵文 ācārya?）教的性質，學者仍有不同的看法。傳統觀點認為阿吒力教又稱滇密或白密，源自六世紀南印度金剛頂派，七八世紀流傳東南亞及中國，直接從南亞傳入，沒有經過藏密或台密等中介。阿吒力教並不只在宗教層面上影響雲南，大理國政教合一，22 位國主中即有 9 人出家為僧，

15　　古川攝一：〈江南マニ教絵画の図様と表現——元代仏教絵画との関わりを中心に——〉，《中國江南マニ教絵画研究》，頁 234。

16　　馬小鶴：《霞浦文書研究》（蘭州：蘭州大學出版社，2014 年），頁 33。

17　　林子周、陳劍秋：〈福建霞浦明教之林瞪的祭祀活動調查〉，《世界宗教文化》第 5 期（2010年），頁 82-85。

18　　圖版見陳進國：〈明教的新發現——福建霞浦縣摩尼教史跡辨析〉，《中國宗教研究年鑑（2009-2010）》（北京：中國社會科學出版社，2013 年），頁 914。

世家壟斷朝政，可見其對雲南社會的影響深遠。[19] 即使在元代，中原禪宗（臨濟宗）及藏傳佛教並行雲南地帶，但阿吒力教於民間喪葬等勢力仍然很大。對於傳統觀點，侯沖並不認同，並進而懷疑滇密是否存在。他認為雲南歷史上較少真正意義上的印度僧人，而且「阿吒力」一詞在明代才出現，與明代以前稱「阿左梨（阿闍梨）並不相同。因此侯沖提出元代及以前的阿左梨所傳為漢地佛教，而所謂阿吒力教屬明代佛教三分中的「教」，附會於雲南地帶的阿左梨，並非由南亞直接傳入。[20]

　　本書並不擬深入討論阿吒力教的性質問題，按傳統觀點，宋代以來的「阿吒力教」經典，本來就十分重視法會科儀與諷誦，[21] 華嚴字母本身與密教關係密切，自然較易為人接受。至於侯沖提出阿吒力教經典屬於漢地科儀，反映唐宋以來中原密教通俗化的觀點，十分值得注意。如鳳儀北湯天寫經中的「秘教經儀」，即包含了《華嚴科》的殘本，現存《華嚴海印十法界道場三時提綱》和《華嚴海印十法界道場教誡儀文》兩冊，說明明代雲南地區亦傳入了與《華嚴經》有關的科儀。[22] 而侯沖為反駁阿吒力教為滇密的說法，進一步考索唐宋以來雲南的華嚴禪傳統，發現華嚴宗早於唐代已傳入雲南，明清時期的佛教文物中還可大量找到《華嚴經》和《華嚴經疏》等，而雲南的華嚴禪則是華嚴宗和荷澤禪的融合。[23] 如從這一角度出發，則華嚴字母進入雲南，與其固有華嚴信仰的關係就更顯密切。

　　無論如何，元明以來雲南受漢傳佛教的影響愈發深遠。大理天定二年（1253），蒙古滅大理，忽必烈六子忽哥赤封梁王，原段氏則世襲大理總管，自此統治者借助禪宗教化西南邊疆的趨勢較為明顯。如善闡僧人雄辯（1229-

---

19　詳細可參閱《宗教教化與西南邊疆經略 —— 以元明時期雲南為中心的考察》，頁 11-48。

20　侯沖：〈中國有無「滇密」的探討〉，《雲南與巴蜀佛教研究論稿》（北京：宗教文化出版社，2006 年），頁 246-268。

21　周廣榮：〈此方真教體，清淨在音聞 ——《禪門日誦》中的華嚴字母考述〉，《中國禪學》第五輯（2007 年），頁 17。

22　侯沖：《「白密何在」—— 雲南漢傳佛教經典文獻研究》（桂林：廣西師範大學出版社，2017 年），頁 241-243, 248-250, 259。

23　侯沖：〈唐宋至元的雲南華嚴禪〉，《「白密何在」—— 雲南漢傳佛教經典文獻研究》，頁 332-349。

1301）曾習滇密，但亦赴中原留學 25 年，習《華嚴》、《維摩》等經典，並培養了一批雲南禪宗高僧，反映當地中土、雲南雙重傳法世系的特色。[24] 到了洪武十四年（1381），昆明淪陷，梁王敗走自殺；次年破大理，大量焚毀各寺經典，二十三年（1390）更設雲南土司、雲南等處承宣布政使司。此時一方面中原佛法進一步進入雲南，如十六年（1383）無極禪師（1333-1406）率徒覲太祖，獲授大理府僧綱司都綱，以華嚴、法華教化僧眾；另一方面古庭善堅、大巍淨倫（1427-1492）、朗目本智（1555-1606）等高僧，更將雲南禪宗帶入中原，說明雲南禪宗的發展在元明統治者的經營下，已到達足以倒傳中原的地步，[25] 因此古庭善堅才得以在龍河講法，學習華嚴字母並將之傳入雲南。

然而侯沖的觀點仍然有需要進一步探討之處。如侯沖認為阿吒力教屬於明代的教僧，但部分文獻的確顯示明代對阿吒力教的態度略為負面。明初尚設阿吒力僧綱司，僧綱司入京覲帝仍受崇奉，但雲南西北的阿吒力教重鎮玄化寺打算重建，已屢遭朝廷反對。正統六年（1441），阿吒力僧何清平叛有功，「上不允其增設僧綱司［……］仍還本寺，修其本教」。到了正德二年（1507），雲南巡按御史陳天祥更上奏「雲南有阿吒力、朵兮薄二教，其徒數百人，不祝髮，不絕葷酒，類僧道而非僧道，［……］此輩厚賂中官，蠱惑朝廷加授都綱、都紀官名，［……］乞敕所司削其官，追其印，摘發該管官處承當軍民差役」。[26] 如果阿吒力教屬明代教僧，為何受到朝廷排斥，似乎需要進一步的說明。前文提到，無論是阿吒力教還是漢傳佛教的科儀，均曾使用《華嚴經》，這就進一步牽涉到華嚴字母在雲南佛教的屬性問題：華嚴字母韻表傳入，到底代表了阿吒力教的發展空間被壓縮，還是某種程度上屬於阿吒力教傳統的延伸？由於筆者能力及文獻所限，無法對這一問題作更深入的研究，然而可以肯定的是，華嚴字母作為中原佛教材料傳入雲南，與雲南政教發展的背景不無關係。

華嚴字母韻表傳入雲南，對雲南韻學有一定的貢獻。雲南的韻學在明清已

24　《宗教教化與西南邊疆經略──以元明時期雲南為中心的考察》，頁 101。

25　同上注，頁 355-356。

26　同上注，頁 427-429。關於方國瑜等學者認為清代禁止阿吒力的觀點，侯沖已從文獻角度加以駁斥，見侯沖〈雲南阿吒力教研究學術史〉，《「白密何在」──雲南漢傳佛教經典文獻研究》，頁 36-38。

頗受注目，甚至影響中原地區的聲韻學著作，[27] 袁嘉穀〈滇南釋教論〉最早注意
到雲南佛教與聲韻的關係：

> 元人周德清，創陰陽平之說，韻學一變，其風大衍於滇中，而釋子最
> 盛。明正統迄清康熙，滇釋有本悟、書見、通雷三大師，皆工韻學。
> 三人皆嵩明人，為蘭止庵後學。止庵著《韻略易通》，每韻用陰陽二字
> 以標目，即本德清，本悟繼之。萬曆丙戌［1586］有刻本，康熙丁未
> ［1667］，通雷重刻，又二年己酉，書見慕化，又刻於湖廣衡州。[28]

蘭茂（1397-1476）為嵩明楊林人，其《韻略易通》（1442）對明清韻學影響較
大。《雲南叢書》即收入了葛仲選（?-1641，河西人）《泰律外篇》（1618 序）、
《韻略易通》、高奣映（1647-1707，姚安土司）《等音聲位合匯》、宗常（?-
1733，昆明海印寺僧）《切韻正音經緯圖》（1700）、吳樹聲（1819-1873，雲南
寶山人）《歌麻古韻考》等雲南人的聲韻著作，足見雲南韻學的發達。當中袁
嘉穀所謂「萬曆丙戌有刻本」，實際上並非蘭茂的《韻略易通》，而是嵩明邵
甸出身的本悟（1440-?）的同名著作，書成由裔徒通雷刊行，《雲南叢書》不
察，誤以為蘭茂的著作而收入。[29] 至於高奣映《等音聲位合匯》，即馬自援《等
音》（1674-1681 間?）和林本裕《聲位》（1707 或以前）的彙刊本，[30] 但二書次
序已重新調整，難以分清二家的說法，閱讀起來頗為不便，康熙年間梅建又另
刊《重訂馬氏等音外集內集》（1708）。當中《等音》和《聲位》均直接受華嚴
字母韻表影響（參見第四章），《泰律外篇》則有「華嚴四十二字唱斷」，可見
韻表傳入雲南後的影響。

27　金文京指出張象津《等韻簡明指掌圖》（1815 序）受到雲南韻學的影響。金文京：〈張象津『等
　　韻簡明指掌圖』譯注〉，高田時雄編：《明清時代の音韻學》（京都：京都大學人文科學研究所，
　　2001 年），頁 89-121。
28　袁嘉穀：〈滇南釋教論〉，《袁嘉穀文集》（昆明：雲南人民出版社，2001 年），冊 1，頁 625。
29　雲南省文史研究館纂集：《《雲南叢書》書目提要》（北京：中華書局，2010 年），頁 20, 29-30。
30　趙蔭棠定《等音》在康熙十三年（1674）後，耿振生定《等音》在康熙二十年（1681）前，《聲
　　位》為康熙四十七年（1708）前後。案高奣映卒於 1707 年，曾為《聲位》撰序，《聲位》當
　　成於此年前。《等韻源流》，頁 230；《明清等韻學通論》，頁 250。

二、單刻本八十華嚴與《禪門日誦》系列諸本

　　現時尚未發現其他與《大理叢書》同期的韻表本子，因此有關華嚴字母韻表的載錄形態，仍然有很多難以考證之處。如華嚴字母韻表的刊載形式，林光明認為「明代開始出現卷末載有華嚴字母的《華嚴經》」，韻表「最早出現之處，可能就是在單行本的《華嚴經》各卷經文之後」。[31] 然而這種說法不無疑問，到底是先有在卷末的形式，後來以總表的形式單行，還是先有總表，後來再分配到《華嚴經》各卷之中？以下通過考證「八十華嚴」中的華嚴字母韻表的版本，嘗試解答這一疑問。

　　先看各種《大藏經》收錄華嚴字母韻表的概況。從宋代的《開寶藏》、《趙城金藏》、《資福藏》、《思溪藏》、《磧砂藏》、《普寧藏》，以至於明代的《永樂北藏》、《永樂南藏》、《嘉興藏》、清代的《［乾隆］龍藏》，「八十華嚴」均未收入華嚴字母韻表，只有《嘉興藏》的「又續藏」因收錄《諸經日誦》而附有華嚴字母韻表，可見無論是官修還是私刻的大藏經，均未視韻表為經文的一部分。

　　至於單行的「八十華嚴」本子，本書考索十數種宋元以至明代初中期的寫本及刻本，均未發現韻表的蹤影。[32] 明代附有韻表的「八十華嚴」，可確認刊年的本子時代偏晚，如香港志蓮淨苑 2001 年影印的明刻本（索書編號 CS 221.22 4002，下稱志蓮本），為志蓮淨苑「從某收藏家請來之珍藏本」。[33] 葉五行，行

31　《華嚴字母入門》，頁 11，16。

32　這些本子包括台北國立故宮博物院藏宋淳化咸平間（990-1000）杭州龍興寺刊本及其「後代修補本」、中國國家圖書館藏宋刻本、中央研究院傅斯年圖書館藏南宋刊本、日本宮內廳書陵部圖書寮文庫藏紹興十二年跋刊本（高山寺舊藏）、台北國立故宮博物院藏元泥金寫袖珍本、守屋孝藏（1876-1954）所藏前至元二十八（1291）年本、梵蒂岡宗座圖書館藏後元至正五年十二月（1346）梁完者泥金抄本、上海圖書館藏「元刊本」兩種及至正二十五年（1365）本、中國國家圖書館藏明初刻本、哈佛燕京圖書館藏萬曆三十七年（1609）重刊永樂十七年（1419）寫刊梵夾裝本、德國巴伐利亞州立圖書館藏景泰四年（1453）刻本、台北國立故宮博物院藏明弘治十六年（1503）本。上海圖書館藏由趙詠詩女士代為查覽。守屋孝藏本見京都國立博物館編集：《古經圖錄：守屋孝藏氏蒐集》（京都：京都國立博物館，1964 年），圖版107，頁 58-59。

33　實叉難陀譯：《大方廣佛華嚴經》影印天啟、崇禎年間重刊明刻本（香港：志蓮淨苑，2001 年），冊 82，無頁碼。

十五字。[34] 經首序文中雖然明記「天啟丁卯（1627）年三月十三日始吉杭州慶春門外新塘［上］夏新禪院存版」，[35] 書中亦屢見天啟、崇禎年間佛弟子照誠募刻、上夏新禪院存版流通的牌記或刊語，[36] 然而此經原有的牌記亦多遭挖去甚至刪削，[37] 殘存的牌記中最早可追溯至萬曆十六年（1588）（卷四十九），可知此書原版最晚也成於萬曆年間，天啟、崇禎年間不過是在「存版」的基礎上作修改。此本卷末均有華嚴字母韻表，有音無字者均以圓圈表示，圈中無字。這些韻表可分為兩類：第一類見於卷一至十五、二十一、二十二、二十六、二十七、三十二、三十六、三十七、七十二，韻表前均附有真言及〈華嚴海會讚〉，韻表有清濁符號，韻表後有小迴向及總迴向，其後為該卷的音義。各卷行款一致，真言行十七字，其餘部分行十五字，且各卷字體亦統一，加上此類韻表最後見於卷七十二，可推斷為原經版的內容，且本來見於各卷之末。第二類則較為雜亂，無真言及迴向部分，僅有〈華嚴海會讚〉及韻表，無清濁符號。字體不但與經文相距甚遠，且每卷字體不一，行款有行十五字、十八字乃至三十字者，字體大小亦每卷不同，[38] 音義的位置也錯落不一，應為天啟、崇禎年間重刊時刪去原版韻表而增加的部分。刪去舊有韻表的原因，應是舊版每卷均列出誦唱韻表的科儀，佔四葉之多，重版時為了節省用紙，只保留了〈華嚴海會讚〉和韻表本身，且調整每行字數，壓縮在一葉以內。卷一至十四的字門由於首次出現，因此仍然保留原版，詳細記錄科儀；其後字門重複，即盡量從簡。從此可以推斷，最遲在明中葉以後，已出現了卷末附載華嚴字母韻表的情況，而不厭其煩每卷列出科儀的形式，才是較為原始的型態。此本韻表錯字較少，刀法有寫刻本之精美秀逸，且代表字與通行本較為接近，是較可信賴的早期本子。

　　另一種值得注意的是香港中文大學圖書館所藏（香港中文大學牟路思怡圖

34　從複製本中，無法得悉每紙所含葉數。然而經中標示紙數位置及字體均不一，且往往有誤，疑已經削改。

35　「上」字據卷二十三末牌記補入。

36　如卷二十三（天啟七年）、二十四（崇禎元年［1628］）、二十五（崇禎元年）、二十九（崇禎元年）。卷十七另有佛弟子馮公翯於崇禎丁丑（1637）捐資刊印的牌記。

37　如卷七末的荷蓋蓮座牌記內容全遭挖去，僅餘邊匡及荷蓋蓮座。牌記側有「瑪瑙寺西房因之印行」字樣，考經中扉頁畫多有類似牌記，疑此經存版及重印均與杭州瑪瑙寺有關。

38　從複製本無法看到這些部分屬寫刻抑或補鈔。

書館舊藏，李卓予教授捐贈）「八十華嚴」單行本（下稱中大本），存首六十六卷，經摺裝，每卷一冊，夾板。每紙五葉，葉五行，行十五字。據牌記可知為光緒十九至二十二年（1893-1896）江北刻經處重印本，原刻版年代不明，然而按字體推斷，當是較早的刻本。卷末韻表每葉六行，行十七字，且字體明顯與經文有異，顯然並非原有的內容。其中卷十五、三十一、四十三、四十五、五十一均出現了挖改的痕跡，即〈華嚴海會讚〉仍為行十五字，字體與經文相似；韻表本身則為新刻，字體與光緒年間牌記相似。卷二的卷末更出現新舊韻表同時出現的情況，可以確知此本原版確有韻表。挖改的原因同樣是節省用紙，通過保留了〈華嚴海會讚〉和韻表本身，且改為每行十七字，壓縮在一葉以內，再次證明詳本才是原始的型態。結合明代早期並未發現附載韻表的「八十華嚴」，以及《大理叢書》本為單行本等情況，韻表最初應以獨立形態流通，到了明代後期，為了誦讀《華嚴經》時方便唱韻，才開始附於單行本「八十華嚴」的卷末，形成每卷只有數個字門的情況。

　　除了單行本「八十華嚴」以外，《禪門日誦》系列中也可找到韻表的蹤影。《禪門日誦》最早可追溯到蓮池祩宏（1535-1615）所編《諸經日誦集要》，〈重刻諸經日誦序〉提到：

> 嘉禾項君，向以坊本《百八般經》入雲棲，謂：「是經僧尼道俗晨夕所持誦，而真偽交雜，識者誚焉，幸為我一甄別之，以式初學。」予按其本，勾抹詮次，去偽而存真，復披括經律及古今人著作，取其最初近者一二增益之。［……］[39]

即在《諸經日誦集要》之前，已有《百八般經》一類的著作。據侯沖考證，《百八般經》可能即原始的《諸經日誦》。[40] 而祩宏的重刻本抹去其中「偽」的部分，除了包括《血盆經》一類偽經以外，似乎同時指涉和音樂有關的部分，因此《雲

39　Q3, J32, no. B277, p. 565a2-6。

40　侯沖：〈從《諸經日誦集要》到《禪門日誦》〉，《漢傳佛教、宗教儀式與經典文獻之研究——侯沖自選集》（台北：博揚文化事業有限公司，2016年），頁61-85。

棲法彙》本（1624）並無韻表，只有〈華嚴補闕呪〉和〈禮華嚴文〉等內容。
康熙元年（1662）的《嘉興藏》又續藏本《諸經日誦（集要）》則載韻表，當
為後來所補。蕅益智旭（1599-1655）〈刻重訂諸經日誦自序〉也側證袾宏刪經
與音樂有關：

> 自馬祖建叢林，百丈立清規，世相沿襲，遂各出私見，妄增條章，如
> 藏中《百丈清規》一書，及流通《諸經日誦》三冊，杜撰穿鑿，不一
> 而足，寧惟罔知正修行路。祇早晚課誦一事，參差失款，惟事唱讚鼓
> 鈸，大可嘆矣！雲棲和尚［引案：即袾宏］校刻定本，古杭諸處多分遵
> 行，而留都［引案：即南京］積弊，分毫未革。遍與幽棲學侶，力證其
> 譌，重謀付梓，［……］莫羨瑜伽音響也。[41]

智旭所編的《諸經日誦集要》已佚，但序文清楚指出袾宏所刪的部分與「唱讚
鼓鈸」、「瑜伽音響」有關，正與韻表的性質相同。[42] 時代相若的趙宧光，也在
《悉曇經傳》中批評「俗僧以閒文雜次其中，如世俗歌曲之類，欲以悅俗耳，遂
與一字含多之旨大戾矣」，[43] 足以反映當時韻表的科儀流傳較廣，而僧人過分注
重唱誦科儀，已造成一定的流弊。

　　到了清代，《日課便蒙》、《禪門佛事全部》等《禪門日誦》系列的書籍大
量出現，而且全部載有華嚴字母韻表。以下先列出筆者曾寓目，帶有韻表的清
代《禪門日誦》系列文獻：[44]

41　Q3, J36, no. B348, p. 363a30-b9。

42　袾宏《竹窗二筆》也批評時人「群起而隨之，謂之時尚，［……］群起而讀等韻，［……］真實
　　參禪念佛者，則有唱而無隨」，可以窺探他對佛門聲韻的態度。J33, no. B277, p. 50a3-11。

43　《悉曇經傳：趙宧光及其〈悉曇經傳〉》，頁6。

44　有關《禪門日誦》系列的版本考證，請參閱陳繼東：〈『禪門日誦』の諸本について〉，《印度
　　學佛教研究》第51卷第1號（2002年），橫排頁313-308。陳繼東：〈『禪門日誦』再考〉，《印
　　度學佛教研究》第53卷第2號（2005年），橫排頁798-793。陳繼東：〈明末の『諸經日誦
　　集要』とその周辺〉《印度學佛教研究》第55卷第2號（2007年），頁552-558。其後侯沖
　　收集了數種不避康熙「玄」字諱的本子，進一步將清代《禪門日誦》類著作的年代上推至康熙
　　年間。〈從《諸經日誦集要》到《禪門日誦》〉，《漢傳佛教、宗教儀式與經典文獻之研究——
　　侯沖自選集》，頁61-85。

	書名	版本	年代	備註
1	《諸經日誦集要》	《嘉興藏》又續藏本	康熙（1662-1722）年間	見林光明《華嚴字母入門》附錄六、台灣《中華大藏經》第二輯
2	《日課便蒙》	揚州平山古栖靈幢寺本（海寬本）	雍正十一年（1733）	見林光明《華嚴字母入門》附錄二
3	《重校諸經日誦》	比丘默持翻雍正元年（1723）廣州海幢寺妙圓重校本	乾隆五十七年本（1792）	藏德國巴伐利亞州立圖書館
4	《禪門日誦》	潘益善堂本	道光二十四年（1844）	藏香港大學馮平山圖書館
5	《增訂禪門日誦》	上海翼化堂本	同治十一年（1872）	藏日本早稻田大學圖書館
6	《日課便蒙旁註咢解》	錢塘許靈虛重刊	光緒三年（1877）	藏日本京都大學文學部圖書館
7	《禪門佛事全部》	京都［北京］永盛齋刻字鋪存版	光緒八年（1882）	藏美國哈佛燕京圖書館
8	《禪門日誦諸經》	鼓山湧泉寺本	光緒十二年（1886）	見林光明《華嚴字母入門》附錄五（用高雄慈舟學會影印本）
9	《禪門日誦》	常州天寧寺本	光緒二十六年（1900）	見林光明《華嚴字母入門》附錄三（用台北大乘道場民國 75 年影印本）[44]

　　趙蔭棠曾介紹康熙五十五（1716）年本的《諸經日誦》附有韻表。[46] 筆者所見雍正元年（1723）廣州海幢寺妙圓重校、乾隆五十七年本（1792）翻刻本，說明十八世紀初期，附有韻表的《諸經日誦》仍然流通。據陳繼東的考證，《諸經日誦》經多人之手漸次改訂，形成了《禪門日誦》；後者逐漸取代《諸經日誦》，並大量收入了經咒文、語錄等，其篇幅在清末甚至膨脹了數倍之多。[47] 可以說「瑜伽音響」的風氣並未因袾宏和智旭的刪削而減歇，韻表隨着《禪門日誦》系列的流播，成為了佛教日常習用的唱誦材料。

45　《禪宗全書》冊 97 與此本版式相同，但韻表有異文，待考。

46　《等韻源流》，頁 283。

47　〈『禪門日誦』再考〉，《印度學佛教研究》第 53 卷第 2 號（2005 年），橫排頁 793。〈明末の『諸經日誦集要』とその周邊〉，《印度學佛教研究》第 55 卷第 2 號（2007 年），頁 558。

　　《禪門日誦》系列的韻表，見於「諷華嚴經起止儀」（一稱「華嚴道場字母」）一節，各本詞句大同小異，韻表的代表字除若干誤字外，並沒有太多的異文。當中光緒二十六年（1900）天寧寺本《禪門日誦》（下稱天寧本）附有大量標示敲擊樂器的符號和清濁符號，圈中亦附漢字，與其他《禪門日誦》書籍頗為不同。現時佛教徒所使用的華嚴字母韻表大多源自此本，坊間刊印《華嚴經》所附的韻表亦往往與此本相似，可說是最為普及和齊備的韻表形式，然而這些添加的部分並非韻表原有，這一點值得注意。

　　總括而言，華嚴字母韻表的原始型態，應該是《大理叢書》本一類的單行本，後被收入《諸經日誦》一類的著作中。最遲在明代後期，韻表被分拆附入「八十華嚴」的卷末，而原有的總表形式則在清代的《禪門日誦》系列書籍中得以保留。

三、聲韻學著作中的華嚴字母韻表

　　在明清時代的聲韻學著作中，不時能看到作者自稱參考華嚴字母，有些更以華嚴字母為入門材料。如樸隱子著《反切定譜》（附於《詩詞通韻》後，康熙二十四年［1685］序），自序即謂「余幼稽聲律之學，於經史反切，率未明了，初求神珙等切譜及華嚴字母，粗能調音」。[48] 以下先介紹四種刊載韻表的聲韻學著作。

　　袁子讓《五先堂字學元元》（簡稱《字學元元》）成書於萬曆三十一年（1603），序文自謂幼時「試以華嚴字母，則一唱二唱，諸音不亂」。[49] 卷十討論華嚴字母與悉曇章兩種釋家字母，並附載了「華嚴經字母圖」和「華嚴字母辨」。袁子讓分析了韻表的聲母和韻母系統，謂字母「實五十二字」，與三十六字母比較有重複及闕漏之處，韻攝也不盡齊備（詳見第三章）。袁子讓在韻表

48　樸隱子：《反切定譜》，《續修四庫全書》影印浙江省圖書館藏清康熙二十四年刻本，冊 253，頁 52b。

49　袁子讓：《五先堂字學元元》，《續修四庫全書》影印上海圖書館藏明萬曆三十一年本，冊 255，頁 325a。

加上三十六字母、攝名和相關韻目，列為「華嚴經字母圖」，但表中並沒有清濁符號，有音無字的地方也沒有漢字，且對二合和三合字母的代表字改動較大。對於韻表的優劣，袁子讓則從功能出發，認為「華嚴字唱，有開而無合，不足以盡字切之辨，而上下互相承用，不足以明各等之倫」。所謂上下指的是一、二等和三、四等，韻表以開口一等為主，夾雜合口和他等字，在結構而言的確不甚完整。因此袁子讓另設「增字學上下開合圖」，以上下各配開合為四圖，「使人讀之，可得其上下開合之分，而無溷音，復無缺音，縱吟衡唱，其鈔當在華嚴之右」。[50]

熊士伯《等切元聲》（1703）卷八有「閱釋氏字母」一節，其首即載「華嚴經四十二字母原本」。此書韻表於字門上附上三十六字母，有清濁符號，圈中無字。此書參考了趙宧光《悉曇經傳》，並按三十六字母系統逐一分析字門的音韻地位，認為「少十二母，二合者八，三合者一，又出華音之外，蓋華梵音韻各有偏全」。[51]

周春（1729-1815）《悉曇奧論》（1762 序）僅有稿本，現存上海圖書館。據序文，周春於乾隆丁丑〔1757〕季夏「始究心華嚴字母之學，漸覺有悟入處」，[52] 後將札記匯成此書。卷上「論字母之源」，起首即引述韻表，難讀字均附反切，有清濁符號，圈號以 ■ 代替。其後引述古書對華嚴字母的記載，並與其他四十二字門比對，可見其用力之深。周春從悉曇切入，對字母增刪及字母起源的問題頗有己見。周春又將《悉曇奧論》的內容攝寫成《小學餘論》（嘉慶九年〔1804〕阮元序），與韻表相應的內容置於卷下「韻學」之首，但並未引述華嚴字母及其韻表。

李汝珍（1763-1830）《李氏音鑑》卷五亦載有華嚴字母韻表。書中「問空谷傳聲論」一節中比較各家的字母數字，當中列出「《華嚴經》四十二字母」，其後「問著字母總論」一節中有以下的提問：

50　《五先堂字學元元》，《續修四庫全書》，冊 255，頁 319b，324b。

51　《等切元聲》，《續修四庫全書》，冊 258，頁 336b。

52　周春：《悉曇奧論》，上海圖書館藏，無頁碼。

敢問華嚴四十二母，及同母十三韻，以今音辯之，類多闕複，子將何
以刪易，而符今時之音耶？[53]

可見華嚴字母即其增刪字母的基礎，最後得三十三母、二十二韻（詳見第五
章）。此本無清濁符號，圈中無字，用字與《禪門日誦》系統雖大致相同，但
錯字頗多，三合字母 28 曷攞多甚至全行漏掉第三字，可見李汝珍對華嚴字母的
認識並不深入。

　　其餘又有陳藎謨《元音統韻》、馬自援《等音》、及林本裕《聲位》等書，
均曾化用華嚴字母，但並未刊載韻表。這些著作化用韻表的情況，在第四至第
五章將按主題分別介紹。

53　　李汝珍：《李氏音鑑》，《續修四庫全書》影印，冊 260，461a。

第三章

華嚴字母韻表的語音特徵

一、韻表結構與韻攝排序

四十二字門並未依循音理排列，當中又出現不少複輔音，導致漢譯產生不少問題。首先是相同的字母甚至漢字，其實對應不同的字門：

並	8 婆 ba	29 婆 bha	32（訶）婆（h）va
端	2 多 ra	12 哆 ta	28（曷攞）多（r）tha
定	7 柂 da	22 定 dha	42 陀 ḍha
羣	18 伽 ga	34 伽 gha	
心	16 娑 sa	21 鏁 sva	33 縒 tsa
穿	25 叉 kṣa	30 車 cha	
審	10 沙 ṣa	23 奢 śa	

如濁聲母不送氣的 ba 和送氣的 bha，由於漢語濁聲母並無送氣和不送氣的對立，因此只能都譯作並母的「婆」；33 hva 的 va 同樣譯為「婆」，但 11 卻將 va 譯為嚩。而且三十六字母中的部分字母則並未出現，因此造成理解上的困難，錢大昕〈華嚴四十二字母考〉即謂：

> 其中二合者八，三合者一，實止三十三母。以僧守溫所定三十六母效之，無疑、滂、非、敷、奉、清、從、邪、照、牀、曉、匣十二母，而有三定母，三心母，兩端母，兩并母，兩穿母，兩審母，兩群母。其三合之曷攞多，出聲為匣母。二合之訶婆，出聲為曉母，婆頗收聲為滂母。〔……〕二合之母八，而以心為出聲者四，審為出聲者二〔……〕。[1]

趙宧光甚至認為「坊版華嚴字母，大差四處，〔……〕音同則法溷，可不正

---

1 錢大昕撰，陳文和主編：《嘉定錢大昕全集》（南京：江蘇古籍出版社，1997 年），冊 9，頁 255。

乎」，因此主張改用不同的漢字以避免重複，但其主張也有不少問題。[2]

　　韻表所用代表字基本上符合中古音系統，個別地方如 14 瑟吒（吒對應知母）母下用照三「朱」字，33 縒（心母）下用審二「鎪」字，均反映了宋代以後聲母併合的情況。在韻表的改訂過程中，出現了根據中古音修訂的傾向，如 40 室左（左對應精母）諸本均有「鄒」（照二），從《大理叢書》到《李氏音鑑》都是如此，只有晚出的天寧寺本作精母「陬」，可見是後人根據中古音系修正。某些本子有特殊的方音現象，如《大理叢書》本 39 也娑，代表字「亦辛」、「亦心」分別作「銀信」和「蟬心」，反映喻、疑、禪母相混的情況。二合和三合字中，最後一字的韻母相當於一合字，前一字或兩字則按版本而有所不同，或與最後一字同韻，或固定使用若干音節，詳情可參閱第五章。另若干本子在字門上附有標示聲母清濁的符號，第四章將詳細說明這些符號與明清韻學的關係。

　　相對於複雜而混亂的聲母，韻表的韻母系統則較為整齊。韻表以四十二字門配十二韻，基本上用平聲字，只有極少數例外（如 21 鑠有「掃」），完全沒有入韻的入聲字（只有 39 也娑及 40 室左首字用入聲字），因此以平賅上、去，可視為舒聲音節的一覽表（《大理叢書》二合首字多用入聲為例外）。代表字基本上使用開口一等字，遇上無一等字的聲母（如羣、喻、知組等），改為相應的非一等韻母；遇有非開口的韻母（如微母）則改用合口。有音無字之處一般以○號表示，部分本子如《大理叢書》本和天寧寺本等更在圈中附上讀音相近的漢字，以便讀者唱韻。只有極少數的本子帶有特殊的方音現象，如《李氏音鑑》本 34 伽，代表字「擎」作「琴」，-m、-ŋ 相混。

　　華嚴字母韻表中的十二個韻母，正相當於十二攝的地位，如果連字門也算進去的話共十三攝。無論是十二還是傳統的十六攝，都與悉曇學有非常密切的關係，五十字門裏的元音部分一共有十六個，如果把「別摩多」刪去即成十二個。這十三攝與十六攝的對應關係如下：

2　原文為：
　　重兩「婆」字，後「婆」乃「薄」字，譌作「婆」；重兩「伽」字，後「伽」乃「鍵」字，譌作「伽」；「曷攞」二合，本譯「辣他」，「多」字本譯「呵」，與上共三字，乃二母也，譌并作三合一母，非是。末後「陀」字，本譯「擇」字，蓋總括字母名耳，非字母也，[⋯⋯] 但并「擇」字成四十三母，故華嚴將曷攞多強作三合，以就其數，大謬不然。[⋯⋯]。
　　關於 28 rtha 和 42 ḍha 的解釋均不正確。《悉曇經傳：趙宧光及其〈悉曇經傳〉》，頁 49-50。

果假	宕	曾梗	通	遇	效	蟹	止	臻	山	深	咸	流

可見果假合攝、曾梗合攝的情況。另外江攝因為是二等字，而韻表只載一等字，因此於韻表中並未出現。

　　粗看華嚴字母韻表的韻母排列，除去起始 -a 韻尾的字門不論，-ŋ 韻尾的宕、曾梗、通三攝連在一起，與 -i 韻尾有關的蟹、止攝也連在一起，-n 韻尾的臻、山攝和 -m 韻尾的深、咸攝也排列整齊，這種做法和《切韻》等韻書也十分相近，乍看之下，似乎沒有特別之處。趙蔭棠擬出的音值是：[3]

宕	曾梗	通	遇	效	蟹	止	臻	山	深	咸	流
aŋ	eŋ	oŋ	u	au	ai	i	in	an	im	am	ou

然而仔細追蹤這十二攝的整體排列次序，可以發覺韻表有把韻尾相近的攝排成一組的傾向，但各組的出現次序和《切韻》並不相同。況且，如果依據趙蔭棠的擬音，-u 韻尾的遇、效、流三攝並不排在一起，似乎自亂其例。

　　尾崎雄二郎提出「韻序一貫」的說法，認為《切韻》韻目次序與悉曇學有關。從發音部位言，《切韻》上平部分依主元音及韻尾從後至前排列，下平則依照雙唇的開合程度，由開唇度高到低排列。[4]尾崎雄二郎的說法是否完備，並不是本文要探討的焦點，如小川環樹便提出尾崎的觀點若干處需要更多的證明。[5]然而尾崎雄二郎的觀點有兩處值得借鑑：首先是排列次序牽涉元音的前後和韻尾的前後，其次是從發音部位來看可以分為「喉」、「唇」兩大類，以上、下平為分界。回頭看看華嚴字母韻表的情況，從 -ŋ 到 -n 到 -m，隱約符合了從後到前的原則，而與 -i 韻尾有關的蟹、止二攝，-i 與 -n 舌位相近，放在 -n 的前面也十分合理。

　　如果循此觀察排列末位的流攝，便會發覺 -u 放在最後似乎十分不倫，尤其

3　　《等韻源流》，頁 264。

4　　尾崎雄二郎：〈漢字の音韻〉，載貝塚茂樹、小川環樹編：《日本語の世界 3　中国の漢字》（
　　　東京：中央公論社，1981 年），頁 150-160。

5　　小川環樹：〈讀尾崎雄二郎「漢語語音史研究」〉，《世界華學季刊》第二卷第三期（1981 年），
　　　頁 1-6。

是《切韻》的排列是「尤、侯、幽、侵、嚴［……］」，把 -u 置在 -m 前面。五十字門的系統中的韻母排列，也是 u 在 aṃ 之前，因此也不能說韻表依循五十字門的韻母排列。然而五十字門的 u 是主要元音，流攝的 -u 卻是韻尾，作為半元音的 -w 來看，五十字門的半元音（42-45）中 va（~wa）便排在最後，反映悉曇系統中的確有以 w／u 為發音部位最前的概念。如果單純從雙唇的活動來看，發 -w/-u 時雙唇聚攏向前突出，其所在位置又的確比緊閉雙唇的 -m 要前。如果把 -i 也看成是 -j 的話，-j 在 -w 前，與五十字門的順序相同，更能說明流攝的排列方式無誤，只是韻表與《切韻》的排列原理不一：韻表依照的是發音時雙唇的位置，而《切韻》依照的是張唇的程度。

因此，效攝的韻尾不可能是 -u，否則便應該歸到流攝的附近。深、咸、流三攝與唇有關自成一類，前面的九攝也當另為一類，也就是所謂「喉」的一類，擬為 -u 便令這個界限變得模糊。考慮到遇、效二攝處在 -ŋ 和 -i 中間，最適切的擬音應當是 -o、-Vo（案：效攝的主要元音為慎重起見，暫不擬出）。因此華嚴字母韻表的韻尾排列次序當為：

$$-ŋ \rightarrow -o \rightarrow -i \rightarrow -n \qquad \rightarrow -m \rightarrow -u$$
$$\text{喉} \qquad\qquad\qquad \text{唇}$$

這裏又有兩點值得注意：首先是 -ŋ 與 -o 相配，-i 與 -n 相配，-m 與 -u 相配，剛好都是陰聲與陽聲相配，這不單是按韻尾前後排列而得的結果，更是韻表作者對陰陽相配的一種認識，因為作者沒有把 -i 和 -u 當作純元音來看待。其次，「喉」的前一組和「唇」的一組都是陽聲在前陰聲在後，中間的一組卻剛好相反，造成 -o 和 -i、-n 和 -m 兩個陰／陽聲相連的結果，這應與韻表作者對 -i 和 -n 舌位前後的認識有關。

關於韻目的排列次序，依序排列的似乎只有《切韻》系書，明清以後的韻書到底有沒有另一種排列方法，至今未見專論提及。日本國立公文書館藏楊從時《重編改正四聲全形等子》（下稱「重編本」）所載「□韻聲源律例括要圖」

各列位的排列次序，[6] 和華嚴字母韻表非常相似，前者同樣主要收錄一等字：[7]

華嚴字母韻表	果假	宕	曾梗	通	遇	效		蟹	止	臻	山	深	咸		流
「□韻聲源律例括要圖」		宕	曾梗	通	遇		果假	蟹	止	臻	山	深	咸	效	流

華嚴字母韻表由於要先讀出帶 -a 的梵文字母，所以把相應的果假攝字前移，「□韻聲源律例括要圖」則沒有前移。「□韻聲源律例括要圖」對 -u 的處理和華嚴字母韻表相同，而且還把華嚴字母韻表中讀為 -o 的效攝字，和流攝一樣視為 -u 而置於最後。華嚴字母韻表的十三攝不單依序排列，而且排列原理與《切韻》系統，乃至以通攝或效攝起首的韻圖系統又不相同，可謂非常珍貴的歷史殘遺。

二、華嚴字母韻表代表字的宋元韻書來源

　　研究華嚴字母韻表的創製過程，與研究其他韻圖有很大的差別。具體而言，韻圖的代表字極多，而且又牽涉到又音、後人改動、版本等問題，因此某韻圖為什麼要用這一代表字，原因往往難以尋探，更遑論探討更為細緻的問題：作者使用什麼材料？遇到韻部併合時，作者參考哪本韻書的音系？作者如何轉化其他材料而形成新的韻圖？如果能解答這些問題，不獨對研究韻圖的音系與背景有莫大的幫助，對於聲母學在古代的傳習模式也將有更深入的認知。韻表的代表字數目不多，而且沒有分列四聲四等，相比韻圖來說簡單得多，不難逐一觀察及對照所有代表字。本節即嘗試從這一方面着手，並發現了一些有趣的現象。

　　按常理而言，如果要創製華嚴字母韻表，豎排一個聲母配十二個韻母，橫排一個韻母配四十二字門，除非是憑空創作，想到同音字即隨意採用，否則按照韻書或韻圖轉錄應是最為便捷的方法。韻書及韻圖已經將小韻按序排列，從韻書中更可選擇以小韻中的同音字為代表字。

6　　楊從時編：《重編改正四聲全形等子》，日本國立公文書館藏本，頁五 a。
7　　請參閱本書〈《重編改正四聲全形等子》初探 —— 兼論《四聲等子》與《指玄論》的關係〉一文。

在開始比較前，先考慮幾個前提：

1. 現時所能看到最早的韻表為《大理叢書》本，則韻表不可能抄錄比《大理叢書》更晚的韻學材料，諸如《交泰韻》（1603）、《音韻日月燈》（1633）等可以不予考慮。

2. 韻圖已將代表字排在圖中，比從韻書抄錄小韻方便，尤其《廣韻》的小韻不按聲母次序排列，頗為雜亂，《集韻》雖然略按聲類排列小韻，但仍非十分工整，不便檢索。[8]《五音集韻》按五音重新排列小韻，而且與《切韻指南》關係密切（參閱緒論），在韻書中似較為可取。《龍龕手鑑》等不按聲韻地位排列，《中原音韻》與三十六字母系統相差較遠，不在比較之列。

3. 韻表異文甚多，此處依據本書的校訂本，即以通行本為主，諸本為輔。

基於以上前提，本文挑選了《廣韻》、《集韻》、《七音略》、《禮部韻略》、《切韻指掌圖》、《五音集韻》、《四聲等子》（包括《重編改正四聲全形等子》）、《經史正音切韻指南》八種為比較對象，其中前三種只屬於參照對象。有關各書版本及比較總表，可參閱附錄六。

韻表的代表字與上述韻書、韻圖所列非常相似，當中有不少平日罕用的僻字，顯然並非憑空創作。以宕攝唇音為例：（✓代表與韻表相同，〇代表無相應代表字）

宕攝	韻表 唐一	廣	集	禮	七	切	五	四	經
幫	幫	✓	✓	搒	✓	✓	✓	✓	〇
滂	滂	✓	✓	✓	✓	✓	✓	✓	✓
並	傍 旁	✓	✓	✓	✓	✓	✓	✓	〇
明	茫	✓	芒	✓	✓	忙	✓	忙	✓

8　潘重規、陳紹棠：《中國聲韻學》（台北：東大圖書公司，1990 年），頁 276。

　　各書用字十分相近，甚至如「滂」字般完全相同。至於並母在韻表中出現了「旁」、「傍」兩個同音字，按道理可以用同一代表字來表達這個音節，然而韻表作者卻使用同音字，而「旁」字卻只有《七音略》一種韻圖收錄，「傍」反而是韻書中的小韻首字。這反映了作者參考的材料很可能不只一種。

　　表面上看，統計各書與韻表的相似度看似可行，然而考慮到各書之間代表字用字相似度大，很容易出現韻表與好幾種材料相合的情況。如前面提到的「幫」字就只能肯定並非抄自《禮部韻略》和《切韻指南》，難以確定來自哪一本書。然而這卻不代表韻表的作者全部參考了這些著作，因為甲書的代表字與韻表的相似度雖然較高，作者卻很可能在不利用甲書的情況下便能從乙書轉錄出相同的代表字。實際統計數據也說明了這一點：

《廣韻》	83.04%	《五音集韻》	83.33%
《集韻》	84.23%	《四聲等子》	73.81%
《禮部韻略》	71.43%	《重編改正四聲全形等子》	77.38%
《七音略》	82.74%	《切韻指南》	82.74%
《切韻指掌圖》	71.73%		

《禮部韻略》和《切韻指掌圖》和韻表用字的吻合度較低，但整體而言吻合度均在 71-83% 間，沒有極端的數值。因此只能倒過來看，即某一材料的用字與韻表是否有獨合或獨異的情況，從而推論韻表較有可能參考了該材料，是以本文着重的是「異」而不是「同」。

　　《四聲等子》雖然和韻表吻合度較低，但韻表和《四聲等子》獨合而與他圖全異的情況最為顯著，如：

曾梗攝	韻表		廣	集	禮	七	切	五	四	經
	登一	庚二								
明	瞢		✓瞢	✓瞢	✓瞢	✓盲	✓盲	✓瞢	✓	✓瞢
		萌								

遇攝	韻表	廣	集	禮	七	切	五	四	經
	魚三								
照三	朱	諸	諸	諸	諸	諸	諸	✓	諸

效攝	韻表		廣	集	禮	七	切	五	四	經
	豪一	肴/爻二								
透	叩		饕	饕	饕	饕	饕	饕	✓	饕
穿二		抄	謅	謅	謅	謅	謅	謅	✓	謅

然而韻表代表字只與《四聲等子》不合的情況也特別多，如：

止攝	韻表		廣	集	禮	七	切	五	四	經
	之三	脂三								
審三	詩		✓	✓	✓	✓	✓	✓	施	✓
禪三	時		✓	✓	✓	✓	✓	✓	匙	✓

流攝	韻表		廣	集	禮	七	切	五	四	經
	侯一	尤三								
端	兜 侸		✓	✓	✓	✓	✓	✓	哾	✓
澄		儔	✓	✓	✓	✓	✓	✓	紬	✓
溪	彄		✓	✓	✓	✓	✓	✓	摳	✓

值得注意的是，如果參照《重編改正四聲全形等子》，則《四聲等子》與韻表相合的比例更高，如：（括號後為重編本的代表字）

宕攝	韻表	廣	集	禮	七	切	五	四	經
	陽三								
喻	陽	✓	✓	✓	✓	✓	✓	羊(✓)	✓

通攝	韻表	廣	集	禮	七	切	五	四	經
	鍾三								
澄	重	✓	✓	✓	✓	蟲	蟲	蟲(✓)	✓
喻	容	✓	✓	✓	✓	融	✓	○(✓)	✓

重編本自稱「形依《廣》、《集》，聲稟《指玄》」，據《廣韻》和《集韻》修改了《四聲等子》的原本內容，重編本一類的版本在當時是否流行，韻表參考的《四聲等子》與今本的差異如何，已難考知。

　　《七音略》與韻表代表字亦多相合，如遇攝中很多代表字都與《四聲等子》不合，但與《七音略》則只有兩例不合，其餘完全相同，這些相合之處也往往與《廣韻》、《集韻》等相同。韻表中若干代表字雖與韻書相合，但在韻圖中僅見於《七音略》，如止攝即有數例：

止攝	韻表			廣	集	禮	七	切	五	四	經
	之三	脂三	微三								
穿三	蚩			✓	✓	✓	✓	眵	鷗	眵	鷗
審三		尸		✓	✓	✓	✓只＞尸	詩	詩	施	詩
曉			[希]	✓	✓	✓	✓	僖	✓	羲	犧

又如蟹攝幫母至明母代表字獨與《七音略》全同，編者或即整套援引：

蟹攝	韻表		廣	集	禮	七	切	五	四	經
	皆二	佳二								
幫	頗		○	✓	○	✓	○	✓	㮿	✓
滂	嶏		○	✓	○	✓	姅	✓	○	✓
並		牌	✓	✓	簿	✓	排	○	✓	排
	排		✓	✓	排	✓	✓	✓	牌	✓
明	埋		✓	薶	✓	✓	✓	膭	䁲	暰

不過亦有若干處韻表與他圖皆合，而與《七音略》獨異：

臻攝	韻表	廣	集	禮	七	切	五	四	經
	真三								
幫	賓A	✓	✓	✓	○	✓	✓	✓	✓
並	頻A	✓	✓	✓	○	✓	✓	✓	✓
明	民A	✓	✓	✓	○	✓	✓	✓	✓

總括來說，韻表中《七音略》的色彩並不濃厚。

　　韻表極少與他圖全異而與《切韻指掌圖》獨合的例子，相反與他圖全同而與《切韻指掌圖》獨異的例子則頗多：

通攝	韻表 鍾三	廣	集	禮	七	切	五	四	經
穿三	衝	✓衝	✓衝	✓	✓	充	✓衝	✓	✓衝
日	茸	✓	✓	✓	✓	戎	✓	✓	✓

止攝	韻表 支三　齊四	廣	集	禮	七	切	五	四	經
幫	卑 A		✓	✓	✓	✓	鵯	✓	✓	✓
明	彌 A		✓	✓	✓彌	✓	麋	✓	✓	✓

《切韻指掌圖》小韻與韻表代表字相合的比率為諸韻圖中最低，因此韻表中《切韻指掌圖》色彩同樣未見濃厚。即使《切韻指掌圖》與韻表相合之處仍多，韻表作者卻毋須通過《切韻指掌圖》即可從各書中轉錄這些代表字。不過《切韻指掌圖》卻不是完全與韻表沒有任何特殊的相似性，韻表的止攝包括了之三、支三、脂三、齊四和微三字，然而齊韻一般歸入蟹攝而非止攝，從之、支、脂分韻的《韻鏡》、《七音略》，到三韻合一的《五音集韻》、《切韻指南》都是如此，乃至《古今韻會舉要》中的三韻也合而為一，齊韻仍然獨用。唯獨《切韻指掌圖》圖十七到圖二十情況獨異：

	十七（開）	十八（開）	十九（合）	二十（合）
一等	咍	之支	灰	○
二等	皆佳	之支脂	支	皆咍佳
三等	佳咍	之支脂	微脂支	○
四等	○	齊支之脂	齊支脂	○

如果撇除齊韻不論，圖十七和圖二十屬傳統的蟹攝，圖十八和圖十九屬止攝。學者對《切韻指掌圖》的這四圖應為一攝還是兩攝有不同的意見，董同龢、錢玄同等認為當分為兩攝，黃耀堃認為當合為一攝。[9]《切韻指掌圖》到底是十三攝還是十二攝，牽涉到韻表的屬性問題，如潘文國即認為韻表「十三韻與《切韻

9　黃耀堃：〈宋本《切韻指掌圖》的檢例與《四聲等子》比較研究〉，《黃耀堃語言學論文集》（南京：鳳凰出版社，2004 年），頁 162-165。

指掌圖》的十三攝可謂基本一致」。[10] 第四章還會再討論這個問題，竊意當以一攝為是，即韻圖作者按扇面對稱列出開口、合口的兩圖。換而言之，韻表止、蟹分立，《切韻指掌圖》則止蟹合攝，兩者都把齊韻歸到止攝。[11] 韻表可能參考了一種與《切韻指掌圖》一樣併齊於止的韻圖，或依據實際方音併齊於止。

接下來再分析曾梗攝，先列出《韻鏡》曾、梗二攝的韻目：

	曾攝	梗攝
一等	登	○
二等	○	庚耕
三等	蒸	庚清
四等	○	青

《七音略》和《切韻指南》仍然是兩攝分立，韻表兩攝合一，與《切韻指掌圖》和《四聲等子》的情況類似。[12]《切韻指掌圖》完全合攝：

	十五（合）	十六（開）
一等	庚耕	登
二等	登	庚耕
三等	庚蒸	庚清蒸
四等	清青	清青

不過這也不能說明韻表直接抄錄《切韻指掌圖》的小韻，因為曾梗攝中韻表與其他韻圖皆同而與《切韻指掌圖》獨異的代表字最少有三例：

10　《韻圖考》，頁 25。

11　如果考慮到圖十七和圖二十的四等完全無字，按照其他韻圖的排列，這個無字的四等本來就屬於齊韻，因此《切韻指掌圖》把齊韻移走，並不是因為圖十七和二十沒有位置安措這些小韻，而是齊韻的元音已與支之脂混同，與佳咍不一致。因此《切韻指掌圖》的作者雖然把這四圖合為一攝，實際上仍有意把這個攝的字分為兩類。

12　《四聲等子》中梗攝韻目出現在兩圖中，卻分別標示為「梗攝外二」和「梗攝外八」，當作「梗攝外七」為是。「梗攝外八」乃沿「曾攝內八」而誤，「梗攝外二」之「二」乃「七」之形誤。

曾梗攝	韻表 蒸三	廣	集	禮	七	切	五	四	經
知	徵	✓	✓	○	✓	貞	✓	✓	✓
徹	澄	✓	✓	○	✓	檉	✓	✓	✓
溪	硱	✓	✓硱	○	✓	卿	✓	✓硱（硱）	✓

至於《四聲等子》則保留了曾攝、梗攝之名，細目亦略有不同：

	啟口呼	合口呼
一等	登	登
二等	庚	（庚）
三等	蒸	庚
四等	青	清

兩圖末都有「內外混等，隣韻借用」八字。[13] 內轉曾攝字居於一、三等，外轉梗攝字居二、三、四等，合為一圖，正是「內外混等」所指；然則兩攝雖然分攝，但實際上卻是合於一圖，與合攝無異。《四聲等子》有「內外混等」情況的攝還有宕與江攝、果與假攝（麻攝），按此把十六攝歸併，恰好也是十三攝，與華嚴字母韻表無論是攝的數量還是合攝情況都完全吻合（江攝因二等而不出現於韻表）。這也再次說明華嚴字母韻表與《四聲等子》關係密切，更說明單憑十三攝之數，不一定代表韻表與《切韻指掌圖》關係密切。

　　相對於《四聲等子》而言，《五音集韻》和《切韻指南》在韻表中的特徵較不明顯。韻表和《切韻指南》獨異及獨合的代表字都極少，《五音集韻》甚至完全沒有：

13　撰人不詳：《四聲等子》，《叢書集成初編》（上海：商務印書館，1937年），頁47-50。

宕攝	韻表 陽三	廣	集	禮	七	切	五	四	經
微	忘	亡	亡	亡	亡	亡	亡	亡	✓

臻攝	韻表 欣三	廣	集	禮	七	切	五	四	經
羣	勤	✓	✓	✓	✓	✓	✓	✓（○）	狉［矜］

《五音集韻》本身的代表字多與他書相同，很難看出與韻表的直接聯繫。不過，如果把《五音集韻》和《切韻指南》合觀的話，兩書相同而與他書獨異的情況也不少，單在咸攝就有數例：

	覃一	談一	銜二	鹽三	廣	集	禮	七	切	五	四	經
泥	南				✓	✓	✓	✓	男	✓	男	✓
見		甘			✓	✓	✓	✓	夆	✓	夆	夆
溪	龕				✓	✓	✓	✓	坩	✓	堪	✓
羣				鉗B	箝	箝	箝	箝	箝	涅	○（鈐）	涅四等
				鍼A	✓	✓	○	✓	✓	✓	○（埕［涅］）	✓三等
審二			衫		✓	✓	✓	✓	檻［杉］	✓	✓	檻［杉］

（表頭：韻表　覃一　談一　銜二　鹽三）

因此如果把這些例子也列入考慮，韻表參考了兩書的情況也可以確定下來，再次證明了兩書的關連。山攝「箋」字則說明了《四聲等子》和《切韻指南》的獨特性：

山攝	韻表 先四	廣	集	禮	七	切	五	四	經
精	箋	箋	箋	箋	牋	箋	箋	箋	箋

諸本先韻四等代表字均作「箋（牋）」，但《四聲等子》和《切韻指南》一等均有「箋」，《七音略》和《切韻指掌圖》無，韻表作者很可能直接從寒韻一等收錄「箋」字，這也符合韻表以一等韻為主的特質。

　　以下分析兩個特殊的例子。首先是第十一字門的通攝字問題，底本（天寧寺本）作：

嚩	忘	㦻	馮	無	犛	憒	微	文	樠	艾	琰	霧

然而放在效攝的「犛」字，在韻書和韻圖中相對應的卻是「毛」。其他本子均作：

嚩	忘	㦻	犛	無	○	憒	微	文	樠	艾	琰	霧

「犛」字《集韻》鳴龍切，鍾韻三等，明顯是後人誤「犛」為「犛」，因為「犛」字不合通攝，而效攝適逢無字，遂誤移「犛」字到效攝一格，再用近音字「馮」填補通攝的位置。如果以「犛」與諸書比較：

通攝	韻表 鍾三	廣	集	禮	七	切	五	四	經
微	犛	○	✓	○	○	○	○	○（✓）	✓

只有重編本《四聲等子》和《切韻指南》收錄「犛」，此字的原始出處可能就是《集韻》。

　　另一個例子見於臻攝，《廣韻》中為先韻字，《集韻》加入了真韻或諄韻的又音：[14]

臻攝	韻表 集韻真／諄三	廣	集	禮	七	切	五	四	經
端	顛	○	✓	○	○	○	✓	✓	✓
透	天	○	✓	○	○	○	✓	✓	✓
定	田	○	✓	○	○	○	✓	✓	✓
泥	年	○	✓	○	○	○	✓	✓	✓
溪	繁	○	✓	○	○	○	✓	✓	✓

14　《集韻》本身即將一批《切韻》真韻字移入諄韻，因此此處將這些特殊的真、諄韻合為一類。

（續上表）

匣	[賢]	礥	礥	礥	礥	礥	礥	✓ （礥）	礥

這些都是上古真部字，《集韻》所收的很可能是字書或方言中的古音孑遺，不過《集韻》匣母的小韻首字是「礥」而不是「賢」。《廣韻》、《七音略》、《禮部韻略》和《切韻指掌圖》收錄「礥」，《五音集韻》和《切韻指南》雖然全數收入這些代表字，但匣母仍然依《集韻》小韻首字作「礥」，只有《四聲等子》作「賢」。這種例子在韻表裏尚有數處，再次證明《四聲等子》的重要性，因為韻表作者很可能直接從《四聲等子》抄錄這些字。這批字大部分在《七音略》和《切韻指掌圖》均未收錄，從此又可窺見這兩本韻圖與韻表的關係較為疏離。

　　韻表的作者還要面對另一個問題，也就是韻表中同一個小韻地位出現兩次或以上，包括全濁聲母送氣和不送氣的字門合用同一字母，或二合、三合字導致同一小韻地位重複的情況。既然是相同的小韻地位，重複同一代表字當然最為恰當，然而韻表作者卻往往使用同音字代替。舉例來說，如果要代表某個東韻三等小韻，使用《韻鏡》一類分韻的書，還可以翻到後面一頁，把相應的鍾韻三等字抄出來作為同音字看待；然而《四聲等子》等書已經合韻合圖，東三和鍾三字只出現其中一個代表字，韻表作者從何處抄出另一個代表字？還有另一種不涉及跨韻的情況，如韻表在並母唐韻一等中用了「旁」和「傍」，即使是分韻分圖的韻圖也不會同時收錄這兩個字，因此這些「後備代表字」的出處值得探討。韻書在這方面也許能發揮作用，因為小韻中的同音字可作為後備代表字可依次抄出；另一種可能性是從其他韻圖轉錄。從韻表的具體情況看來，似乎韻書、韻圖兩者均在參考之列。現在先列出參考韻圖的例子：

通攝	韻表			廣	集	禮	七	切	五	四	經
	東三	冬一	鍾三								
羣	窮			✓	✓	✓	✓	✓	✓	✓（蛩）	蛩
			蛩	✓	✓	✓	✓	窮	✓	窮（✓）	✓
心	檧 厰			✓檧	✓檧	檧	✓檧	✓檧	✓檧	✓檧	✓檧
			鬆 蚣	✓	✓	✓	✓	檧	✓	檧	✓

「蛩」和「蝵」可能從《切韻指南》抄出。又如「炮」和「嗔」字，可能從《四聲等子》抄出：

效攝	韻表		廣	集	禮	七	切	五	四	經
	豪一	肴 / 爻二								
並	袍		✓	✓	✓	✓	✓	✓	✓	✓
		炮	庖	庖	庖	庖	庖	庖	✓	庖

臻攝	韻表	廣	集	禮	七	切	五	四	經
	真三								
穿三	嗔							✓	
	瞋	✓	✓	✓	✓	✓	✓		✓

《切韻指掌圖》可以使用的「後備小韻」皆見於《集韻》或《禮部韻略》、《五音集韻》等，無法肯定韻表是否自《切韻指掌圖》抄錄代表字。

韻表中有不少代表字與韻圖的關係不明，以通攝為例：

通攝	韻表				廣	集	禮	七	切	五	四	經
	東一	東三	冬一	鍾三								
並	蓬 鬃				✓	✓	✓	✓	✓	✓	✓	✓
端	東				✓	✓	✓	✓	✓	✓	✓	✓
			冬		✓	✓	✓	○	東	✓	東	東
定	同 筒				✓	✓	✓	✓	✓	✓	✓	✓
			彤		✓	✓	✓	○	同	✓	同	同

第一種情況如端母的「東」和「冬」，兩韻合圖後已沒有「冬」字，只能從韻書取出；第二種情況如並母，韻書小韻首字和韻圖小韻字都是「蓬」字，「鬃」字不知從何處錄出；定母則有三個代表字，當中「同」、「彤」見於韻書，「筒」字來源不明，韻表可能參考了未知的韻書或韻圖，或抄錄韻書小韻首字以外的同音字。止攝的例子尤其如此：

止攝	韻表 齊四	廣	集	禮	七	切	五	四	經
定	嗁 提 騠	✓嗁	題	題	題	蹄	✓嗁	✓	✓嗁

韻表作者可以從韻書、韻表中抄出「嗁」字，然後加上《四聲等子》的「提」字，《集韻》、《七音略》、《禮部韻略》有小韻首字「題」，《切韻指掌圖》有「蹄」，韻表卻轉用未明出處的「騠」（韻表諸本「騠」多作「醍」，同樣出處不明）。此外更有韻表與所有材料代表字均不一的情況：

蟹攝	韻表 哈一	廣	集	禮	七	切	五	四	經
心	腮 顋	鰓	鰓	毢	鰓	鰓	鰓	鰓	鰓

流攝	韻表 侯一	廣	集	禮	七	切	五	四	經
曉	吼	齁	齁	○	齁	齁	齁	齁	齁

總的來說，華嚴字母韻表參考多種韻書、韻圖以製成韻表的傾向非常強烈，潘文國認為韻表可能代表唐代的某種方言、譚世寶認為當中《四聲等子》「可以視為《華嚴字母》唱誦表的一種縮略」等説法，可謂不攻自破。[15] 韻表反映了不少《四聲等子》獨有的特徵，《七音略》、《切韻指南》和《五音集韻》也較常採用，至於《切韻指掌圖》與韻表的關連則相對薄弱。

15　《韻圖考》，頁 25。《悉曇學與漢字音學新論》，頁 169。

第四章

華嚴字母韻表與明清聲韻學

一、華嚴字母韻表與明清十二、十三攝

華嚴字母韻表果假合攝、曾梗合攝，而且不載二等的江攝字，共分十三攝，可視為十六攝系統的變體。在華嚴字母韻表以前，似乎沒有同類的十三攝韻學材料；最為接近的《切韻指掌圖》二十圖十二攝，第三章已提及有分為十三攝的意見。然而即使承認十三攝説，《切韻指掌圖》諸攝與華嚴字母韻表的排序並不相同，並不能視為同一系統：[1]

華嚴	1 阿	2 佉	3 鞥	4 翁	5 烏	6 爊	7 哀	8 醫	9 因	10 安	11 音	12 諳	13 謳
指掌圖	11 歌 12 戈	13 剛 14 光	15 觥 16 揯	2 公	3 孤	1 高	17 該 19 傀	18 基 （20 乖）	9 根 10 昆	7 干 8 官	6 金	5 甘	4 鈎

十二或十三攝系統常見於明清韻學著作之中，其中十二攝的主要有《元韻譜》（1611）、《泰律篇》（1618）、《五方元音》（順治十一年［1654］以後，康熙十二年［1673］以前）、《大藏字母九音等韻》、《三教經書文字根本》、《康熙字典 · 字母切韻要法》（1716）、《黃鐘通韻》（1744）、《本韻一得》（1750）、《增補韻法直圖》（1769）、《等韻精要》（1775）、《音韻逢源》（1840）、《等韻簡明指掌圖》（1815）；十三攝的則有《重訂司馬溫公等韻圖經》（1602）、《等音》（1674-1681 間？）、《聲位》（1707 或以前）、《七音譜》（清末）等，數量遠較十二攝者為少。這些韻圖大部分都是代表北方方言或帶有綜合性質的韻圖，而且曾梗攝與通攝合攝，-m 併入 -n，與華嚴字母韻表分別較大，在韻攝次序上也並不一致，由此可見華嚴字母系統的獨特性。

在明清聲韻學著作中，不難看到對十二攝的各種比附。如樊騰鳳《五方元音 · 十二韻釋》認為「一元有十二會，一運有十二世，一歲有十二月，一日有十二時，日月一年有十二會，黃鐘一年有十二律，韻亦十二，出於自然，增之不可，減之不可」，並在「十二韻應十二律圖」中將十二韻與十二律和十二地

1 圖二十只有二等字，於韻表中並未出現。

支等相配；類似的圖還有《元韻譜・十二佹應律圓圖》。[2] 至於十三攝，則被視為十二攝再加上閏聲，如牟應震《毛詩古韻雜論》（嘉慶年間）提到「六律、六呂，音止十二，人之為聲，乃有十三，應乎閏也」，「象月積十二成歲，而餘為閏也」，「減之不可，增之不能」。[3] 又如馬自援《等音》亦分十三攝，其「韻分陰陽配支律旋圖」除了將十二律、十二月與十二攝相配外，在圖的中央加上了閏聲一攝。《毛詩古韻雜論》和《等音》、林本裕《聲位》的十三攝無論內容和次序都完全一致，後兩書更聲稱與華嚴字母相同，然而這三種書不單按陰陽重新排列韻攝，通攝和 -m 韻尾同樣不獨立：[4]（＿＿ ＝陽，﹏﹏ ＝陰，□ ＝閏）

華嚴	1阿	2佚	3翰	4翁	5烏	6爊	7哀	8醫	9因	10安	11音	12諳	13謳
等音	9鍋 10國 13瓜	1光		3公	11孤	5高	6乖	8規 12基	4裩	2官	--	--	7鈎
聲位	9鍋 10遮 13瓜	1光		3宮	11沽 12初	5高	6乖	8圭	4昆	2官	--	--	7鈎
毛詩	10歌 11瓜 13國革	2光		1公	5居	9高	6該	3基 4規	7根	8干	--	--	12鈎

　　清人則更進一步，以滿文的十二字頭比附十二攝。十二字頭是滿文啟蒙的基礎教材，即將滿語中的音節按韻尾分為十二類，當中第一字頭為元音及不帶韻尾的音節，第二到第十二字頭則帶有韻尾。初學者熟習十二字頭，便可知道帶有不同韻尾的各種音節，在滿文系統中的書寫方法。十二字頭的韻尾可簡單整理如下：

2　樊騰鳳：《五方元音》，《續修四庫全書》影印清文秀堂刻本，冊 260，頁 5a。喬中和：《元韻譜》，《續修四庫全書》影印國家圖書館分館藏清康熙梅墅石渠閣刻本，冊 256，頁 23a。

3　據牟應震所錄，當時有《十三協》一書，作者不詳，亦為十三攝。牟應震：《毛詩古韻雜論》，《續修四庫全書》影印南京圖書館藏清嘉慶刻道光二十九年至咸豐五年朱廷相朱畹重修《毛詩質疑六種》本，冊 247，頁 45b，125a。

4　高葆映：《等音聲位合彙》，《雲南叢書》，冊 4，頁 1798b-1799b。

1. -Ø	2. -i	3. -r	4. -n
5. -ŋ	6. -k	7. -s	8. -t
9. -b	10. -o	11. -l	12. -m

如第一字頭以 a、e、i 開首，第二字頭則為 ai、ei、ii，第三字頭為 ar、er、ir 等。
十二字頭的韻尾，有很多在漢語並不存在，兩者沒有太大的可比性，然而滿文作
為清代的「國書」，擁有特殊的地位，不少韻學家更以此解釋漢語的音韻。或許
由於與十二攝在數字上較為接近，十二字頭在北方較為人接受，如張自烈（1598-
1673）《正字通》即附有康熙九年（1670）廖綸璣撰《十二字頭》。[5] 此外最為著名的
當數都四德（生卒年不詳，滿洲鑲紅旗人）《黃鐘通韻》，儘管《四庫全書總目》
批評此書對十二字頭的理解，並將之列為存目書，[6] 但此書嘗試在漢語音韻著作中
化用十二字頭的概念。部分韻學論著更進一步將十二字頭、十二攝和華嚴字母韻
表混為一談，如《圓音正考》（乾隆癸亥〔1743〕）道光十年（1830）重刊序謂：

> 而翻切之法，莫妙於國書，蓋國書無音不備，無聲不全，實與天竺華
> 嚴字母聲音之理相通。[7]

裕恩《音韻逢源》的禧恩序（道光庚子〔1840〕）更進一步說：

5　張自烈極力避免使用清代年號，不太可能在書中自行附上十二字頭引。可參閱古屋昭弘：《張
　　自烈『正字通』字音研究》（東京：好文出版，2009 年），頁 18；古屋昭弘：〈廖綸機「滿字
　　十二字頭」について〉，早稻田大學中國古籍文化研究所編：《中國古籍文化研究　稻畑耕一郎
　　教授退休紀念論集》（東京：東方書店，2018 年），上卷，頁 405-413。

6　《四庫全書總目》：「多本蔡元定《律呂新書》，而附益以己意，如《聲字》一篇，於國書十二
　　字頭獨取第一、第二、第四、第五、第十二章之字，而其餘皆不之及。〔……〕且謂人之言語
　　聲音止此數字，殊不知我國書十二字頭，整齊肅括，無音不備，無韻不該，非可偏舉其五音頭
　　以為分配也。據其所論，蓋以此五章可用漢字對音，其餘七章，雙聲、疊韻，為漢文所無，故
　　不用耳。然國書有二合三合切音之不同，推其原本，則自首句六字而外，其餘何一非雙聲、疊
　　韻，而謂止於七章而已乎？今以漢文字有無，為國音之區別，漢文所有者，則取配五音十二
　　律，而漢文所無者，概置弗論，是未究國書制作之本也。〔……〕惟所論清字切音之法，皆中
　　窾要，為有益於學者耳。」永瑢等撰：《欽定四庫全書總目》，《景印文淵閣四庫全書》影印武
　　英殿刻本（台北：臺灣商務印書館，1983 年），冊 1，頁 815a-b。

7　存之堂輯：《圓音正考》，《續修四庫全書》影印上海圖書館藏清道光十年（1830）京都三槐堂
　　刻本，冊 254，頁 1b。

我朝肇興東土，文德覃敷，取象飛龍，自製文字，以十二字頭括宇宙
之大文。有象皆彰，無音不備，合聲切字，毫無牽合假借，與華嚴字
母體雖異製，聲實同元，信乎同文之極則也。［……］其法以國書十二
字頭，參合華嚴字母定為四部、十二攝、四聲、二十一母。[8]

《音韻逢源》與華嚴字母的十三攝同樣不一致，所謂「體雖異製，聲實同元」，
可能只是指兩者據韻尾安排韻攝的形式相似。另如賈存仁《等韻精要》（乾隆
四十年［1775］）則從影母置首的角度論述華嚴字母與十二字頭的相似之處：

凡人聲音之最先者，莫過於兒啼聲，其次則嘆聲、驚訝聲、疾病呻吟
聲，凡一切有聲無詞之聲皆是，而皆出於影母，則影母為諸母之首可
知矣。［……］不知華嚴字母、國書十二字頭，已早以影母為首矣。[9]

將華嚴字母韻表和十二攝、十三攝、十二字頭連接在一起的，尚有《康熙字典
· 大藏切韻要法》中的韻圖。在開始探討這些問題前，必須先簡單說明《康熙
字典》與唱韻的關連。

二、華嚴字母與《康熙字典 · 字母切韻要法》

早在江永的《音學辨微 · 康熙字典等韻圖辨惑》中，已對《康熙字典》「內
含四聲音韻圖」的來源有所懷疑。[10] 數十年後，賈存仁《等韻精要》提出了解

8　裕恩：《音韻逢源》，《續修四庫全書》影印北京大學圖書館藏清道光聚珍堂刻本，冊 258，頁
　　695b-696b。

9　賈存仁：《等韻精要》，《續修四庫全書》影印國家圖書館分館藏清乾隆四十年河東賈氏家塾刻
　　本，冊 258，頁 549b。

10　「而書首有等均一卷，不言出于何書。前後有三圖，學者于字母等均，本未易通曉，閱此三
　　圖，心目迷眩，愈不得其門。蓋等均一卷，本非當時修書者所撰，其歌訣多鄙俚，乃昔時言等
　　均之書，不知出誰手。修書者失于審擇，故漫載之書首也。」江永：《音學辨微》，《音韻學叢書》
　　本，頁 47b。

答，認為其來源是《大藏切韻要法》，但賈書流行不廣，而且《大藏切韻要法》
後代罕見，後人難以進行比較。[11] 到了 1930 年，陳子怡提出〈內含四聲音韻圖〉
「即由《華嚴字母》變化而出者」，認為〈內含四聲音韻圖〉漏刪「唱」字，留
下唱韻的痕跡。[12] 然而該文認為韻表為《韻鏡》等韻圖的源頭，則明顯不正確。
趙蔭棠〈康熙字典字母切韻法考證〉一文詳細考據了《康熙字典》與明清韻學
材料的關係，頗有會得之處，但文章內容較為龐雜，現將其主要觀點整理如
下：[13]

1. 《康熙字典・字母切韻要法》的十二攝是「中外的混血兒」，與梵文
    十二轉、華嚴字母韻表均不相似，而反而與《元韻譜》、《五方元音》
    等較為接近，即 -oŋ、-eŋ 合併，-m 併於 -n。

2. 據傳為阿摩利諦譯《大藏字母文字陀羅尼經》，可知《康熙字典》中的
    〈內含四聲音韻圖〉和〈明顯四聲等韻圖〉同屬一書。此書中〈大藏字
    母切韻要法〉的內容與《康熙字典》所載大致相同，但多出〈唱韻讚〉
    及〈字母讚〉。《大藏字母切韻要法》及阿摩利諦《三教經書文字根本》
    的十二攝相同，後者與〈字母切韻要法〉也頗為相近。

3. 自《康熙字典》行世，〈大藏字母切韻要法〉、《三教經書文字根本》二
    書漸廢，雍正九年（1731）雖曾重刻〈大藏字母切韻要法〉，但佛經部
    分及作者姓名遭削去。

4. 《日課便蒙旁注略解》的註解者海寬，曾助刻《三教經書文字根本》，
    其門人惠海在雍正年間助刊〈大藏字母切韻要法〉。〈大藏字母切韻要
    法〉與《禪門日誦》系書籍產生關連，似乎與此二人有關。

5. 考據〈大藏字母切韻要法〉的助刻者生卒年，可知此書及《三教經書文
    字根本》應於康熙三十八至四十一年（1699-1702）之間成書，後於《五
    方元音》，故此《康熙字典・字母切韻要法》也屬《五方元音》以後
    的產物。

---

11   轉引自《等韻源流》，頁 295。案《續修四庫全書》本所載未見此條。

12   陳子怡［陳雲路］：〈釋康熙字典內含四聲音韻圖的唱〉，《女師大學術季刊》，無總頁碼。

13   《等韻源流》，頁 260-295。

6. 順治、康熙俱崇佛教，對音韻亦感興趣，因此佛門音韻的內容得以進入
《康熙字典》。然而〈大藏字母切韻要法〉、《三教經書文字根本》二書
為釋門產物，助刊者均為與皇室往來的和尚，梓成後即進御，因此世人
所知較少；雍正曾興佛教文字獄，不願世人知道內廷秘密，因此世人不
敢道出〈大藏字母切韻要法〉的身世。

趙蔭棠詳細說明了〈大藏字母切韻要法〉和《三教經書文字根本》的背景，而
且明確指出其所藏的《大藏字母文字陀羅尼經》與《康熙字典》的關係，極有
創獲。

關於〈大藏字母切韻要法〉、《三教經書文字根本》和《諧聲韻學》的成書
先後，耿振生、周賽華等雖有補正，但三書之間的關係已毋庸置疑。[14] 至於《大
藏字母文字陀羅尼經》孤本現藏台灣師範大學圖書館，據圖書館目錄為民國抄
本，內有趙蔭棠藏書印。傳阿摩利諦譯，不分卷，卷前有舉香讚、開經偈等，
卷末有「共成喜助刊刻《經史等韻切字指南》板比丘尊諱計開於左［……］」
等刊語，及「板存皇城後門外東吉祥寺住持比丘勝倫收　雍正九年［1731］林
鍾月望旦日告成　助緣沙門㠯智　金陵王汝相助刊」牌記。據此，可知此書成書
在雍正九年之前，且原書應與《經史等韻切字指南》相配，這一部分當與《康
熙字典 · 等韻切音指南》相對應，但抄本中並未包含《經史等韻切字指南》。

嚴格來說，《大藏字母文字陀羅尼經》只是此書的其中一部分，並非本書的
書題。現將此書與《康熙字典》的相應部分比對如下：

《大藏字母文字陀羅尼經》	《康熙字典》
1. 大藏字母文字陀羅尼經	
2. 平仄指掌圖	
3. 五音分釁之圖	
4. 大藏字母切韻要法	1. 字母切韻要法
a 證鄉談法	a 證鄉談法
b 分九音法	b 分九音法

14　耿振生：〈《字母切韻要法》再辨〉，《語言學論叢》第 17 輯（1992 年），頁 31-59。周賽華：
　　《諧聲韻學校訂》（北京：中華書局，2014 年），頁 5。

（續上表）

《大藏字母文字陀羅尼經》	《康熙字典》
c 分十二攝韻首法	c 分十二攝韻首法
d 唱韻贊	
e 字母贊	
f 內含四聲音韻圖	d 內含四聲音韻圖
g 寄韻法	e 寄韻法
h 借入聲法	f 借入聲法
5. 大藏字母關鑰歌訣	2. 大藏字母關鑰歌訣
a 揭十二攝法	a 揭十二攝法
b 分四聲法	b 分四聲法
c 明顯四聲等韻圖（前附口訣）	c 明顯四聲等韻圖（無口訣）
d 切字樣法	d 切字樣法
e 頌云、又云	e 訣云、又云
f 貼韻首法	f 貼韻首法
g 讚囑等韻西江月二首、又云	g 讚囑等韻西江月二首、又云
h 檢篇海部首捷法	h 檢篇海部首捷法
i 檢篇卷數法	i 檢篇卷數法
j 揭韻攝法	j 揭韻攝法
k 揭入聲	k 揭入聲法
l 明等第法	l 明等第法
m 明攝內相同法	m 明攝內相同法
n 變形十八部	n 變形十八部
o 十飜號頌	
	3. 等韻切音指南

　　從目錄可見，《康熙字典》的確刪去了〈大藏字母文字陀羅尼經〉、〈唱韻贊〉、〈字母贊〉等與唱韻關係密切的內容，且將原題〈大藏字母切韻要法〉中的「大藏」二字刪去，隱諱其佛教的來源。〈大藏字母文字陀羅尼經〉敘述了世尊自稱身體困倦，命阿難赴善現處，請善現代座說大乘法。善現自認「尚不知法之一根」，像世尊請教「法之根本」，世尊即為善現解說自放光如來所得之「大法炬陀羅尼」，又名「字智陀羅尼」、「文字陀羅尼」。世尊謂「若人學會此之一法，無字不識，無書不看，無事不曉，無法不通，無藝不會」，並介紹此法

包含「字母切韻」（即〈內含四聲音韻圖〉）、「四聲明顯之圖」（〈明顯四聲等韻圖〉）、關鍵歌訣、切字樣法等內容。此經內容不倫，顯屬偽經，且攀附《大法炬陀羅尼經》（隋闍那崛多等譯，T21, no.1340），後者雖然言及字門，卻顯然與等韻無關。

　　不過如果仔細追尋，不難發覺趙蔭棠的說法尚可商榷。首先《康熙字典 · 內含四聲音韻圖》既然與華嚴字母韻表的十三攝並不一致，則僅憑「唱」字，無法斷定《康熙字典》的韻圖本身即來自韻表。趙蔭棠認為海寬、惠海等人將《禪門日誦》的韻表內容移入〈大藏字母切韻要法〉和《三教經書文字根本》中，但〈大藏字母切韻要法〉和〈內含四聲音韻圖〉在分攝、入聲和 -m 韻尾的處理均與韻表存在着根本性的差異，甚至連攝的數目也不一致，兩者到底如何轉化？趙蔭棠說韻表和〈內含四聲音韻圖〉「面貌雖同，精神卻異」，似乎暗示〈大藏字母切韻要法〉和《三教經書文字根本》等書只借用了韻表的形式和前後科儀，韻攝本身則並沒有承傳的關係。

　　現在不妨仔細比對這幾種材料的韻攝次序和內容：

三教	粂	杰	罡	庚		及	高	該	祴	根	干	--	--	勾	革
	12	7	4	3		1	8	6	10	5	2			9	11
內含	迦	結	岡	庚	[庚]	祴	高	該	傀	根	干	[根]	[干]	鉤	歌
明顯	迦	結	岡	庚		祴	高	該	傀	根	干	--	--	鉤	歌
華嚴	阿		快	韓	翁	烏	爐	哀	醫	因	安	音	諳	謳	[阿]

不難發現，《三教經書文字根本》、〈內含四聲音韻圖〉、〈明顯四聲等韻圖〉的韻攝用字有不少相似之處，而且次序基本相同。《三教經書文字根本》的「祴」看似不符次序，〈內含四聲音韻圖〉合口列「傀」，開口借用⓪祴字，但「祴」即「傀」的相應開口字，[15] 因此這裏只是選字的問題，並不影響韻序。

15　〈明顯四聲等韻圖〉傀攝見母開口（開口正韻）入聲列⓪祴，祴攝見母齊齒（開口副韻）入聲列「吉」，與「及」小韻地位相同。

　　〈內含四聲音韻圖〉通曾梗三攝和併，-m 與 -n 合併，但保留了通攝和 -m
韻母的三處虛位，連這三個虛位的次序也與華嚴字母韻表對應。此外韻表果假
合攝（阿），而其餘三書則一分為三（朶／迦、杰／結、革／歌），當中革／歌
刻意置於最後，顯然是為了遷就華嚴字母韻表中重複字門的形式，把重複的一
攝化為實在的新攝。至於華嚴字母韻表中的「烏」字，則屬減攝（=ï, i, u, y）
的合口呼，清代韻圖改四等為四呼，導致減、及、烏三字同攝。從此可見，〈內
含四聲音韻圖〉即根據清初北方語音，併合韻表十三攝的系統，且折衷傳統
十六攝系統而保留虛位；《三教經書文字根本》和〈明顯四聲等韻圖〉則是取消
虛位的結果。

　　值得注意的是，《三教經書文字根本》中攝的編號（即表中的阿拉伯數字）
與次序並不一致，這個編號的原理及來源不明。《諧聲韻學》的十二攝，編號與
次序都和《三教經書文字根本》的編號相符，説明《三教經書文字根本》中攝
的次序曾作調整，保留了兩個不同的層次。[16] 這兩個層次孰新孰舊，因文獻所限
無法得知。

　　趙蔭棠認為順治、康熙二帝崇佛，這應是促成韻表進入《康熙字典》的背
景。然而趙蔭棠認為雍正因不喜木陳道忞（1596-1674），因此極力抹殺佛教痕
跡，導致〈內含四聲音韻圖〉原作者寂寂無聞，這種説法並不合理。雍正排斥
道忞，已在《康熙字典》成書之後，無法解釋為何《康熙字典》在編纂時要抹
去唱韻與佛教的痕跡。黃進興探討清初的意識形態，指出康熙成功地結合治統
和道統，獲得皇權，成為了儒者膺服的聖君，連反清的黃宗羲也稱許康熙之世
是「古今儒者遭遇之隆，蓋未有兩，五百年名世，於今見之」。治統與道統分
別代表了政治勢力和文化傳承，兩者的結合説明康熙的政治勢力已延伸到文化
領域，因此在兩個層面上都獲得無上的權威。然而康熙要從道統上獲得儒臣以
至漢人的認可，即必須「積極地支持儒家文化，使他變成道統的守護神」。[17] 黃
進興所舉康熙開設博學鴻詞科（1679）、重視經筵講讀和孔廟禮儀等為證，從

16　〈《字母切韻要法》再辨〉，《語言學論叢》第 17 輯（1992 年），頁 56-57。

17　黃進興：〈清初政權意識形態之探究：政治化的「道統觀」〉，《中央研究院歷史語言研究所集刊》
　　第 58 本第 1 分（1987 年），頁 105-132。

書籍編纂的角度而言，還可以考慮《古今圖書集成》（1706 成稿）、《佩文韻府》（1711 敕編）、《性理精義》（1715 敕編）、《音韻闡微》（1715 敕編）、《康熙字典》（1716 敕編）等著作，其中《音韻闡微》敕編既早於《康熙字典》，其成書過程所反映的意識形態或許可以相互參照。

　　李光地編纂《音韻闡微》時，曾考慮以十二字頭為基礎，全面改動聲母、韻部元音、韻尾甚至反切用字，如果這些建議獲得實踐，漢語音韻的表述將依附在滿文的語音體系之下。然而康熙雖然對滿文以至「高麗、喇嘛、回回諸韻」頗感興趣，[18]卻對於這一建議不予支持，其態度還甚為保守，令《音韻闡微》最終成為「存不輕變古之意」的著作，箇中原因應在於康熙要竭力營造自己尊敬並保護中華文化的「中國之主」形象。

　　阿摩利諦《三教經書文字根本》卷首題「阿摩利諦訂集十二攝」，但在正文列出十二攝時卻標明「揭十二字頭韻首法」。上文已提到《三教經書文字根本》的十二攝由華嚴字母韻表併合而來，與十二字頭沒有關係。有趣的是，《大藏字母文字陀羅尼經》和《康熙字典》均稱為「揭十二攝法」，並未出現「十二字頭」一詞。更動字眼的原因，一方面固然是漢語「十二字頭」與滿文「十二字頭」並非一物，容易引起混淆；另一方面，「十二攝」沒有原有的滿文色彩，也保持《康熙字典》純正漢語字典的形象。因此《音韻闡微》和《康熙字典》均反映了康熙對於正式頒佈的音韻著作，有保守而遵古的傾向，不願意讓不合中國傳統的十二字頭闌入其中。〈內含四聲音韻圖〉保留了通攝和 -m 韻尾的虛位，同樣有存古之意。進而言之，雖然聲韻肇自西域是清代的官方立場（見第六章），但在書中強調阿摩利諦，並用十二攝唱韻代替傳統韻圖，同樣不符康熙希望塑造的形象。《康熙字典》淡化韻圖中佛教背景，並刪去阿摩利諦的名字，以至刪去唱韻和華嚴字母韻表的痕跡，應從這一歷史脈絡中理解。

18　王蘭生：〈再啓安溪相國〉，《交河集》，《清代詩文集彙編》影印道光十六年大足官廨刻本（上海：上海古籍出版社，2010 年），冊 247，頁 543a。

三、華嚴字母所載符號與明清小學

韻表附有表示清濁的符號，即全清為○，次清為◎，全濁為●，次濁則有◖●◗◐四種。蕭蛻〈華嚴字母學音篇〉認為「前人有◖●◗◐四種符號，無人能通其說，今不用」，[19] 研究韻表的學者一直沒能說清次濁四種符號的意義。《康熙字典》的韻圖也有這種符號，這些符號分別見於〈內含四聲音韻圖〉、〈明顯四聲等韻圖〉和〈等韻切音指南〉。[20] 這幾個圖均以○為全清，⊙為次清，●為全濁，◖◗●◐為次濁（清濁），[21] 其中〈明顯四聲等韻圖〉以逆時針方向輪流旋轉次濁符號：[22]

疑◖　　泥◐　　娘◗　　明◐　　微◖　　心◐　　審◖　　喻◐　　日◖

〈內含四聲音韻圖〉中的四個圖由於出現的字母數目不一，導致每圖逆時針旋轉時，同一聲母在不同圖中的符號並不一致：

開口正韻	疑◖	泥◐	娘◗	明◐		心◗		喻◐	日◖
開口副韻	疑◖	泥◐		明◗		心◐	審◖	喻◐	日◖
合口正韻	疑◖	泥◐	娘◗		微◐	心◗		喻◐	日◖
合口副韻	疑◖					心◐	審◖	喻◐	日◖

至於〈明顯四聲等韻圖〉的所用的符號完全相同，而〈等韻切音指南〉的次濁符號均作◖，並未出現旋轉的情況，可見《康熙字典》的編撰者清楚知道這四個符號意義完全相同。李新魁〈《康熙字典》的兩種韻圖〉認為：

19　蕭蛻：〈華嚴字母學音篇〉，《佛乘》，頁 13。
20　張玉書等編纂：《康熙字典》，哈佛燕京圖書館藏內府本，冊二，〈字母切韻要法〉，頁 2b-6a，7b-19a；〈等韻切音指南〉，頁 1b-25a。
21　為免與清濁符號的「清濁」混淆，後文統一稱為次濁。案《康熙字典》的分類與《韻鏡》系統不甚吻合，如心母在《韻鏡》為清，《康熙字典》列為清濁；曉母《韻鏡》列為清，《康熙字典》列為次清；來母《韻鏡》為清濁，《康熙字典》列為清。
22　只有傀攝的心母和日母例外，均屬誤刻。

這些符號是襲用明釋真空所撰的《篇韻貫珠集》中的「刱纂啟蒙免疑金口訣」而來的，這些原來是佛教僧侶用來表示某些宗教觀念的符號，後來竟被用來表示聲音上清濁的觀念。首先使用這些符號的，大概是《華嚴經》中的《華嚴字母韻圖》，後來〈內含圖〉也跟着這麼做。[23]

依李新魁的說法，好像先是「華嚴字母韻圖」運用了清濁符號，《康熙字典》「也跟着這麼做」；但一方面《篇韻貫珠集》（下簡稱《貫珠集》）的「刱纂啟蒙免疑金口訣」也用了這些符號，《康熙字典》「襲用」了《貫珠集》。《康熙字典》韻圖中的清濁符號與韻表、《貫珠集》都有關係，這一結論大致正確，然而實際情況卻遠較李新魁的說法複雜，值得專門探討。

　　首先值得注意的是，大部分韻表的本子並未刊載清濁符號，附有符號的「禪門日誦」系書籍只有光緒二十六年天寧寺本以及民國以來的本子，[24]「八十華嚴」則只有志蓮本及光緒本，聲韻學著作則只有《等切元聲》和《悉曇奧論》。志蓮本原刻的部分已帶有清濁符號，且次濁已出現◑◐◒◓等符號，其年代可追溯至萬曆年間，但明代的其他本子卻沒有這些符號的蹤影；而且現存帶有清濁符號的本子，符號也有不甚一致之處。首先是不少字門的符號，如5 那◑、6 邏◐、13 也◐等，《等切元聲》均作○；37 姥頗◎◎至42 陀●，中大本相應的四處更把這六個字門全部標為○，顯屬誤刻。又如《等切元聲》把一些二合和三合字門標為◎，又闕37 姥頗○◎至40 室左◎○的清濁符號；有時還出現各本符號相異，甚至同一種本子之中也不相同的情況，如：

28 曷攞多	●◑○○（志蓮本、《悉曇奧論》） ●○○（天寧本） ●●○（中大本卷十、三十八、五十一、六十六） ◎（《等切元聲》） 無符號（中大本卷二十四）

23　李新魁：〈《康熙字典》的兩種韻圖〉，《辭書研究》第 1 期（1980 年），頁 178。

24　如香港大學馮平山圖書館藏民國十五年（1926）昭慶慧空經房本和民國二十年（1931）毗陵刻經處本。

32 訶婆	◎●（天寧本、中大本卷十及卷二十五） ◎（《等切元聲》） ◎◐（中大本卷三十九） ◐●（中大本卷五十三）

可見韻表的符號本來就不甚固定，從《大理叢書》本沒有清濁符號來看，這些符號很可能並非原來韻表的一部分。

　　韻表和《康熙字典》中的次濁符號都有旋轉的情況，兩者是否有承傳關係？先看看韻表中包含次濁符號的字門，這裏根據的是本書的校訂，因此與通行的韻表不盡相同：

5 那◐　6 邐◑　11 嚩◐　13 也◑　17 麼◐　27 壤◑　28 曷攞多●◐○　31 娑麼◎◑　36 拏◐

韻表中由於並非按照三十六字母系統排列字門，而且有二合字（31 和 39），在系統上與《康熙字典》的韻圖頗為不同。如表中的明母出現了兩次（17 和 31），兩次的符號都不一樣，如果從某個已定型的系統中抽出，不應出現這種情況，因此可排除韻表符號襲自某固定韻圖的可能性。那麼，有沒有可能是韻表按照自己的邏輯安排旋轉的次序？從上所見，如果按照華嚴字母的次序，只有 11 到 36 可以説是逆時針旋轉，5 和 6 則不合規律，原因不明。《康熙字典》韻圖中第一個次濁符號同樣是◑，因此 5 那◐似乎並無不妥之處。如果重新按《韻鏡》和《七音略》次序排列：

17 麼◐ [明]　　31 娑麼◎◑ [明]　　11 嚩◐ [微]　　　　5 那◐ [泥]　　36 拏◐ [娘]
13 也◑ [喻四]　6 邐◑ [來]　　　　28 曷攞多●◐○ [來]　27 壤◑ [日]

前半似乎順時針旋轉，但後半則打破了這一規律。如果按照《四聲等子》和《切韻指南》的次序，《康熙字典》的次序與此相同：

5 那◐ [泥]　　36 拏◐ [娘]　　17 麼◐ [明]　　31 娑麼◎◑ [明]　　11 嚩◐ [微]
13 也◑ [喻四]　6 邐◑ [來]　　　28 曷攞多●◐○ [來]　27 壤◑ [日]

仍然沒有辦法完全順次旋轉；《切韻指掌圖》中三十六字母的次序略有不同，但

排列次濁聲母的結果則相同。[25] 因此可以說明韻表的「清濁」符號，雖然有旋轉的情況，卻不能自成系統，而且與《康熙字典》的清濁符號，並非直接抄錄的相承關係。

　　《大藏字母文字陀羅尼經》作為韻表和《康熙字典》的中介產物，其清濁符號的情況正是問題的關鍵。《大藏字母文字陀羅尼經》韻圖的清濁符號與《康熙字典》的〈內含四聲音韻圖〉、〈明顯四聲等韻圖〉基本一致，且書中有「五音分臂之圖」：[26]

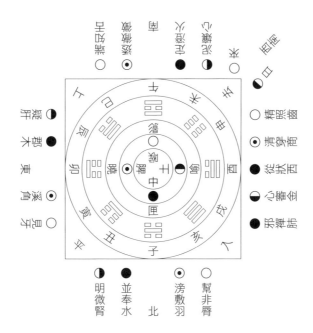

圖中的次濁符號已出現旋轉的情況，其中娘、微、審三母並未列出符號，如果補入這些符號，並按「明顯四聲等韻圖」的次序排列，便能發覺這些符號完全

25　即使依照敦煌 S.0512〈歸三十字母例〉的諸家排序，也無法排出規律。關於〈歸三十字母例〉的不同排序，參看黃耀堃：〈試論《歸三十字母例》在韻學史的地位〉，《黃耀堃語言學論文集》（南京：鳳凰出版社，2004 年），頁 37-83。

26　（傳）阿摩利諦譯：《大藏字母文字陀羅尼經》，台灣師範大學圖書館藏民國抄本，無頁碼。原圖喻母僅有符號，據意補入「喻」字。

按逆時針方向旋轉：

疑● 　　泥◑ 　　（娘○） 　　明◐ 　　（微●） 　　心◑ 　　（審○） 　　喻◐ 　　日○

因此可以斷定，《大藏字母文字陀羅尼經》中的「五音分釁之圖」和「明顯四聲等韻圖」的清濁符號原理完全相同，這一系統為《康熙字典》所襲用，但《康熙字典》則刪去了「五音分釁之圖」。

那麼，《大藏字母文字陀羅尼經・五音分釁之圖》又參考了哪些韻學著作？考正德八年（1513）本、嘉靖四十三年（1564）本、崇禎二至十年（1629-1637）本及康熙二十三年（1684）本《經史正音切韻指南》均收入「五音分釁之圖」，[27] 保留了明刊本的舊式。這四種《切韻指南・五音分釁之圖》有兩點值得注意：

（1）《大藏字母文字陀羅尼經》心母作◐，來母作○，與《康熙字典》同；四種《切韻指南》則心母作⊙，來母作◓，側證《康熙字典》依照《大藏字母文字陀羅尼經》；

（2）四種《切韻指南》的次濁符號均統一為◓，並未出現旋轉的情況。[28]

第二點尤為重要，尤其是四種《切韻指南》均收入《貫珠集》、《直指玉鑰匙門法》的內容，但沒有旋轉的次濁符號，反而只有《大藏字母文字陀羅尼經》和《康熙字典》的字濁符號旋轉。這說明了原始的「五音分釁之圖」應無次濁符號旋轉的情況，到了《大藏字母文字陀羅尼經》才開始更動體例，其參考的對象很可能就是華嚴字母韻表，即將韻表中原理不詳的旋轉體制，按照三十六母的

27　劉鑑：《經史正音切韻指南》，京都大學藏近衛文庫正德八年刊本，序，頁 4b。劉鑑：《經史正音切韻指南》，台灣師範大學藏康熙二十三年隆安禪寺刊本，序，頁 4b。劉鑑：《經史正音切韻指南》，中央研究院傅斯年圖書館藏嘉靖四十三年釋本讚捐貲重刊本，無頁碼。劉鑑：《經史正音切韻指南》，中央研究院傅斯年圖書館藏崇禎二至十年金陵圓覺庵釋新仁重刊本，無頁碼。

28　案師範大學藏明刻本，通攝前半葉附清濁符號，次濁均作◓。嘉靖本通攝次濁作◓，效攝泥母及明母作◐，喻母及日母作◓，來母作◓。康熙本通攝次濁作◓，喻母及日母作◓，效攝次濁作◐，喻母及日母作◓，來母作◓，頗不可解，當有共同來源；然原始型態當全作◓為是。婁育指出康熙二十一年本均有類似情況。《經史正音切韻指南文獻整理與研究》，頁 287-288。

次序逆時針旋轉，並應用到「五音分譬之圖」和韻圖之中。

　　現在不妨追溯到這一類符號在小學典籍中的應用情況。早在金代邢準《新修絫音引證群籍玉篇》（1188），其〈篇內号樣〉已運用這類符號標示引用的書籍：[29]

每段下篇　　　○餘文

◐龍龕　　　◑川篇

●奚韻　　　◒類篇

書中又有所謂「舊字号樣」、「新字号樣」：[30]

舊字号樣

○陰祐餘文

◐古龍龕

◑會川玉篇

●奚韻取有形注

◒類篇

新字号樣

◎廣集韻

▢省韻

⊙切韻

□廣韻

「每段下篇」的「篇」指《玉篇》，當字書要補上《玉篇》以外各字書所收的字時，便以各種符號標示該字的來源。「舊字号樣」所載的是《增廣類玉篇海》的符

29　邢準：《新修絫音引證群籍玉篇》，《續修四庫全書》影印北京圖書館藏金刻本，冊229，頁2b。

30　同上注，頁4a。

號，而邢準再加上四種材料，因此共有 9 種符號。[31] 這種標記方式為「篇海類」
書籍所沿用，《成化丁亥重刊改併五音類聚四聲篇海》（1467）的符號略有改動：

五音改併增添明頭號樣

每段下玉篇　　○餘文

●奚韻　　　　◐類篇

◓龍龕　　　　◑川篇

◉對韻音訓　　◎搜真玉鏡

⊕併了部頭　　⊕俗字背篇[32]

其後更有「十齨號頌」的歌訣：

> 從來段下《玉篇》題，自古虛《餘》［○］實作《奚》［●］。
> 下《類》［◐］上《龕》［◓］《川》左過［◑］，點環依韻訓音齊［◉］。
> 《搜真玉鏡》雙環顯［◎］，併部團田［⊕］最妙分。
> 俗使《背篇》白十起［⊕］，吾儕子細用心稽。[33]

幾種《切韻指南》和《大藏字母文字陀羅尼經》均有「［五音改併增添明頭］
十齨號頌」，但歌訣與《四聲篇海》並不相同，應為收字不同的結果：

> 自來點還［環］對《韻真》［◉］，《玉篇》虛《餘》兩處存［○］。
> 白十減半［⊕］團田有［⊕］，雙環［◎］實《奚》［●］免去尋。
> 上［◐］下［◓］《川》左［◑］韻中少，添減筆俗韻不存。

31　大岩本幸次：《金代字書の研究》（仙台：東北大学出版会，2007 年），頁 173。

32　韓孝彥、韓道昭著，釋文儒、思遠、文通刪補：《成化丁亥重刊改併五音類聚四聲篇海》，《續
　　修四庫全書》，冊 229，頁 249a。

33　《成化丁亥重刊改併五音類聚四聲篇海》，《續修四庫全書》，冊 229，頁 249a。

先賢留下十齔號，後學檢者自明分。[34]

《康熙字典》刪去了「十齔號頌」，但明代至清初佛門字書、韻圖及韻學著作均予收入，以便閱讀《四聲篇海》，可見這套符號在佛門小學中有其實際用途。

這種符號和聲韻學完全無關，然而這 9 個符號中的其中 8 個，尤其是比較特別的⊕形，卻出現在《貫珠集》中。李新魁提到《貫珠集》中有符號的部分是「辺纂啟蒙免疑金口訣」，查弘治十一年（1498）本《貫珠集》「辺纂啟蒙免疑金口訣」完全沒有任何符號，[35] 康熙二十三年本《切韻指南》所引「辺纂啟蒙免疑金口訣」雖有清濁符號，但次濁符號並無旋轉。真正值得關注的是《貫珠集》「新編檢五音篇海捷法總目」和「貼五音類聚四聲篇海捷法」的部分，這兩部分都附有「捷法」：

西	方	世	界	阿	彌	陀	佛
◖	◗	○	◑	◑	◐	⊕	◎
當	來	下	生	彌	勒	尊	佛

卷四還附上這些符號的名稱（上、下、空、滿、左、右、十、環）。[36] 這些符號也見於《成化丁亥重刊改併五音類聚四聲篇海》，「西方」、「當來」和符號三套輪流使用，[37] 貼在《四聲篇海》上方便查找部首，屬於這套符號在早期佛門小學材料中的另一種功能。[38]

以符號標示聲母清濁的做法時代略晚，除了上述正德八年本《切韻指南・

34　《經史正音切韻指南》，京都大學藏近衛文庫正德八年刊本，頁 15a；台灣師範大學藏康熙二十三年隆安禪寺刊本，頁 33a。《大藏字母文字陀羅尼經》，頁 27b。

35　釋真空：《新編篇韻貫珠集》，《四庫全書存目叢書》影印北京大學圖書館藏明弘治十一年本，冊 213，頁 533b-535a。

36　同上注，冊 213，頁 516b，519a。

37　《貫珠集》卷三末的歌訣提到「或是西方俱一體，若然彌勒亦皆同」，即指「西方」、「彌勒」和符號三套所指相同。拙論〈華嚴字母韻表語音與符號系統考〉（《明清研究論叢》第二輯）誤以為「西方」和「彌勒」指涉◖◗○◑四個符號，並可能與次濁符號旋轉有關，此説並不正確，應更正。

38　如《成化丁亥重刊改併五音類聚四聲篇海》，《續修四庫全書》，冊 229，頁 261a-b。

五音分豂之圖》外，吳繼仕《音聲紀元》（1611）卷五以「譜中〇者全清，⊙者次清，◐者清濁半，●者全濁，〇者次濁」，[39] 符號的用法雖與華嚴字母韻表不盡相同，但說明了正德、萬曆年間，已開始使用符號標示清濁；帶有清濁符號的志蓮本，原刻正屬於萬曆年間，時代正相吻合。其後方以智《通雅・切韻聲原》（1652 成［?］，1666 刊）以截然不同的符號標示聲調；[40]《拙庵韻悟》（1674）甚至以符號標示五音、清濁、聲調、韻母等，結構頗為複雜；[41] 而釋宗常《切韻正音經緯圖》（1700 序）中「辨清濁」一節中的清濁符號雖然接近韻表，韻圖及解說中的次濁符號卻頗有出入，說明次濁符號的使用在當時已莫衷一是。[42]

　　綜合上述所論，明清小學著作沿襲金代以來的做法，在字書中使用符號標示收字的出處，後來又使用類似的符號標示部首的位置。最遲在正德、萬曆年間，已出現標示聲母清濁的符號，但一般次濁符號並無旋轉的情況。萬曆年間的志蓮本原刻，次濁符號一如後世的華嚴字母韻表般旋轉，但其旋轉原理不明，後代各本的符號也略有出入。《大藏字母文字陀羅尼經》參考了韻表的做法，在韻圖中按三十六字母的次序，將次濁符號逆時針旋轉，並將之應用到「五音分豂之圖」，成為《康熙字典》清濁符號的依據。

39　吳繼仕：《音聲紀元》，《續修四庫全書》影印北京圖書館藏明萬曆刻本，冊 254，頁 737b。

40　方以智：《通雅》，侯外廬主編，中國社會科學院歷史研究所中國思想史研究室編：《方以智全書》（上海：上海古籍出版社，1988 年），冊一下，頁 1477。

41　可參閱李靜惠：〈試探《拙庵韻悟》之圓形音類符號〉，《聲韻論叢》第 6 輯（1997 年），頁 613-636。

42　「辨清濁」中全清〇，次清⊙，全濁●，次濁◐；韻圖及解說部分之次濁符號如下：

	疑	泥	娘	明	微	喻	來	日
韻圖	◐/●	●	●/●	●/●	●/●	--	●/●	●/●
三十六母七音清濁反字定局	●	●	●	●	●	●	●	●

其中韻圖中微來日三母符號均●◐相間，原因不詳。

第五章

華嚴字母在明清小學中的應用

一、對華嚴字母與古音關係的誤解

　　學者對四十二字門、華嚴字母和華嚴字母韻表的區別並不清晰，有時會把這三個術語混同起來。四十二字門早已見於西晉譯經《光贊般若經》和《放光般若經》，因此不少明清學者把華嚴字母乃至華嚴字母韻表認為是古音層次的產物。字門早出，在對音中保留了上古音的痕跡並無問題；然而第三章已說明韻表源自宋元韻圖，自然不可能帶有上古音的痕跡。事實上，今人仍然沿襲這種不正確的觀念，如譚世寶認為韻表「應當是與最早期的華僧習誦佛經的字母經齊生並行的」，[1] 即為一例。至於明清時代，如方以智《通雅 · 切韻聲原 · 韻攷》中，便有「華嚴字母」一列，實際上是韻表中的第一行（阿、佚、翰、翁、烏、爊、哀、醫、因、安、音、諳、謳、阿），其次序在「古韻」之後，「神珙譜」、「沈譜」之前，即認為華嚴字母韻表所反映的是神珙、沈約以前的韻部。方以智更指這十四韻「即《隋志》所載以十四音字貫一切音」，[2] 所謂十四音即《隋書 · 經籍志》所指的「自後漢佛法行於中國，又得西域胡書，能以十四字貫一切音，文省而義廣，謂之婆羅門書」，[3] 其實韻表只有十三攝，勉強算入重複的字門，以牽就十四之數。方以智為了解釋字門為何重複，甚至將之稱為「十三表閏」，可謂穿鑿。[4] 也許是看出了這種矛盾，《三教經書文字根本》、《大藏經書文字根本》和《康熙字典》等書在設立十二攝時，便分拆了字門的果、假二攝，分置在最前和最後，避免了重複的情況。

　　華嚴字母（韻表）就是「十四音」的說法在明清時代卻十分流行，例如熊士伯《等切元聲》便認為：

1　《悉曇學與漢字音學新論》，頁 57。

2　《通雅》，冊一下，頁 1502-1503。

3　魏徵、令狐德棻撰：《隋書》（北京：中華書局，1982 年），頁 947。有關十四音的考證，可參閱饒宗頤：〈唐以前十四音遺說考〉，《梵學集》（上海：上海古籍出版社，1993 年），頁 159-178。平田昌司：〈謝靈運『十四音訓敘』の系譜 —— 科舉制度と中國語史 第一〉，高田時雄編：《中國語史の資料と方法》（京都：京都大學科學研究所，1994 年），頁 33-80。王邦維：〈謝靈運《十四音訓敘》輯考〉，《交流與互鑑：佛教與中印文化關係論集》（香港：三聯書店（香港）有限公司，2018 年），頁 119-166。

4　《通雅》，《方以智全書》，冊一下，頁 1502。

自晉安帝義熙中，沙門支法領，從于闐得《華嚴經》三萬六千偈，至金陵宣譯時，以十四字貫一切音，即華嚴字母，遂為法所自始。[5]

桂馥（1736-1805）《札樸》則另有新説：

《隋書‧經籍志》：「自後漢佛法行於中國，又得西域書，能以十四字貫一切音，文省而義廣，謂之婆羅門書。」案：「十四字」當作「四十字」，謂華嚴字母四十字也。然則字母自後漢已入中國，至魏始大傳於世。[6]

桂馥的説法不但沒有版本根據，説成「四十字」仍不合四十二字門之數。明清時代將華嚴字母誤認為古音，自然會以華嚴字母考察古音，造成更大的錯誤。如丁杰〈華嚴字母説〉如此解釋華嚴字母的系統：

混庚、清、青與蒸、登為一，是劉淵并證、嶝於徑，陰時夫并拯、等於迴之所祖。合麻於歌、戈者，其音視隋、唐間稍斂；不合於魚、虞、模者〔引案：指麻不合於魚、虞、模〕，視周、秦間稍侈也。不別出江韻者，古時江韻之字音，與東、冬、鐘本無別也。以《切韻指南》十六攝配之，〔……〕混梗與曾為一，是《四聲等子》之所祖，不若《切韻指南》之分而為二也。《四聲等子》又混江、宕二攝為一，則宋元間人不知古音，隋、唐以前人皆不誤也。[7]

丁杰認為華嚴字母韻表代表古音，韻表不列江攝字，是江攝字上古歸入東、冬、鐘的結果，又説麻併於歌、戈而不併於魚、虞、模，其音介於隋唐與周秦之間，隱然以華嚴字母韻表的產生時期在秦以後、隋唐以前。不但如此，丁杰

5　熊士伯：《等切元聲》，《續修四庫全書》，冊 258，頁 221a-b。

6　桂馥撰，趙智海點校：《札樸》（北京：中華書局，2006 年），頁 296。

7　丁杰：〈華嚴字母説〉，王昶：《湖海文傳》，《續修四庫全書》影印經訓堂刻本，冊 1668，頁 551b。

甚至倒過來用韻表作為評價諸家分合韻攝的標準，以劉淵的《壬子新刊禮部韻略》、陰時夫《韻府羣玉》、《四聲等子》的韻部分合都師祖韻表，至於《四聲等子》併江攝於宕，而非如古併入東、冬、鍾的通攝，則是宋元人不諳熟上古音的結果。其實江攝字的問題可能是個美麗的誤會，韻表主要只收一等字，因此只有二等韻的江攝被排除在外，丁杰卻以為是歸入通攝的結果（韻表中通攝也沒有江攝字），甚至將此視為華嚴字母韻表的古音特徵之一。

　　《四庫全書總目提要》有吳起元《詩傳叶音考》的存目提要：

> 《詩傳叶音考》三卷（江蘇巡撫採進本）　國朝吳起元撰。起元，字復一，震澤人。是書專論《三百篇》叶音，［……］大抵其病由於不知古音自有部分，惟以今韻部分取讀，又不知古無四聲，更以華嚴字母分等，故愈辨而愈遠也。[8]

《詩傳叶音考》已佚，無法得知此書如何以華嚴字母分等，華嚴字母以一等字為主，偶爾夾雜的二、三、四等字並未自成一類，吳起元是否據此重新分等，甚至用以解釋《詩經》的叶韻？另又有徐世溥《韻蕞》的存目提要：

> 《韻蕞》一卷（江蘇巡撫採進本）　國朝徐世溥撰。世溥有《夏小正解》，已著錄。此其所著韻書，前有自序，其所謂華嚴字母，如曲澗泉行；諸韻遞及，如九歷重階；四聲順次，如司天刻漏。經世交切，如機中纖綿，後復為圖以釋之，所見未嘗不合。至其論韻，則以《洪武正韻》為主，而於《廣韻》似未寓目。第執今所行《平水韻》，以上下古今之韻學，隘矣！又欲於三十六母影、喻之外，增以烏、汪等母，與其辨上下平之說，大抵皆師心自用之學也。[9]

《韻蕞》今亦亡佚，但大抵可知是以華嚴字母為綱領的著作，「曲澗泉行」、「九

8　　《欽定四庫全書總目》，《景印文淵閣四庫全書》，冊 1，頁 941b-942a。
9　　同上註，冊 1，頁 934a-b。

歷重階」、「司天刻漏」、「機中織綿」等語頗為玄虛，無法得知其確切所指，但
從其以《平水韻》論韻而言，大概並非高明的音韻著作。

　　此外又有將華嚴字母及韻表應用到訓詁的例子，如方以智《東西均》考證
「茶」字古今中外的音變，即曾舉華嚴字母「陀」為證；[10] 考證古田、陳相通，
亦引揭暄（1613-1695）對華嚴字母中柂和茶字的說明為例；[11] 考證上古真、先
二部的關係，也同樣引用華嚴字母。[12] 這些都是使用得當的例子，但也有不正確
的考據，如《通雅》卷十：

> 阿阿、則則，猶喝喝、惻惻也，又作側側、測測。〔……〕智按：《毛
> 傳》「憂憂」猶「測測」也。喝喝，字見焦弱侯《刊誤》。或曰：華嚴
> 字母以阿阿為第一音。[13]

華嚴字母的「阿」字不連讀，頂多只是在從音字的前和後各自出現，用來解釋
「阿阿」一詞非常牽強。再如王先謙《釋名疏證補》所引：

> 項，确也。堅确受枕之處也。（畢沅曰：确，胡角反，項轉入聲則近
> 确，故曰「項，确也」。《說文》：「确，礐石也。」礐，堅也，故曰「堅
> 确」。《廣韻》引此「确」字作石旁甬，訛。葉德炯曰：畢說非也。項
> 之入聲不成字，成國〔引案：劉熙字成國〕此釋，葢取雙聲言之。今以
> 華嚴字母推之，項、角〔引案：疑「确」之誤〕為同出匣紐，是喉音中

10　「《爾雅》之檟，古謂之茶，西域謂之陀，亦謂之擇，吳謂之㕵，閩謂之德，中原謂之茶，是
　　皆一物也，方言時變異耳。（古無家麻韻。《漢書》茶陵即今茶陵；《華嚴》陀字《大品般若》
　　作茶，《觀經》作擇；曼陀羅作曼荼羅，可證。）」方以智著，龐樸注釋：《東西均》（北京：
　　中華書局，2001 年），頁 30。

11　「道家《田子》二十五篇，名駢，游稷下，號天口駢。《呂覽》作陳駢，蓋古田、陳通音。（暄
　　曰：『華嚴柂、茶字母，第九韻並列，可證。』）《通雅》，《方以智全書》，冊一上，頁 163。

12　「華嚴字母第八列，因、年、天、田並列，可知西音亦然。」案年、天、田三字收入《集韻》
　　諄韻，為上古音之子遺，韻圖亦據以收入臻攝。同上註，冊一下，頁 1499。

13　同上註，冊一上，頁 392。

之全濁等。成國時此二字音讀，當亦與華嚴近也。［……］）[14]

葉德炯的論證方法也讓人難以理解，他把華嚴字母視為古音材料，並按此推斷「項」、「角」二字同屬匣紐。「項」、「角」二字分屬中古去聲和入聲，在華嚴字母韻表中根本沒有出現，何況「角」字根本不屬匣紐（中古見母），也不屬喉音，疑為「确（胡覺切）」之誤。不過即使是「确」字，如何用華嚴字母可以推定與「項」字同屬匣紐，仍然是個謎團。清人對華嚴字母的闡釋，有點超出今人的想像，即不但以此為佛教字門和唱韻的材料，甚或包括與現今聲韻學常識迥異的上古音概念。

二、對二合、三合性質的誤解

　　韻表中的二合和三合字，超出了傳統三十六字母範圍，因此對於明清學者來說頗為誘人，如《音聲紀元》認為三十六字母「世多重之，既不能如邵子之知來，又不能如華嚴之二十四字［引案：當為四十二字］，可以生一合、二合，殊為非佳」，[15] 充分認識到三十六字母在該括普世語音上的侷限。然而這些二合、三合字母應該如何讀法，則一直是個難題。以通行本韻表而言，只有 28 曷羅多和 32 訶婆的代表字全部入韻，其餘二合字門則只有末字入韻，使人感到疑惑，趙宧光《悉曇經傳》甚至認為「二合已上者無字當之，或獨唱二合之末字，亦自成叶。不然，具其法而置其書可也」，採取放棄的態度。[16] 袁子讓《字學元元・華嚴字母辨》則提到：

　　［……］獨其中有二字、三字一唱者，予竊疑之。夫天地以一生物，斯道以一貫萬，豈有二字而共為一母者？將從首字唱乎？從次字唱乎？

14　王先謙：《釋名疏證補》，《續修四庫全書》影印華東師範大學藏清光緒二十二年思賢書局刻本，冊 190，頁 69a。

15　《等切元聲》，《續修四庫全書》，冊 254，頁 732a。

16　《悉曇經傳：趙宧光及其〈悉曇經傳〉》，頁 7。

抑並唱之乎？觭唱之非二字一母也，並唱之是又兩母也。至二字一唱
之下，所押之韻，予又疑焉。夫圖橫為母，直下為十二韻，諸單母皆
用之，獨二字一唱者，如瑟吒字〔引按：指「瑟吒」字門〕下止用尸、書、
師三字，〔……〕曷攞多三字一唱者，又何以三字俱押也？索其故而未
得，故援此兩唱之例盡押之。〔……〕[17]

袁子讓的疑問可以分為兩點，其一是關於複聲母的讀法，如「瑟吒」應該先唸
「瑟」再唸「吒」，還是兩字一起讀？怎樣一起讀？明清漢語中已不存在複聲母，
因此面對二合字時茫無頭緒。即使到了今天，不少僧人唱誦韻表時，仍有把二
合、三合字門分讀的情況。其次是二合首字、三合首二字的韻母問題，如袁子
讓提到的兩個字門：

14 瑟吒　尸張　尸微　書中　書朱　尸朝　師裡　尸知　尸珍　師氈
　　尸砧　師詀　師韂
28 曷攞多　杭郎當　恆楞登　洪籠東　胡盧都　毫勞刀　孩來齋
　　奚黎低　賢嶙顛　寒闌單　⟨言⟩林⟨顛⟩　含藍耽　侯婁兜

14 瑟吒（ṣṭa）中對應於 ṣ（瑟）的代表字只用了尸、書、師三字，並未按十二
韻改動韻母，但 28 曷攞多 rtha 中「曷」和「攞」的代表字卻順着十二韻而有所
變化。韻表對這兩個字門的安排前後不一，的確有其缺陷之處，尤其「尸」、
「師」理應同音，並沒有改換的必要。如表達 ṣṭaŋ 一音，作「尸張」[ʂɿ tʂaŋ] 較
能模擬複輔音中 ṣ 慢讀時接近 ʂɿ 的狀態，如果讀為 [ʂaŋ tʂaŋ] 則完全不像。「書
中」、「書朱」則以合口的「書」配合口的「中」、「朱」兩字，考慮到拼合順暢
度的問題。

　　《大理叢書》本同樣考慮到開合口的問題：

瑟吒　式張　式微　書中　書朱　式朝　瑟裡　式知　瑟珍　瑟

17　《五先堂字學元元》，《續修四庫全書》，冊 255，頁 321a。

彸　式砧　瑟詁　式輴[18]

首字大都改為入聲字，可知《大理叢書》本記錄者的方言已入派三聲，故此可
以作為開口音節與下字連成二合字。無論是《大理叢書》本還是通行本的韻表
作者，對於如何表達音素中的介音和多餘的韻母，下了一定的功夫，讓二字讀
起來就像一字，盡量突破漢語的限制。韻表作者安排二合首字、三合首二字不
入韻的做法十分正確，可惜袁子讓並不明白，反而改掉了這些不入韻的字：

瑟吒　霜張　生微　春中　書朱　燒朝　篩梩　尸知　身珍　羶彸
深砧　苦詁　收輴[19]

結果無法體現「二合」聲母的原意。

　　誤解二合三合之義的，還有陳薑謨（?-1679?）《元音統韻》。陳薑謨有感
於「《華嚴字母》能誦緯［引按：指韻母］，不能誦經［引按：指聲母］」，因
此有心改造韻表，當中「釋家謂其教有二合三合音，儒家無有，從來吾儒細論
聲音家，原不多見，豈能窺至二合三合？」[20] 書中提出「字必三合」的理論：

　　　每發一字，必有氣聲和三者，混合成音，而氣則首尾貫足，見前韻母
　　　條下。今細疏之，氣先至，遏而徐出，將發而為聲之際，有一點鋒
　　　芒，他人若聞若不聞也者。若合口韻「公」字若「姑」，「空」字若
　　　「枯」，以至「戎」字若「日模」之類。［⋯⋯］收入之際，他人又若
　　　聞若不聞也。［⋯⋯］[21]

他認為華嚴字母的二合、三合「不過是番語急言也」，「如『公』字發氣為『姑』，

18　《大理叢書・大藏經篇》，卷四，頁306。整理者嘗試復原表中漫漶之處，頗有錯誤，逕改。
19　《五先堂字學元》，《續修四庫全書》，冊255，頁320a。
20　陳薑謨：《元音統韻》，《四庫全書存目叢書》影印山東省圖書館藏清康熙五十三年（1714）范
　　廷瑚刻本，冊215，頁39a。
21　《元音統韻》，《四庫全書存目叢書》，冊215，頁27b。

出聲為「公」，收為「翁」。若「姑公翁」急出為一，亦仍番語而已。」[22] 這種說法，與沈寵綏《度曲須知》中的「三音合切」略為相似，即將音節分為字頭（聲母，或含介音）、字腹（介音及主要元音）、字尾（韻尾）。[23] 不過沈寵綏的做法是「試以『西鑾鳴』三字連誦口中，則聽者但聞徐吟一『蕭』字」，[24] 即字腹以介音（或零聲母）起首，陳藎謨則保留了聲母。韻表中的三合形式為「杭郎當」，三字均帶聲母，陳藎謨對三合的理解當然完全不符韻表，但書中即以「三合」為綱領建設韻圖。

　　《元音統韻》目錄有「三合華嚴字母圖」和「三合方位空圖」，前者正文中作「元音統韻三合方位正華嚴字母圖」，橫列三十六字母，豎立三十六韻，只列平聲，每位皆以三字表達，如第一行見母為「姑公翁　居朼雍　基乤伊……」[25] 據陳藎謨所說，「茲圖序七音，備平貫仄，以盡其蘊，非僅為華嚴母正遺複也」，[26] 而且要求像華嚴字母韻表一樣唱誦：

> 橫讀以出音，音止三合，無慢聲，直唱以出母。母多餘響，有慢聲，因有節奏。唱一母完，傚華嚴梵聲收接云：「唱公（各母換頭）字時，普願法界眾生，入皇極統韻法門」，雖無定腔定板，約如梵聲唱之，止可口授，難以文傳。[27]

至於「三合方位空圖」，陳藎謨則謂「夫人每用心於形，而不用心於神」，因此「僅列韻母三十六聲而斜標之」，[28] 即只列出若干三合字作提示，其餘全部留白，令學習者可以練習唱韻，其設計雖然清晰可從，但對音素的理解似乎沒有太大幫助。

22　同上注，冊 215，頁 51a。

23　可參閱李惠綿：〈沈寵綏體兼南北的度曲論〉，《臺大中文學報》第 33 期（2010 年），頁 305-306。

24　沈寵綏：《度曲須知》，《四庫全書存目叢書》影印北京大學圖書館、北京圖書館藏明崇禎刻本，冊 426，頁 671a。

25　《元音統韻》，《四庫全書存目叢書》，冊 215，頁 52a。

26　同上注，冊 215，頁 53b。

27　同上注，冊 215，頁 60a。

28　同上注，冊 215，頁 60a。

三、華嚴字母與字母增刪

　　字母增刪是明清等韻學的主要議題之一，不少著作突破了傳統三十六字母的格局，根據其韻圖架構而重新訂立字母。趙蔭棠總結明清聲韻文獻中對字母數的説法，認為可分為兩大類：一類是北派，受《中原音韻》影響，主要刪去全濁聲母，數量在 19-24 之間；另一類是南派，受《洪武正韻》影響，保存全濁聲母，但刪去編者認為三十六字母中重複的聲母，字母數為 27 或 32。[29] 耿振生進一步從韻書或韻圖的性質，仔細分為三類，甲類反映時音，如反映官話方言區系統的按微、疑二母的存廢，字母數在 19-21 不等；其他方言區的字母數為 15 至 31 不等。乙類反映古音，恪守三十六字母系統，亦有局部改良三十六字母，刪去知、徹、澄、娘四母而為三十二字母。丙類反映混合型音系，仍屬於審時派，字母數視其混合情況而定。[30]

　　反對刪削字母的，莫過於江永（1681-1762），其《音學辨微》痛斥增併字母的人「鹵莽滅裂」：

> 三十六母，各有定位，如度上分寸，衡上銖兩，不可毫釐僭差。[……] 言字母者，鹵莽滅裂，未能細審字音，迷於齒舌，溺於方隅，或自撰音切，失其倫理，反譏前人立母有誤，謂某字複也宜併，某音缺也宜增，某句失其序也宜易，是漫滅分寸銖兩，自以己意為伸縮。[31]

江永認為三十六字母是公用的語音標準，不應用各自的系統取代。

　　周春《悉曇奧論》對這一問題提出更為透達的解釋，書中有「論加減字母」一節，列出十六家的字母數並加以評述，認為「其法愈精，其理愈晦，終不若恪遵舊譜之為得也」。[32] 書中又提及何良俊（1506-1573）《四友齋叢説》對沈寵綏《度曲須知》「字母堪刪」説的評價，沈寵綏提出「三音合切」，認為「當年

29　《等韻源流》，頁 139。
30　《明清等韻學通論》，頁 142。
31　《音學辨微》，頁 7b-8a。
32　《悉曇奧論》，無頁碼。

集韻者，誠能以頭、腹、尾之音，詳切各字，而造成一韻書，則不煩字母，一誦了然，豈非直捷快事？」[33] 何良俊認為此說為確論，周春則不甚認同：

> 按既悟以後，則字母可棄，若先議刪，何以為入門訣？此不通之論，而元朗〔引案：何良俊字元朗〕以為確論，何耶？[34]

值得注意的是，周春並不如江永般態度堅決，認為字母萬不可刪，而是以字母為入門的基準，因此「既悟以後，則三十六母，引伸觸類，左右逢（逢）源，又何必區區於字母哉？」[35] 或許由於周春以華嚴字母悟入，看到諸經的字母數並不一致，因此對於字母數並不太執着。阮元替周春的《小學餘論》撰序，即稱賞「其駁何氏叢說曰：既悟之後，則字母可刪。然則字母者，亦學者之筌蹄而已」，[36] 承認字母只是一種協助入門的工具。

　　至於支持增刪母的意見，大多認為「則其所列為三十六母者，必無複無漏而後可也」，[37] 這些著作可以再分為幾類：

（1）第一類如《韻略易通》（1442，二十母），完全根據時音增刪字母；
（2）第二類如《青郊雜著》（1581，七十四母）、《元韻譜》（1611，七十二母），雖認為「先輩制三十六母，其中多有重複」，但再刪削之餘，又按四呼（科）再分拆字母，[38] 實際上的聲母仍在 20 前後。主張二十母者往往對二十之數頗為執着，如《五聲反切正均》謂：

33　《度曲須知》，《四庫全書存目叢書》，冊 426，頁 672a。
34　《悉曇奧論》，無頁碼。
35　同上注。
36　周春：《小學餘論》，香港中文大學圖書館藏清刻本，序，頁 2a。
37　潘耒：《類音》，《續修四庫全書》影印上海辭書出版社圖書館藏清雍正潘氏遂初堂刻本，冊 258，頁 6a。
38　《青郊雜著》「七十四母者，合四科五位諸品，得數七十有四也」，《元韻譜》「於舊三十六位，刪之為十九，四焉而為七十六，去蒙音四，得七十有二。」桑紹良：《聲韻雜著一卷文韻考衷六聲會編》，《續修四庫全書》影印北京大學圖書館藏明萬曆桑學夔刻本，冊 255，頁 9b-10a。喬中和：《元韻譜》，《續修四庫全書》影印國家圖書館分館藏清康熙梅墅石渠閣刻本，冊 256，頁 16a。

且悉曇、金剛、文殊問五十字母，華嚴、大般若用四十二，舍利
用三十，琪、溫用三十六，以後或取二十四，或取二十一，今酌
二十，此中自有不定而一定之玅，可顢頇乎？ [39]

「自有不定而一定之玅」的說法，可謂牽強。又如鄒漢勛《五韻論》
以為《大般涅槃經》不認同華嚴字母之法，謂「以稽于字母，實為
二十字，無四十二之法也。[……] 知四十二之無根據久矣，又奚論
三十六哉！」[40] 鄒漢勛認為字母從西域傳來，因時地相隔，讀音已不
能同於中土雅讀，因此對三十六字母抱持懷疑的態度。然而最有趣的
是，鄒漢勛自言刪削字母，帶有存古的成分，與其他主張二十母的學
者不同：

自元明以來，持廿聲以譜音者，豈伊無人，坐不存古而槧之耳。戴
氏之《聲類表》，亦持二十聲，而又存古，乃極不願說字母之人，
而亦為字母所縛，字母之神力亦博矣哉！吾為是故，故甚欲存古
也，存古所以填空而均積（于所本有者而亡之謂之空，于所本無者
而益之謂之積），非徒以矜奇而駭俗也。[41]

（3）第三類帶有綜合各地方言音位的嘗試，正如方以智《通雅》「音有定
而字無定，切等既立，隨人填入耳」的倡議，[42] 只要設立了音節的「最
小公倍數」，則各地的方音也可依次填入韻圖中。又如第一章提到趙
宧光的《五聲表》企圖「窮音韻之全體也，南音所不足，以北音輔之；
北音所不足，以南音輔之；元等所不足，以梵字補之；三者皆不足，

---

39   吳烺：《五聲反切正均》，《續修四庫全書》影印華東師大圖書館藏民國二十一年《安徽叢書》
      編印處影印南陵徐氏藏杉亭集原刻本，冊258，頁530b。

40   鄒漢勛：《五韻論》，《續修四庫全書》影印中國科學院圖書館藏光緒四年本，冊248，頁
      354b-355a。

41   同上註，冊248，頁354b-357b。

42   《方以智全書》，冊一下，頁1471。

以方俗具有之聲補之」，[43] 即這類韻圖的原理的最佳説明。以下介紹這一類韻圖中與華嚴字母相關的幾種文獻。

馬自援《等音》設二十一母，即三十六字母中刪去知、徹、澄、娘、全濁聲母及敷母，馬自援懷疑此數與華嚴字母有關：

> 然細推其意，梵圖橫列共似十二母，按援新圖二十一母，上下平亦共四十二位，此或上下平之並列者歟？[44]

至於林本裕《聲位》更設了所謂◎、瑟吒（14 ṣṭa）、呵婆（32 hva）、曷羅多（28 rtha）四母。〈◎母説〉中描述了這個聲母的讀法及原理：

> ◎母者，有其音而無字，姑畫一形似以狀之。三〇者，取以像三極之貫，其聲畧近唵、過，而脣舌牙齒俱不動，五音會於中宮也。其氣有出而無入，如雷鳴，如虎吼，凡物俱有此聲，音狀難盡。[45]

這個聲母代表雷鳴虎吼一般低沉之聲，其説玄之又玄。林本裕對◎母的解釋實際上來自方以智《通雅・切韻聲原》，方以智認為「◎為喉根」，「此聲本也，即聲餘也」，讀音「略近恩、翁，而脣舌牙齒不動，然有鼻◎臍◎」。[46] 方以智又提及◎即優佗南（梵文 udāna），「是風觸七處，中土不用◎而無不用」，[47] 除了是聲母（ʔ-）外，還可以代表韻尾（-ʔ 及鼻音韻尾）。[48] 方以智認為◎所代表

43　《説文長箋》，《四庫全書存目叢書》，冊 195，頁 111b。

44　《等音聲位合彙》，《雲南叢書》，冊 4，頁 1781a。

45　同上注，冊 4，頁 1810a。

46　《方以智全書》，冊一下，頁 1476，1478，1507。

47　同上注，冊一下，頁 1511。案《大智度論》卷六：「如人欲語時，口中風名憂陀那，還入至臍，觸臍響出，響出時觸七處退，是名語言。」（T25, no. 1509, p. 103a15-17）又宗密《圓覺經大疏釋義鈔》卷十一：「臍下一寸，名憂陀那，此云丹田。」（X09, no. 245, p. 712b14-15 // Z 1:14, p. 458b1-2 // R14, p. 915b1-2）

48　洪明玄《方以智音學研究》（新北市：花木蘭文化事業有限公司，2018 年），下冊，頁 188-190，199-200，204。

的喉音是聲音之本，而且「外國喉音獨多」，「華嚴、悉曇、回回、泰西可以互推」，[49] 雖點出其與華嚴字母對應之處，但並非直接來源於字母。至於瑟吒、呵婆、曷羅多三個複聲母「中國雖無其字，未嘗無其音，獨是不曾留意，遂不覺耳」，然而只立這三個複聲母，仍然無法歸納出複輔音的組合方法。林本裕稱◎母為「五音會歸」，稱瑟吒、呵婆、曷羅多為「二合／三合成音」，但韻圖中均有行而無小韻。

　　類似的做法還有龍為霖《本韻一得》（1750 序），可謂「本林氏之《聲位》而加厲者也」。[50] 此書將華嚴四十二字母之數，顛倒而為二十四，「十二律配十二月，倍之為二十四，以應二十四氣」，[51] 因此共設二十四母，周春批評此舉「牽合律呂，不免師心」。[52] 龍為霖還逐一將二十四母與華嚴字母、《皇極經世‧聲音唱和圖》比較，當中有三個聲母無字可表：[53]

○（瀼松切）	舊圖缺	華嚴娑麼合母	經世□□
○（如宗切）	舊圖缺	華嚴室左合母	經世 拆 茶
○	舊圖缺	華嚴曷欅多三合母	經世缺

龍為霖的解釋如下：

　　第十六［引案：即○（瀼松切）］、二十二［引案：即○（如宗切）］、二十四［引案：即○］三母，皆舊圖所無，何從取而益之乎？曰：天聲地音，生成位列，一字不容增減。缺十六，是微音讀少應聲矣。《經世》於「草曹思寺」之後，列四空圈，有音無字，即此母也。廿

49　《方以智全書》，冊一下，頁 1513。案《東西均》亦有阿為喉音之論：
　　考藏中阿與唵、遏同聲，乃黃鍾之本，所謂阿字門一切法不生，而實具一切法，故人下地得此一聲，此萬國風氣之所同也。本於臍輪之喉音，而發則為角。
　　《東西均》，頁 169。
50　《等韻源流》，頁 243。
51　龍為霖：《本韻一得》，《四庫全書存目叢書》影印北京圖書館分館藏清乾隆十六年刻本，冊219，頁 773a。
52　《悉曇奧論》，無頁碼。
53　龍為霖：《本韻一得》，《四庫全書存目叢書》，冊 219，頁 770b-771b。

二音在「戎」、「宗」之間，恰是角徵紹介，列於後者，二變相從，便
人唱讀耳。末三合一音，雖中原罕用，但宇宙既具此聲籟，即欲抹煞
不得。[54]

即分別因填補《皇極經世》z- 音的空缺、便於唱讀、涵括宇宙聲籟等原因而收
入，[55] 其解說仍然頗為難懂，○（濱松切）和○（如宗切）也和華嚴字母娑麼、
室左關係不明。此外又有三個字母與華嚴字母的二合字相配：

烘	舊圖曉母	華嚴訶婆合母	經世黑黃
○（巫峯切）	舊圖微母	華嚴娑頗合母	經世武文
（峩）	舊圖疑母	華嚴娑迦合母	經世五吾

這三個字母均屬單輔音，而居然與華嚴字母的二合字母相配，顯得不倫不類，
無法理解其邏輯何在。龍為霖還聲稱少時已有二十四聲的構想，「比見華嚴韻母
天然印合，益復自信」，但其中配合之法，多有不能理解之處。《聲位》和《本
韻一得》渴望歸納各聲，但由於對音素的掌握不足，只能依據華嚴字母而設立
虛位。

　　另一些著作則大量列出各家字母的數目，當中也包括華嚴字母，如李元
《音切譜》（道光年間，列 11 家）、[56] 李汝珍《李氏音鑑》（三十三母，列 26 家）、[57]
許惠《等韻學》（三十八母，列 30 家以上）等。[58] 當中李汝珍所列的包括自己所
創作的松石字母譜，及親友所作的字母詩詞，被許惠嘲諷為不足一噱：

至蘭廷秀《韻略易通》字母〈早梅詩〉、徐香垞〈續蘭廷秀字母詩〉、
徐藕船〈音繩字母詩〉、許月南《音鵠》〈醉太平〉字母詞、許石華〈鳳

54　同上注。

55　王松木：〈墜入魔道的古音學家 ── 論龍為霖《本韻一得》及其音學思想〉，《清華中文學報》
　　第 8 期（2012 年），頁 95。

56　《音切譜》，《續修四庫全書》，冊 246，頁 7a-9a。

57　《李氏音鑑》，《續修四庫全書》，冊 260，頁 452b-454b。

58　許惠：《等韻學》，《續修四庫全書》，冊 258，頁 793b-794a。

鳳閣〉字母詞、徐聲甫〈錦纏道〉字母詞、吳容如、徐古漁、李松石
〈行香子〉字母詞，尤屬意想情願，勉強牽就，成為遊戲，不足一噱。[59]

當中以許惠所引最為豐富，除了宋元明清諸家以外，還列舉了「金尼閣字父
三十」、「悉曇五十二」、「耶穌五十」、「蒙古四十一」等非中土的材料。

李汝珍指出華嚴字母「如多、婆、伽母俱二，娑母三，茶母、柂母四，以
今音辯之，似多未合，或別有取義，未得其詳」，[60] 對華嚴字母的結構似乎仍不
甚了了。他據此定為三十三母，並作松石字母譜：

> 或曰：［……］敢問華嚴四十二母，及同母十三韵，以今音辯之，類
> 多關複，子將何以刪易而符今時之音耶？對曰：珍於字母，刪與今異
> 者十九，而益未備及南音十；至同母之韵，刪與今異者二，而益今音
> 十一。此則竊就蠡測所及，惟期音賅南北，故與前人之作，不無小
> 異，然大旨則同耳。[61]

李汝珍取消了全濁聲母，按平仄分立於清聲母送氣及不送氣之下，如幫母對應
「博」、「便」二母，滂母對應「飄」、「盤」二母等，然而二合、三合和聲母重
複的字門只有 18 個，李汝珍到底增刪哪些字母仍然不明。

上述諸家無論是增刪字母，還是收集各家字母數的說法，多少都有廣收聲
母，記錄普世音系的企圖。然而這一宏大的理想，卻因對華嚴字母的結構，以
至對音素的掌握不足，而僅流於形式。真正接近這一理想的，除了《同文韻統》
以外，還有劉獻廷《新韻譜》，以下將分析《新韻譜》與華嚴字母的關係。

---

59   同上注，冊 258，頁 794a。
60   《李氏音鑑》，《續修四庫全書》，冊 260，頁 462b。
61   同上注，冊 260，頁 461a。

四、普世的音系：劉獻廷《新韻譜》對華嚴字母的揚棄

　　劉獻廷與唱韻關係密切，同時也對二十世紀國語注音運動有重要貢獻，文字改革出版社更曾於《拼音文字史料叢書》中收入《劉獻廷》一書（1957 年）。本書序論中已提及劉獻廷的唱韻師承，其實劉獻廷的韻學淵源極為豐富，見於全祖望〈劉繼莊傳〉：

> 其生平自謂於聲音之道，別有所窺，足窮造化之奧，百世而不惑。嘗作《新韻譜》，其悟自華嚴字母入，而參之以天竺陀羅尼［引案：即梵文］、泰西蠟頂話［引案：即拉丁語］、小西天梵書［引案：即藏文］，暨天方［引案：即阿拉伯］、蒙古、女直［引案：即女真］等音，又證之以遼人林益長之說，而益自信。[62]

按全祖望的說法，華嚴字母屬於「悟入」的門徑，也是《新韻譜》的主要材料，而其他語言只是「參」。全祖望所舉出的這些外語材料，可以和劉獻廷《廣陽雜記》卷四中批評吳修齡（吳喬）的話相對照：

> 先生［引案：即吳修齡］雖發悟于華嚴字母，而〈金剛頂大海陀羅尼〉暨涅槃十四音，未嘗寓目，于五天梵音半滿字學茫然也。［⋯⋯］蓋先生于天竺陀羅尼、太西蠟［引案：疑闕「頂」或「等」字］話、小西天梵書，暨天方、蒙古、女直等音，皆未究心，其所為聲韻學者，特震旦一隅之學也。[63]

劉獻廷儼然以語言大師自居，在貶斥吳修齡「特震旦一隅之學」的同時，隱含自己超越漢語，參悟普遍語音知識的意味。劉獻廷更自言對「琉球紅夷字」「正

62　全祖望撰，朱鑄禹彙校集注：《全祖望集彙校集注》（上海：上海古籍出版社，2000 年），頁
　　523。
63　《廣陽雜記》，頁 211。

余所懸金而來，募賊以竊者」，[64] 足見其蒐羅各國文字語音的狂熱。雖然如此，連吳修齡也「發悟于華嚴字母」。劉獻廷寓吳下三十年，與吳修齡又曾討論學問，[65] 兩人俱因華嚴字母而悟入於聲韻，華嚴字母在二人的學術討論中所佔地位可以想見。

〈劉繼莊傳〉又提及「又證之以遼人林益長之說，而益自信」，林益長即林本裕，前文已提到林本裕《聲位》如何據華嚴字母增設虛位。劉獻廷對林本裕的關注，也和華嚴字母有關：

> 益長之學得之盤什 [引案：即馬自援] 為多，以開、成、轉、縱、合，配宮、商、角、徵、羽，即陰、陽、上、去、入也。暨照華嚴字母十二位，別立閏位一，共十三攝。橫開二十五聲，華嚴字母之二合三合，皆具一焉。[66]

除此以外，劉獻廷憶述「樵李陳嘯庵 [引案：即陳蓋謨] 先生著有《皇極韻統》一書，亦精音韻，余雖得一晤，而不及久作盤桓」，[67] 陳蓋謨的《元音統韻》亦參考了華嚴字母。因此劉獻廷曾請益韻學的時人，均與華嚴字母有密切的關係。

劉獻廷的韻學研究，理應帶有濃烈的華嚴字母色彩，然而劉獻廷的《新韻譜》卻非如此。此書原書已佚，羅常培甚至認為沒有定刊，但其梗概仍見於《廣陽雜記》。其內容頗為複雜，先全文引錄，然後再逐一說明，並列出羅常培的擬音以供參考：[68]

> 壬申 [引案：即 1692 年，時獻廷 44 歲] 之夏，于衡州署中，初定韻譜。先立鼻音二，鼻音聲韻之元，有開有合，各轉陰、陽、上、去、

64　同上注，頁 150。

65　《廣陽雜記》中有「與吳修齡論『業』字之義」條。同上注，頁 209。

66　同上注，頁 118-119。

67　同上注，頁 144。

68　同上注，頁 152-153。羅常培：〈耶穌會士在音韻學上的貢獻〉，《羅常培語言學論文集》（北京：商務印書館，2004 年），頁 303-305。

入之五音，共十聲，而不歷喉、腭、舌、唇、齒之七位，故有橫轉而無直送。橫轉為平、上、去、入，而平聲則有陰、陽，故五。等韻惟不達此，故多重疊。

鼻音只有兩個，似乎與北方方言 -m 的消失有關，而與韻表中保留 -m、-n、-ŋ 三類鼻音韻尾不同。以聲調歸屬鼻音的做法也十分新穎，似乎已將鼻音視為音節輔音（syllabic consonant）。

鼻音（2）		陰陽上去入	得 10 聲
	開 n 合 ŋ	（橫轉）	

次定喉音四為諸韻之宗。太西蠟等話以○、阿、咿、嗚、午之五音為韻父，然午即烏之橫轉上聲，女直國書則有六音，而第六字實即第五字也。蓋外國皆不知有橫轉之五音，故有此惑。惟梵音十二字，恰合此式，然喉鼻不分，則父子無別矣。今定○為喉之喉開之開，阿為喉之腭開之合，咿為喉之齒合之開，嗚為喉之唇合之合。四音定而萬有一千五百二十之聲，舉不出其範圍矣。是之為正喉音。

又從○字追出○字，為○之半音；從阿字轉出而字，為阿之轉音；從咿字想出○字，而見之于齒之○、思、茲、雌，故○之伏音；從烏字究至于字，于為烏之送音。○、而、○、于田〔引案：疑為「四」之誤〕字為變喉音。

太西蠟等話（拉丁語）「以○、阿、咿、嗚、午之五音為韻父」即 a、e、i、o、u 五音，其中 o 和 u 的分別，被描繪成「嗚」與「午」即聲調的分別。然而拉丁字母中 o 和 u 的讀音並不相同，而且 o、ō、u、ū 四音有長短之別，不能說 o 和 u 的區別在於聲調或長短，更不能說「外國皆不知有橫轉之五音〔即聲調〕，故有此惑」。女直國書「第六字實即第五字也」，同樣指滿文中的 u 和 ū 也是聲調的分別。劉獻廷產生這種誤解，大抵是不熟習拉丁語和滿語，只憑對音的漢字直接分析。梵漢對音中往往利用漢字聲調來區分長短元音，因此劉獻廷認為

「惟梵音十二字，恰合此式」，其實並不正確。劉獻廷據此刪除「重複」的「午」音，只立四正喉聲，這從記錄當時的實際語音而言或許正確，但從總括各地方音，甚至其他語言的聲韻總數而言則肯定有誤。

喉音 （4→8）	正喉音		變喉音
	○（喉之喉開之開）ɑ	→	○（半音）ε
	阿（喉之腭開之合）ɔ	→	而（轉音）ɚ
	咿（喉之齒合之開）i	→	○（伏音）ɿ
	嗚（喉之脣合之合）u	→	于（送音）y

又以開口鼻音為韻，分配○、阿、咿、烏，則為鴦、韸、英、翁，此四音為東北韻宗。又以開口鼻音〔引案：此處與上句之「開口鼻音」，其中一個恐作「合口鼻音」〕為韻，配以○、阿、咿、烏，則為西南韻宗。此八音立，而四海之音可齊矣。

這段文字中兩次出現「又以開口鼻音為韻」，不知道哪個才是「合口鼻音」之誤。[69] 而且第二組「又以開口鼻音為韻」並沒有例字，很難確定其韻尾是什麼。這八個韻算入下文的「喉、鼻相互交合」中。

開（?） 口鼻音為韻	○ 阿 咿 烏	+	開（?） 口鼻音	=	鴦 ɑŋ 韸 ɔŋ 英 iŋ 翁 uŋ	東北韻宗	得 8 音 （計算在「喉、鼻相互 交合」中）
開（?） 口鼻音為韻	○ 阿 咿 烏	+	開（?） 口鼻音	=	? ɑn ? ən ? in ? un	西南韻宗	

69　《續修四庫全書》所收《廣陽雜記》抄本，第一句「又以開口鼻音為韻」，「開」字下被加上「變」字，不知是抄者抑或校者所加。因此「開口鼻音」的問題暫時沒有辦法解決。劉獻廷：《廣陽雜記》，《續修四庫全書》影印南京圖書館藏清同治四年周星詒家抄本，冊 1176，頁 613b。

次以喉自互交合，凡得音一十有七，喉、鼻相互交合，得音一十。又哀、爐二音，有餘不盡，三合而成五音，共三十二音，為韻父。韻歷二十二位，則韻母也。橫轉各有五子，子凡若干。萬有不齊之聲，無不可資母以及父，隨父而歸宗，因宗以歸祖，由祖而歸元。

羅常培雖然根據北京語音擬構「喉自互交合」，但羅常培包含了八個喉音單元音，似乎和「喉自互交合」的名目不符。羅常培也無法完全復原 32 個「韻父」，「喉、鼻相互交合」到底是哪 10 個也無法確認。這裏列出羅常培的擬音，並探討從理論而言，這些交合可得出多少「韻父」：

喉自互交合	8 喉音之間相互交合，理論上可得 56 個複合韻母	得 17 音（8 喉音＋ ai, au, əu, ia, iɛ, ua, uɛ, ɛi, yɛ?）	
喉、鼻相互交合	8 喉音與 2 鼻音交合，理論上可得 16 個韻母	得 10 音（8 個開／合口鼻音為韻＋yŋ, uŋ?）	共 32 韻父
哀、爐三合	複合元音「哀」、「爐」前後再配元音，理論上前後各得 16 個三合元音；扣去與「哀」、「爐」之韻頭或韻尾相同者即 28 個；如後配 2 鼻音成三合韻母則有 4 個，合計 32 個	得 5 音（iai, iau, iəu, uai, uɛi?）	
「韻母」（即聲母）22 個			

羅常培認為劉獻廷所擬的音系與北京音十分接近，周有光也提到這一設計與漢語拼音方案的韻母相近。[70] 然而按《新韻譜》的目標不只是依照實際語言記錄音數，理論上鼻音和喉音、喉音和喉音相配可得的韻母，遠多於劉獻廷所列出的32 音。劉獻廷對《新韻譜》十分自負，自言「萬有一千五百二十之聲，舉不出其範圍矣」，並認為可據此記錄天下方言：

70　　周有光：〈劉獻廷和他的《新韻譜》〉，北京市語言學會編：《語言論文集》（北京：商務印書館，1985 年），頁 264。

于途中思得譜土音之法，宇宙音韻之變遷，無不可紀。其法即用余《新韻譜》，以諸方土音填之，各郡自為一本，逢人即可印證。以此法授諸門人子弟，隨地可譜，不三、四年，九州之音畢矣。思得之不覺狂喜！ [71]

《新韻譜》有意成為一個可以備錄各地方音的框架，如無音素的意識，實在難以達成，因此譚慧穎認為劉獻廷「對韻部已能解析出『分部音』（即音素），並已大致懂得排列組合的妙用」。[72] 如果用現代語音學的角度看，四正喉音和四變喉音可以視為「定位元音」（cardinal vowels）一類的概念，劉獻廷甚至分為正、變兩類，把 8 個元音再分出 4 類較「基本」的元音，而且這 4 個元音中的「○」、「咿」、「嗚」，即對應主要元音 a、i 和 u。[73] 不過劉獻廷的定位元音列得不夠充分，在方言中遇到其他元音便無法記錄，《新韻譜》甚至沒有鼻化元音。

《新韻譜》的韻母框架中，並沒有明顯的華嚴字母痕跡，如決定喉音的數目時，劉獻廷只參考了是拉丁語和滿文，沒有提及其他語種。至於華嚴字母的字門本身只帶 -a 韻母，華嚴字母韻表雖然分了十三攝，但很難看出與八喉聲有什麼關係。至於「哀、爐三合」，襲用了華嚴字母三合之名，華嚴字母的三合本指輔音的相合，這裏劉獻廷卻將三合的概念挪用到韻母。劉獻廷曾批評吳喬「［吳修齡］二合之中，已不辨其多含，況三合以上乎」，[74] 可見劉獻廷對三合的應用十分自得。

《新韻譜》中沒有列舉具體聲母（劉獻廷稱為「韻母」），只是輕描淡寫的提到「韻歷二十二位，則韻母也」，原因應是《新韻譜》「不歷喉、腭、舌、唇、齒之七位」的設計。對於這二十二聲母，羅常培認為是在 18 個聲母之上，把影、曉、微、疑母分配為 ɣ、j、w、ɥ 四母而成，[75] 這種說法並沒有任何實質

71　《廣陽雜記》，頁 150。

72　譚慧穎：《西儒耳目資源流辨析》（北京：外語教學與研究出版社，2008 年），頁 172。

73　「阿」的轉音「而」，羅常培擬為 ɚ，轉音應指捲舌化（rhoticity）。按現代語音學的分析，捲舌化的元音不能視為一個獨立的元音，不過古人往往為捲舌元音另立一韻，如趙紹箕《拙庵韻悟》即列有 ɚ、a 兩韻。

74　《廣陽雜記》，頁 211。

75　〈耶穌會士在音韻學上的貢獻〉，《羅常培語言學論文集》，頁 305。

的證據，反而譚慧穎認為劉獻廷可能是「參考林氏的二十五聲，去其有音無字者」，[76] 這種說法值得重視。然而《等音聲位合彙》中所見的林本裕《聲位》聲母總數是 24 而非 25，當中虛位的聲母共 4 個（◎、瑟吒、呵婆、曷羅多），扣除後應當是 20 聲母，與《新韻譜》二十二之數不合。不過據劉獻廷記述，其所見的林本裕說確有 25 母：

> 橫開二十五聲，華嚴字母之二合、三合，皆具一焉。別有有音無字一位〔引案：當指◎母〕，為號識之。有字音者，亦止二十二位耳。[77]

劉獻廷在此明確指出有字音的聲母只有 22 個，而且二合、三合的聲母也只各有 1 個。如果按照這個說法，則劉獻廷 22 母之說，很可能就是（他所看到的）林本裕聲母系統中真正有字音的 22 聲母。

　　總結而言，從華嚴字母悟入，而且希望以《新韻譜》記錄各處土音的劉獻廷，竟然揚棄了華嚴字母的二合、三合字母，把林本裕據華嚴字母特創的聲母削去。華嚴字母號稱能記錄諸外語的方音，尤其二合、三合，為中土所無，劉獻廷把它們削去，是否已意識到林本裕把複合聲母作為一個音位處理，並無系統性可言？羅常培說明「《新韻譜》同《耳目資》必定有相當的關係」，[78] 劉獻廷窮盡辦法閱讀各國文字的同時，嘗試找出其普遍規律，並能夠初步達致音素的分析。然而他不但沒有使用華嚴字母的材料，甚至刪削華嚴字母的聲母，箇中消息可堪玩味。

76　《西儒耳目資源流辨析》，頁 173。
77　《廣陽雜記》，頁 119。
78　〈耶穌會士在音韻學上的貢獻〉，《羅常培語言學論文集》，頁 306。

第六章

聲音在清代的政治化：以華嚴字母為中心

一、乾隆與華嚴字母

　　清帝的文殊菩薩身份，在清廷的西藏和蒙古事務上扮演了極為特殊和重要的角色。在清代以前，忽必烈和明成祖亦曾被稱為文殊菩薩化身，但這些稱呼均在統治者逝世多年之後才出現，西藏和蒙古也並未以文殊稱呼當代帝王。[1] 順治十年（1653），五世達賴投書順治，抬頭稱順治為「文殊大皇帝」，達賴這一舉動的目的在於以宗教領袖的身份承認清主在蒙藏的政教地位，此後「文殊大皇帝」成為西藏信函中稱呼清帝的慣例。[2] 早在十五世紀，西藏已有以漢地之王為智慧之主文殊菩薩，西藏達賴為觀音化身，後來西藏更以蒙古哲布尊丹巴呼圖克圖為密跡金剛菩薩，呈現清、藏、蒙三主皆為菩薩的局面，[3] 統治者的菩薩身份帶有濃厚的政治意涵。

　　自此以後，作為文殊道場的五台山與清帝關係愈見微妙。早在「六十華嚴」中已描繪了「東北方有菩薩住處，名清涼山，過去諸菩薩常於中住；彼現有菩薩，名文殊師利，有一萬菩薩眷屬，常為說法」，[4] 而五台山的氣候與方位，正與清涼山相符，因此五台山便成為了文殊化跡的聖山，文殊在華嚴信仰的地位也日益鞏固。唐代密教借助皇權，在五台山建金閣、玉華二寺，不空又親自往五台山巡禮，並以文殊菩薩為護國佛教，使文殊信仰在唐末從五台山迅速推廣至全國。[5] 元明以來，青廟（漢傳佛教）和黃廟（藏傳佛教）並存於五台山，清

1　王俊中：〈文殊菩薩與滿州源流及其與西藏政教關係〉，《東亞漢藏佛教史研究》（台北：東大圖書股份有限公司，2003 年），頁 113。David M. Farquhar, "Emperor as Bodhisattva in The Governance of The Ch'ing Empire." In *Harvard Journal of Asiatic Studies*, Vol. 38, No. 1（1978），p. 19.

2　〈文殊菩薩與滿州源流及其與西藏政教關係〉，《東亞漢藏佛教史研究》，頁 89。Farquhar 將稱呼清帝為文殊菩薩的用例追溯至 1640 年，見 "Emperor as Bodhisattva in The Governance of The Ch'ing Empire." p. 19.

3　〈文殊菩薩與滿州源流及其與西藏政教關係〉，《東亞漢藏佛教史研究》，頁 109-110，123-125。

4　T09, no. 278, p. 590a3-5。

5　呂建福：〈五台山文殊信仰與密宗〉，《五台山研究》第 2 期（1989 年），頁 12，29-32。岩崎日出男進一步指出不空宣揚五台山文殊信仰，可能與其個人主張關係不大，唐代宗希望藉文殊實踐普賢行願信仰才是關鍵。岩崎日出男：〈不空三藏の五臺山文殊信仰の宣布について〉，《密教文化》第 181 號（1993 年），頁 40-57。

廷亦以五台山為藏傳佛教道場，清帝以文殊化身巡幸五台，其政教象徵不言而喻。順治、康熙和乾隆分別兩次、四次及六次巡幸五台，清帝一方面藉此表達滿蒙藏聯盟中的權威地位，並嘗試藉此解決藏蒙事務，嘉慶甚至將五台山視為邊境以內的「中華衛藏」；[6] 另一方面面向中國子民和漢傳佛教，顯現其聖主和文殊化身的形象。[7]

　　乾隆巡幸五台山也與聖母皇太后（即孝聖憲皇后，1692-1777）有關，[8] 其中第二次（1750）及第三次（1761）均奉母巡遊。第二次巡幸返京後，即模仿供養文殊乘獅利像的五台山菩薩頂，「將菩薩頂文殊都剛殿地盤尺寸、佛像、[法] 器等項俱畫樣」，在香山建立寶諦寺（1751 落成）。第三次巡幸適為聖母皇太后七十壽辰及乾隆五十壽辰，乾隆又仿五台山殊像寺，於香山建寶相寺（1767 年落成），並默記殊像寺的文殊菩薩像，命畫師丁觀鵬設色重繪。丁觀鵬所繪的兩幅文殊菩薩像現藏台北故宮博物院，論者以為丁觀鵬在第二幅中通過將文殊菩薩描繪得更為人性化與密教化，以表現乾隆的神性及權威，背後糅合了印度、中國、西藏與蒙古的信仰傳統。[9] 後來乾隆更複製了五台山殊像寺，在承德另建殊像寺；四十六年（1781）第四次巡幸五台山，乾隆途中曾聽《文殊菩薩本咒》「阿喇巴咱那底」（arapacanadhīḥ），[10] 又抄寫《文殊師利讚》（即不

6　　林士炫：〈中華衛藏：清仁宗西巡五臺山研究〉，《故宮學術季刊》第 28 卷第 2 期（2010 年），頁 147-212。

7　　傳統觀點（如周齊）認為康熙本人則對藏傳佛教沒有特別的喜愛，巡幸五台不過為了藏蒙事務；但新近觀點（如 Köhle）認為康熙同時也面向中國子民和漢傳佛教。周齊：《清代佛教與政治文化》（北京：人民出版社，2015 年），頁 126-129。Natalie Köhle, "Why did the Kangxi Emperor go to Wutai Shan？Patronage, pilgrimage, and the Place of Tibetan Buddhism at the Early Qing Court." In *Late Imperial China*, Vol. 29 No.1（2008），pp. 73-119.

8　　有關聖母皇太后篤信佛教，可參閱 Elisabeth Benard, "The Qianlong Emperor and Tibetan Buddhism," In James A. Millward et al.（ed.）, *New Qing Imperial History: The Making of Inner Asian Empire at Qing Chengde*, London, Routledge Curzon, 2004, pp. 129-130.

9　　Wen-Shing Chou, "Imperial Apparitions: Manchu Buddhism and the Cult of Mañjuśrī," In *Archives of Asian Art*, Vol. 65, Issue 1-2（2015），pp. 153-160.

10　乾隆〈題恒春堂〉：「六字真言聽梵唄」，注云：「文殊本咒曰『阿喇巴咱那底』，亦六字，與『南無阿彌陀佛』亦無異也。」董誥等編：《御製詩四集》，《景印文淵閣四庫全書》，冊 1308，頁 591a。

空譯《大聖文殊師利菩薩讚佛法身禮》）並將之譯為滿、蒙、藏文等。[11] 繼康熙
四十年（1701）刊刻滿、蒙、漢、藏四體《清涼山新志》，乾隆五十年（1785）
又下令重輯《清涼山志》為《欽定清涼山志》，可見清帝尤其是乾隆對五台山
以至文殊信仰及文殊身份的重視。

　　文殊不但與清帝有關，當時更有「滿洲」即「文殊」音轉的說法。乾隆
四十年（1775）承德殊像寺落成，乾隆有〈殊像寺落成瞻禮即事成什〉詩，自
注「曼殊師利，梵帙讀作平聲，其音近『滿珠』。故西藏達賴喇嘛等借（？）丹
書，借稱曼殊師利大皇帝。今俗訛『滿珠』為『滿洲』，非也。」詩中更稱
「雖然名實期相稱，師利應嗤謂是乎」，[12] 明顯地否認文殊與滿州的關係。翌年
（1776）乾隆又有〈殊像寺〉詩，並自注云「西藏每於新歲獻丹書，稱曼殊師利
大皇帝云云，蓋以『曼殊』音近『滿珠』也。」詩中對西藏稱其為文殊菩薩的
態度為「丹書過情頌，笑豈是真吾」，顯然並未完全信納這一說法。[13] 然而一年
以後（1777），乾隆卻命阿桂等撰《滿洲源流考》，卷一即附會「滿洲」為「曼
殊（師利）」，乃部族之名。[14] 誠如王俊中所指出，滿洲國號的出現，早在西藏
遣使來清之前，因此以滿洲與文殊有關肯定不正確，不過是臣下「揣測上意」
之舉。[15] 然而沒有乾隆的默許，這一說法不可能在《滿洲源流考》出現，畢竟乾

11　《秘殿珠林續編》卷一：「因詣五臺瞻禮，欲書《文殊師利經》，以為香林供奉。章嘉國師於全
　　藏中查得此函，皆佛祖心傳，不落空有，與《心經》同一指南。既書一部，供奉五臺，復書此
　　部，為《秘殿珠林》清玩也。」又乾隆〈寶相寺瞻禮〉詩注：「《大聖文殊師利菩薩讚佛法身
　　禮經》載漢經中，而番藏中乃無。去歲巡幸五臺，道中因以國語譯出，並令經館譯出西番、蒙
　　古，以金書四體經供奉臺頂及此寺。」《御製詩四集》，《景印文淵閣四庫全書》，冊 1308，頁
　　730a。林士鉉：〈四譯而為滿州 —— 五臺山與清乾隆年間的滿文佛經翻譯〉，釋妙江主編：《一
　　山而五頂：多學科、跨方域、超文化視野下的五臺信仰研究》（台北：新文豐出版股份有限公
　　司，2017 年），頁 213-247。
12　《御製詩四集》，《景印文淵閣四庫全書》，冊 1307，頁 788b。
13　同上注，冊 1307，頁 931a。
14　「以國書考之，『滿洲』本作『滿珠』，二字皆平讀。我朝光啟東土，每歲西藏獻丹書，皆稱曼
　　珠師利大皇帝。《翻譯名義》曰『曼珠』，華言『妙吉祥』也，又作『曼殊室利』。《大教王經》
　　云，釋迦牟尼師毘盧遮那如來，而大聖曼殊室利為毘盧遮那本師。『殊』、『珠』音同，『室』、
　　『師』一音也。當時鴻號肇稱，實本諸此。今漢字作『滿洲』，蓋因『洲』字義近地名，假借
　　用之，遂相沿耳。實則部族而非地名，固章章可考也。」阿桂、于敏中等撰：《欽定滿洲源流
　　考》，《景印文淵閣四庫全書》，冊 499，頁 470a。
15　〈文殊菩薩與滿州源流及其與西藏政教關係〉，《東亞漢藏佛教史研究》，頁 81-88，96-98。

隆本人是否相信其文殊身份，與乾隆是否將文殊身份化為政治工具善加利用，是兩個截然不同的問題。到了乾隆第五次遊幸五台（1786），〈至靈鷲峰文殊寺即事成句〉詩有「曼殊師利壽無量，寶號貞符我國家」二句，自注「今衛藏呈進丹書，均稱曼殊師利大皇帝」、「竺蘭寶號與我朝國號相符」，將發現五台山為文殊住處的竺法蘭與滿清的國號相提並論，[16] 文殊的「壽無量」也明顯指涉乾隆本人，文殊信仰成為了清廷正統性的證據，以至盛世的祥兆。

　　丁觀鵬所繪的文殊菩薩像並未明言文殊與乾隆的關係，但現存至少八幅以乾隆肖像為藍本的唐卡，[17] 乾隆其中一幅作文殊打扮的肖像，更由郎世寧（Giuseppe Castiglione, 1688-1766）負責繪製面部，[18] 可見乾隆十分關注其文殊菩薩的身份。事實上乾隆對藏傳佛教有濃厚的興趣，除了與三世章嘉呼圖克圖（章嘉・若必多吉，lcang skya rol pa'i rdo rje，1717-1786）感情深厚，並借助章嘉處理藏蒙的政教事務，以至編撰及翻譯佛教文獻；[19] 乾隆裕陵中的隆恩殿專供喇嘛念經，地宮和棺槨也刻滿了喇嘛經文。[20] 傳統觀點只根據乾隆〈喇嘛說〉（1793），片面地認為乾隆並非真心崇奉藏傳佛教，[21] 忽略了〈喇嘛說〉的政治語言，未能完全反映乾隆的真實想法。

16　王杰等編：《御製詩五集》，《景印文淵閣四庫全書》，冊 1309，頁 611a。案《清涼山志》：「漢明帝時，摩騰、法蘭者，四果聖人也。始至此土，以天眼觀，即知此山乃文殊住處，兼有育王所置舍利塔。」竺法蘭（dharmaratna）名字中的 ratna 即珠，與「滿珠」之「珠」對應；dharma（法）與「滿」並無關係，疑以 -ma 附會讀音相近的「滿」。《清涼山志》，《故宮珍本叢刊》，冊 248，頁 7a。

17　"Imperial Apparitions: Manchu Buddhism and the Cult of Mañjuśrī," , pp. 153-160.

18　《清代帝后像》收錄了兩副畫作，分別稱為〈清高宗文殊化身圖〉及〈清高宗佛裝像〉，後者面部即由郎世寧所繪，現藏美國佛利爾美術館（Freer Gallery of Art）。北平故宮博物院編：《清代帝后像》（北京：北平故宮博物院，1931 年），無頁碼。"The Qianlong Emperor as Manjushri, the Bodhisattva of Wisdom" , https://asia.si.edu/object/F2000.4/. Accessed 9 Dec 2020.

19　參閱 Wang Xiangyun, "The Qing Court's Tibet Connection: Lcang skya Rol pa'i rdo rje and the Qianlong Emperor," In *Harvard Journal of Asiatic Studies*, Vol. 60, No. 1（2000），pp. 125-163.

20　張羽新：《清政府與喇嘛教》（拉薩：西藏人民出版社，1988 年），頁 192-193。"The Qianlong Emperor and Tibetan Buddhism," *New Qing Imperial History: The Making of Inner Asian Empire at Qing Chengde*, p. 132.

21　如孫昌武：〈清王朝佛教政策──興黃教以安天下〉，《北方民族與佛教：文化交流與民族融合》（北京：中華書局，2015 年），頁 461-507。

上文提及乾隆曾聽《文殊菩薩本咒》及抄寫《文殊師利讚》，文殊普薩即以華嚴字母首五字門 a ra pa ca na 為真言，[22] 元代釋智譯《聖妙吉祥真實名經》（妙吉祥即文殊）也附有「文殊菩薩五字心呪」（啊囉鉢拶捺）。[23]《真實名經》除梵文外，又有藏、漢、西夏、維吾爾、蒙、滿等譯，此經在清代的流行情況雖然不明，但北京國家圖書館所藏《梵藏漢三體合璧聖妙吉祥真實名經》磁青紙泥金寫本（約 18 世紀）每葉均以梵、藏、漢三體對照，說明此經在清代仍受到一定程度的關注。[24] 至於與華嚴字母關係更為密切的《華嚴經》，現存文獻沒有清廷特別崇奉《華嚴經》的證據，但清廷對華嚴字母的態度，仍可從若干材料中窺見。先看乾隆十五年（1750）完成的《同文韻統》，此書為便於翻譯咒語，統一了滿、漢、藏、蒙四語的拼音寫法及梵字的對音，當中卷五〈大藏經字母同異譜〉比較了十二種經典中的字母，這些字母可簡單分為兩類：

僧伽婆羅譯《文殊師利問經》	50	竺曇摩羅察譯《光讚經》	41
不空譯《文殊問經》	50	無羅叉譯《放光般若經》	42
不空譯《瑜伽金剛頂經》	50	鳩摩羅什譯《摩訶般若波羅蜜經》	42
		玄奘譯《大般若波羅蜜多經》	43
		佛馱跋陀羅譯六十華嚴	42
		實叉難陀譯八十華嚴	42
		地婆訶羅譯《大方廣佛華嚴經入法界品》	42
		不空譯《大方廣佛華嚴經入法界品四十二字觀門》	42
		般若譯四十華嚴	42

當中四十二字門（包括大致相同的四十一和四十三字門系統）佔了九種，《華嚴經》系統又佔當中五種。然而《同文韻統》從語音系統的角度出發，以

22　如《金剛頂經瑜伽文殊師利菩薩法》：「爾時文殊師利即説，明曰：阿囉跛者曩。」T20, no. 1171, p.705a15-16。

23　T20, no. 1190, p. 834a9-11。

24　Ester Bianchi, "Chinese Chantings of the names of Mañjuśrī: The *Zhenshi Ming Jing* 真實名經 in Late Imperial and Modern China," In V. Durand-Dastès（ed.）, *Empreintes du Tantrisme en Chine et en Asie Orientale. Imaginaires, rituals, influences*, Leuven: Peeters, 2015, pp. 117-138.

五十字門為對音的標準，認為「天竺字母五十字，綜括宏遠，奧旨遐深，實持誦之津梁，緒譯之局鑰也」。[25] 至於這九種四十二字門之間的差異，編者認為「蓋緣後諸禪宿，生非一時，居非一地，其翻譯諸經，亦各以師資傳授，為之譯定。間或字體本同而音呼稍別，或音呼相合而譯寫迥殊」。[26]〈大藏經字母同異譜〉比較兩類字門時，並沒有按讀音一一對照五十字門和四十二字門的差異，似乎並沒有真正分析四十二字門的意圖。然而面對這些紛雜的四十二字門，編者並未完全予以否定，反而認為：

> 然即其義蘊精微，包括深廣，以之唱演功德，實為秘密要用；以之考定字音，亦為韻切源流所云。佛音首被，萬品同歸，未可執一端以輕議其短長也。[27]

對四十二字門採取未可輕議的迴護態度，但所謂「考定字音」、「韻切源流」具體何指，書中並沒有說明。對於華嚴字母韻表，更以不在經文為由，不收入書中：

> 實叉難陀所譯《華嚴經》字母四十二字，後世沙門每字各唱演十二字，仍歸本字收聲，共十三字成句。每誦經一段畢，唱演三、四句。非經本文，茲不具述云。[28]

《同文韻統》對四十二字門的曖昧態度，一方面是要從語音角度維持五十字門「韻切之指歸，梵唄之矩矱」的立場，另一方面很可能是無力處理，但仍然不願意完全揚棄。乾隆三十八年（1773），《滿漢蒙古西番合璧大藏全咒》編成，

25　《同文韻統》，頁 259。
26　同上注，頁 318-319。
27　同上注，頁 319-320。
28　同上注，頁 321。

象徵清廷統一咒語拼寫及語音規範的工程已完成完成。[29] 錢維喬《鄞縣志》卷二十五提到天童寺獲乾隆御賜華嚴字母：

> 敕賜天童弘法禪寺，在縣東六十里太白山之東，［……］國朝順治十六年［1659］圓悟弟子道忞應召，賜今額［引案：即指敕賜天童之名］。［……］雍正十一年［1733］，賜御書「慈雲密布」四大字及金字《心經》一卷，又賜御書「名香清梵」四大字。乾隆三十年［1765］賜陀羅尼經一函，三十四年［1769］賜《華嚴字母》一卷，四十年［1775］賜御製《滿漢蒙古西番合璧大藏全咒經》八函、《四體合璧翻譯名義攷證》一部、《西域同文》一函［引案：即《西域同文志》］、目錄一函、《維摩詰經》三卷、《救護日蝕經》一卷，五十年［1785］賜儀軌經一函。[30]

這條材料非常值得重視，首先是所賜的單行《華嚴字母》一卷，說明清廷承認並實際使用單行本的華嚴字母韻表。其次是天童寺，佛教文獻中未見關於天童寺精於音韻或儀軌的記載，但天童寺的藏經閣和法堂分別於康熙三十四年（1695）及乾隆二十一年（1756）燒燬，[31] 其後乾隆多次敕賜陀羅尼及對音類的文獻，反映天童寺僧人當與此相關。天童寺道忞的圈子，與皇室聲韻均有密切關係，道忞本人與順治有交遊，而其弟子真樸曾助刊《大藏字母文字陀羅尼經》，天童寺亦曾刊印《禪門日誦》系列的書籍。[32]《大藏字母文字陀羅尼經》的另一助刊者靜默寺住持海寬，與和碩莊親王允祿（1695-1767）關係密切，海寬不但助刊《三教經書文字根本》，又參與允祿主持的《同文韻統》校譯工作，

---

29 李柏翰提出《同文韻統》即編纂《滿漢蒙古西番合璧大藏全咒》的半完成品。《明清悉曇文獻及其對等韻學的影響》，頁 120。

30 錢維喬修，錢大昕纂：《［乾隆］鄞縣志》，《續修四庫全書》影印華東師範大學藏乾隆五十三年本，冊 706，頁 568a-569a。

31 天童寺大事年表，可參閱吉田道興：〈天童寺世代考（一）〉，《禪研究所紀要》第 12 號（1984年），頁 75-126。

32 〈『禪門日誦』の諸本について〉，《印度學佛教研究》第 51 卷第 1 號（2002 年），橫排頁 311。〈『禪門日誦』再考〉，《印度學佛教研究》第 53 卷第 2 號（2005 年），橫排頁 796。

海寬所注的《日課便蒙旁注略解》更由允祿撰序。[33] 由此推論，天童寺應有韻主和尚，並有研讀等韻的傳統。

　　乾隆更曾下令整理華嚴字母韻表。乾隆三十六年（1771）聖母皇太后八旬大慶，乾隆即命令群臣抄寫八十華嚴，由此再次看到聖母皇太后與華嚴和文殊信仰的關係。據《秘殿珠林續編》卷八載「《大方廣佛華嚴經》八十一冊」，經冊以內府舊藏宣德年間金字《華嚴經》為底本，與《乾隆大藏經》（《龍藏》）對勘，並刪去「於經義並無發明」的宣德原序，及「尤玷清淨」的武則天序文，以乾隆〈御製金書大方廣佛華嚴經序〉代替。序中以「佛說大乘梵言，浩若淵海，而惟《華嚴》得稱龍藏」，凸顯《華嚴經》的重要性，又稱「諮之章嘉國師〔引案：即章嘉活佛〕，以八十者為正。〔……〕且簡詞臣有楷則者，出秘閣磁箋，於戊子元正〔1768〕，供奉謄寫，問〔間？〕有與四十二字母未叶者，復一一指出印可，總字六十萬而贏。」[34] 此套《華嚴經》製作非常認真，卷首還附有乾隆親製的〈御製翻譯名義集正訛〉，考證翻譯八十華嚴的于闐國實叉難陀的出身及姓名寫法，對經後的音釋更是「逐卷校擬改正」。對於華嚴字母韻表，凡例則謂：

　　一華嚴字母，音韻正宗，雖舊本具有翻切，而於梵音多未符合，今謹
　　遵《欽定同文韻統》悉加改正，並附辨證於本卷之末。[35]

在敘述四十二字門的第七十六卷後，附有「華嚴字母切字辨證」、「重字分別說」、「兩合、三合及切音合讀說」，「俱冠國書，間梵書」，[36] 足以證明乾隆對華嚴字母的重視程度，以及編者已能完全掌握四十二字門的拼寫。可惜的是，此經現藏北京故宮博物院，未能詳細考察當中的韻表及其辨證內容。

33　〈康熙字典字母切韻要法考證〉，《等韻源流》，頁 281，287-288。

34　王杰等輯：《欽定祕殿珠林續編》，《續修四庫全書》影印清內府抄本，冊 1069，頁 320b。

35　同上注，冊 1069，頁 323a。

36　同上注，冊 1069，頁 324b。

二、括宇宙之大文：清廷對聲韻起源的官方說法

　　有清一代，「華夷」始終是非常重要的關鍵詞。然而在音韻學的著作中，並沒有華夷對比的蹤影，而只有所謂「華梵」，而且「梵」在佛教的脈絡底下不含任何的貶義。乾隆論及華梵優劣的時候，往往將之與西域和滿文相提並論，這一點頗不尋常。首先西域一詞歷代均無定指，狹義當指玉門以西、蔥嶺（帕米爾高原）以東一帶，但後代往往兼指蔥嶺以西即中原王朝版圖以西的地區，包括南亞、西亞甚至北非、歐洲地區。[37] 清代如《西域同文志》所提及的地名，包含天山北路（包含準噶爾部）、天山南路（包含回部）、青海和西番（西藏），並未包括印度。至於滿洲位於東北，即使以最寬的定義來看，仍不可能在西域之列。

　　誠然，早在宋代鄭樵《通志・七音略》中，已提出「七音之韻，起自西域，流入諸夏」的說法，[38] 然而鄭樵所謂「西域」，仍然泛指印度及中亞；清廷對華梵優劣及西域的特殊看法則與清廷的佛教史觀關係密切。乾隆朝的官方文獻多次提及梵文文字及經典通過西藏傳入中土，如《同文韻統》仍在草創之際，乾隆已下旨論及「中華字母原本西番，而字不備音」，[39] 允祿隨即上奏「臣等伏查大藏經典原出天竺，流布西番，自晉唐以來譯入中土」。[40] 到了《同文韻統》卷一，又說「天竺字母，經咒諸字之淵源也；西番（即唐古特字母），經咒諸字之脈絡也」，因此神珙「製為華音等韻，[……]終亦華梵殊歸」，要到「吐蕃相阿努」「身至中印度國」，「譯以唐古特之字，以為西域傳布經咒之用」，於是「振鐸持鈴，遠傳蔥嶺」，成為日後傳入中國的契機。[41] 後來在〈清文繙譯全

37　榮新江：〈西域史研究的回顧與展望〉，《歷史研究》第 2 期（1998 年），頁 132。榮新江、文欣：〈「西域」概念的變化與唐朝「邊境」的西移 —— 兼談安西都護府在唐政治體系中的地位〉，《北京大學學報（哲學社會科學版）》第 49 卷第 4 期（2012 年），頁 113-119。

38　《七音略》，《等韻五種》，頁 2。

39　乾隆十三年十二月二十八日（1749 年 2 月 15 日）。《同文韻統》，頁 19。

40　乾隆十四年四月二十七日（1749 年 6 月 11 日）。《同文韻統》，頁 29。

41　案一般以阿努之子吞彌・桑布扎（thu-mi sam-bho-ṭa）為藏文的創製者。《同文韻統》，頁 55-57。又《四庫全書提要》中《同文韻統》的提要，對梵語和藏文字母的描述大致相同，提及阿努之子創製藏文後，復有「自沙門神珙作《四聲五音九弄反紐圖》，收於《大廣益會玉篇》之末，始流入儒書。自鄭樵得西域僧《七音韻鑑》，始大行於中國」數句，明顯將中土音韻傳入的時間置於藏文創製以後。

藏經序〉中，乾隆更堂而皇之地説「蓋梵經一譯而為番，再譯而為漢，三譯而為蒙古」，[42] 完全罔顧漢譯佛經早於藏文創製的事實。王俊中早已指出這一觀念似乎得自藏傳僧侶，[43] 而《同文韻統》多有得力於章嘉呼圖克圖之處，書中凸顯藏文的重要性，亦在情理之中。無論如何，西藏在清代既屬於西域的一部分，音韻「起自西域」的説法也就有了不同前代的詮釋。

　　當然並非所有的文獻材料都清楚説明「起自西域」與西藏的關係，不少材料中的「西域」所指依舊模糊，似乎與鄭樵所説分別不大。然而從這些材料中仍可看到清廷對西域語言的優越性有一套完整的官方論述，當中多次通過論證韻學的源頭，試圖辯證西域優於中土。以下隨舉康雍乾御製序各一：

> 江左之儒，識四聲而不識七音。七音之傳，肇自西域，以三十六字為母，從為四聲，橫為七音，而後天下之聲總於是焉。[44]

> 自西域梵僧定字母為三十六，分五音以總天下之聲，而翻切之學興。儒者若司馬光、鄭樵皆宗之，其法有音和、類隔、互用、借聲，類例不一。[45]

> 粵自切韻字母之學，興於西域，流傳中土，遂轉梵為華。中華之字，不特與西域音韻攸殊，即用切韻之法比類呼之，音亦不備。於是有反切，有轉注，甚至有音無字，則為之空圈，影附其言，浩若河漢，而其緒紛如亂絲。我國朝以十二字頭，括宇宙之大文，用合聲切字，而字無遺音；華言之所未備者，合聲無不悉具。[46]

這可以説是清代對於字母起源的標準答案：字母、反切之學源於西域，中土之

42　沈初等編：《御製文三集》，《景印文淵閣四庫全書》，冊 1301，頁 629b。

43　〈文殊菩薩與滿州源流及其與西藏政教關係〉，《東亞漢藏佛教史研究》，頁 90。

44　《康熙字典》，御製序，頁 2b-3b。

45　《欽定音韻闡微》，《景印文淵閣四庫全書》，冊 240，頁 1b。

46　《欽定同文韻統》，頁 3-4。

法往往有其缺陷。當中乾隆的説法尤為詳細，其中還牽涉到乾隆以十二字頭「括宇宙之大文」的野心。

然而要説明字母出現以前的韻學也與西域相關，並不是十分容易的事情，《同文韻統》也不得不承認「切韻之學，來自西域，其符合竅妙，載籍未有明文」。為此《同文韻統》的編者可謂費盡心思：

> 《通考》載陳氏云：「反切之學，自西域入中國，至齊梁間盛行。」由是觀之，則是神珙以前，已有反切，豈所謂舊傳十四字者在齊梁以前，而其後不傳耶？抑所謂舊字母三十字者，齊梁前已有之，而非神珙所作耶？[47]

無論是十四字也好，三十字母也好，總之要讓西域之學比中土的反切更早出現。之後編者筆鋒一轉，忽然轉到清代的功績，「我朝文德覃敷，制作大備。合聲切字，既括音韻之大原；重譯來王，又昭聲教之無外」。[48] 所謂「制作大備」、「合聲切字」，指的就是滿文十二字頭，《同文韻統》全書末頁明白地説出全書的主旨為「惟國書合聲切字，既簡括而易，亦推尋而有準，用以生聲諧韻，實為華梵兼通」，[49] 換而言之，溝通華、梵以至書中提到的蒙文，其基礎即在於滿文。因此通過滿文，可以悟得「梵即華也，蓋惟不知梵，故不知華之所自。今既知梵之可為華，乃真知華之不殊梵」的道理，清帝國通過滿文實現「同文大業」。[50]

本章提到的《同文韻統》、《滿漢蒙古西番合璧大藏全咒》等，表面上是為了滿足清廷持誦咒語的實際需要。自乾隆十二年（1747）起，乾隆兩度平定大小金川（1747，1749）、平回（1757）、平準噶爾（1757），到了乾隆二十四年（1759）命名新疆，清朝的版圖達到頂峰，成為真正的多民族語言帝國，必須統一西域專有名詞的拼寫方法。同時，乾隆的「同文大業」變得更為進取，編有《西域同文志》（1763）、《欽定增訂清文鑑》（1771）、《清漢對音字式》（1779）、《欽定滿州蒙古漢字三合切音清文鑑》（1779）等書。當中《同文韻統》與《西

47　同上注，頁361。
48　同上注，頁362。
49　同上注，頁522。
50　《欽定同文韻統》，頁362。

域同文志》均以「同文」題名，乾隆的「同文」與傳統的「同文」頗為不同，除了指統一文字外，還包括翻譯詞彙和統一譯音，滿文自然成為同文的樞紐。因此乾隆三十八年（1773）《音韻述微》御序，清楚提到「凡古今音韻之奧，華梵會歸之故，以國書為樞紐，無不一以貫之。」[51] 為了以滿語為樞紐的目標，乾隆下了不少功夫，如乾隆十三年（1748），比照漢字六書和書體，創製清篆三十二體，製造「國書為諧聲之祖，何嘗非象形之祖」的假象，[52] 在意識形態上滿文全面統攝漢字六書。五十二年（1787）《皇朝文獻通考》和《欽定皇朝通志》二書編成，收錄了上述著作的御製序和背景資料，編者的按語盛讚這些著作「信能包羅萬象，綜括七音，同文之盛軌，蔑以加於此矣」、[53]「巍乎煥乎，允昭萬世，敷文之極已」，[54] 為乾隆的同文事業下了最高的官方評價。因此所謂「同文大業」，反映了帝國擴張後在宗教、政治以至意識形態上以滿語統攝、溝通漢地及藩部的野心。乾隆朝文獻往往在推崇西域語音理論之後，突兀地緊接對滿語的推崇，亦即通過「拼音文字優於乃至啟發漢字音韻，而拼音文字諸語中又可以滿語為樞紐」的邏輯，凸顯滿語的優越性。

　　為了表現華梵一體的理念，《同文韻統》卷六設「華梵字母合璧說」，明言華音字母源於西域，而且可一一對應：

　　　今將華言三十六字母列於前，舊傳三十字及近世字母，皆附列於後，牙、齒、喉、舌，各註本篇。然後取梵音三十六字為華音字母所從出者列於上，而以華音列於下，合為一譜，各按音韻呼法，輾轉求之，則華之某字，出於梵之某字，顯然共見。[55]

在「華梵字母合璧譜」中，編者將梵文字母與三十六字母對應，如嘎（ka）對應見母，喀（kha）對應溪母等。然而邪、匣、喻母為梵文所無，對應時出現問

51　梁國治等編：《欽定音韻述微》，《景印文淵閣四庫全書》，冊240，頁854b-855a。

52　愛新覺羅・弘曆敕撰：《欽定皇朝通志》，《景印文淵閣四庫全書》，冊644-645，頁111b。

53　愛新覺羅・弘曆敕撰：《欽定皇朝文獻通考》，《景印文淵閣四庫全書》，冊637，頁126b。

54　同上注，冊637，頁128a。

55　《欽定同文韻統》，頁365-366。

題，編者只好分別列作「薩濁」、「哈濁」、「阿濁」，如邪母注云：

> 薩字讀作濁平，以阿、鴉、窪、俞阿四字濁音收聲，則開口呼為祠阿，
> 齊齒呼為邪，合口呼為俗窪，撮口呼為徐阿，故邪字出於薩字母也。[56]

邪母對應 z-，但梵文沒有 za 字母，因此無法對應邪母。把邪字視為薩字濁平齊
齒呼，因而認為邪生於薩，可謂十分牽強，何況當時「邪」字在北方方言已不
讀作 z-，更難以說明與 z- 的關係。其餘如匣字更已顎化，和「哈」聲母也不相
同，可見編者為了說附會華音出於梵音，無所不用其極。

《四庫全書》提要基本上沿着乾隆的思路，其中以《西儒耳目資》的存目書
提要最為典型：

> 《西儒耳目資》（無卷數　兩江總督採進本）［……］大抵所謂字父，即
> 中國之字母；所謂字母，即中國之韻部；［……］其三合、四合、五合
> 成音者，則西域之法，非中國韻書所有矣。考句瀆為穀，丁寧為鉦，
> 見《左氏傳》；彌牟為木，見於〈檀弓〉。相切成音，蓋聲氣自然之理。
> 故華嚴字母，出自梵經，而其法普行於中國，後來雖小有增損，而大
> 端終不可易，由文字異而聲氣同也。鄭樵《七音略》稱：「七音之韻，
> 出自西域；雖重百譯之遠，一字不通之處，而音義可傳。所以瞿曇之
> 書，能入諸夏；而宣尼之書，不能至跋提河；聲音之道有障礙耳。」是
> 或一說歟？歐邏巴［引案：即歐洲，葡萄牙語 Europa］地接西荒，故
> 亦講於聲音之學。其國俗好語精微，凡事皆刻意研求，故體例頗涉繁
> 碎，然亦自成其一家之學。我皇上耆定成功，拓地蔥嶺。欽定《西域
> 同文志》，兼括諸體，巨細兼收。歐邏巴驗海占風，久修職貢，固應存
> 錄是書，以備象胥之掌。惟此本殘闕頗多，〈列音韻譜〉惟存第一攝至
> 十七攝，自十八攝至五十攝皆佚，已非完書，故附存其目焉。[57]

56　同上注，頁 401。
57　《欽定四庫全書總目》，《景印文淵閣四庫全書》，冊 1，頁 927a-928a。

此處説不載《西儒耳目資》的原因是〈列音韻譜〉的部分殘缺。此説不能無疑，因為現在所見的天啟六年（1626）本並無殘缺，而且據《四庫採進書目》，當時兩江第一次採進就進了十本《西儒耳目資》，[58] 要採進的話並不困難，恐怕只是不願意收入。歐洲研究「頗涉繁碎」，不能説是很正面的評價；提要的後半話鋒一轉，認為《西域同文志》兼括西域各語，「我皇上耆定成功，拓地蔥嶺」帶有很強烈的政治意味，因此可見所謂吸納世界各字母字音的比較，除了學術研究外，更有政治上的意圖與需要。提要認為華嚴字母「大端終不可易」，肯定了其作為早期等韻材料的地位，同時呼應鄭樵説西域音韻「能入諸夏」，中土音韻「不能至跋提河」的觀點。又如《切韻指掌圖》的提要，更明言《切韻指掌圖》前的字母和等韻材料都來自西域，其中同樣列舉了華嚴字母。[59] 然而清儒對於這套説辭多有訾議，以下即詳細説明各家的看法，並從戴震的例子觀察等韻起源的問題如何與政治相關。

三、清代有關字母、反切起源的討論

鄭樵《通志》不只一次提及「如切韻之學，自漢以前人皆不識，實自西域流入中土」、「切韻之學，起自西域」，然而並沒有清楚説明「切韻之學」的範圍。然而早於鄭樵的沈括（1031-1095）《夢溪筆談》，已有「切韻之學，本出於西域」之説，並清楚定義「所謂切韻者，上字為切，下字為韻」，包含三十六字母、五音、韻的輕重、四聲、四等、反切等概念。[60] 按沈括的界定，「切韻之學」以反切為主，因此陳振孫《直齋書錄解題》直接稱為「反切之學」：

> 又，漢以前未有反切之學。［……］反切之學，自西域入中國，至齊梁間盛行，然後聲病之説詳焉。［……］[61]

58　吳慰祖校訂：《四庫採進書目》（北京：商務印書館，1960 年），頁 33。

59　《欽定四庫全書總目》，《景印文淵閣四庫全書》，冊 1，頁 867a-b。

60　《新校正夢溪筆談》，頁 158-159。

61　陳振孫撰，徐小蠻、顧美華點校：《直齋書錄解題》（上海：上海古籍出版社，1987 年），頁 92。

不過沈括既然提到三十六字母，而使用反切時又必須認識三十六字母，似乎在宋人的眼中，字母屬於切韻之學的一部分。無論如何，無論是反切還是字母，在沈括的眼中都來自西域。

　　乾隆早期的文獻，較為強調字母肇自西域，較少提及反切與字母的關係，以至西域和中土聲韻是否都各有發展的問題。到了四庫提要，或許面對學人的論難，不得不直接面對這些問題，因此有以下的新說法：

> 蓋反切生於雙聲，雙聲生於字母。此同出於喉吻之自然，華不異梵，梵不異華者也。中國以雙聲取反切，西域以字母統雙聲，此各得於聰明之自悟，華不襲梵，梵不襲華者也。稽其源流，具有端緒。特神珙以前，自行於彼教，神珙以後，始流入中國之韻書。[⋯⋯][62]

「華不異梵，梵不異華」，華梵均有雙聲之學，而且「華不襲梵，梵不襲華」，並沒有完全抹煞中土的發展。然而仔細尋繹館臣的說法，華學從雙聲發展出反切之學，梵學卻從字母之學悟出雙聲，印度的字母之學更為接近源流，館臣仍然為「肇自西域」說張目。《續通志・七音略》（1785）對反切之學和字母之學的解說則更為具體：

> 蓋華學以反切為主，自魏孫炎創為《爾雅音》，其事大行［⋯⋯］。厥後周顒、沈約，以平上去入為紐，尤為詳備，故《玉篇》、《廣韻》所載切法，皆以字紐反切，不云字母也。梵學以字母為主，自《隋志》載婆羅門書以十四貫一切音，若大藏所載譯經十家一十二種，皆字母也。唐舍利立字母三十，守溫又增六母為三十六母，概始以切字要法「因煙人然」之類標之為母，而華梵二家之學，於茲而合。[63]

到三十六字母出現之後，華梵之學才合而為一，而與宋人所說的「切韻之學」

62　《欽定四庫全書總目》，《景印文淵閣四庫全書》，冊 1，頁 838b。
63　《續通志》，《景印文淵閣四庫全書》，冊 393，頁 521-522。

相應。

　　華、梵二家取向不同，所用材料也不一樣，關於何者才是等韻圭臬的爭議，在清代可謂聚訟不休。當中既牽涉何者較先的問題，甚至還牽涉到韻學源自中土抑或由西域傳入的意識形態問題。明清以來，反對韻學源自西域的學者往往連帶批評鄭樵，當中又涉及到鄭樵所沒有提及的華嚴字母。

　　清儒當中態度最為明確的有鄒漢勛（1805-1854）《五韻論・五論切韻不本于字母並不本于涅槃》：

　　　　鄭夾漈［引案：即鄭樵］曰：切韻之學，起自西域，［……］其後又得三十六字母，而音韻之道始備。［……］呂介孺［引案：即呂維祺（1587-1641）］曰：大唐舍利刱字母三十，後溫首座益以孃、牀、幫、㜳［引案：當作滂］、微、奉六母。由是攷之，則三十六字母刱自唐僧舍利，成于唐僧守溫也，其人似在神珙前，神珙則五季宋初人也。三僧要皆在陸、孫、陳三人之後，兩僧因韻製字母，非陸、孫諸人因字母製韻，則斷然無疑。［……］夾漈謂切韻之學，起自西域，將謂周、沈本舍利耶？抑謂周、沈本婆羅門耶？謂本舍利，則舍利在周、沈之後；謂本婆羅門，則婆羅門書今已不傳。［……］[64]

鄒漢勛以年代先後的角度出發，認為舍利、守溫晚於陸法言、孫愐、陳（道固?）等人，認為字母非切韻之源，陸、孫等人並非因字母而能創製韻書。在指出「婆羅門書」今已不傳之後，鄒漢勛把矛頭指向兩種佛教材料：

　　　　其可言者，一則元和間所譯之華嚴四十二字母，縱列十四字音，首尾重一字，實十三字者；一則《涅槃經》所謂字音十四字，比聲二十五字者。華嚴四十二字圖具在，試以《廣韻》、《說文》大徐音、小徐韻譜一一校之，其不合者正多，而四十二字，叢脞無緒，雖有善說者，不能為之疏通證明矣。謂韻之秩然有條理者本於此，誰信之乎？若《涅

槃經》則稍有條理矣，[……] 而中人之韵，則二十字較然不亂，《涅
槃》雖在前，恐周、沈諸人，尚不肯本，況周、沈之書，導自李左校、
呂安復〔引案：指李登、呂靜〕，源流炳然，豈本于《涅槃》耶？ [65]

周顒、沈約不肯使用《涅槃經》的字母，是否代表沒有更早的西域源流，在邏
輯上似乎可以再商榷。不過這裏批評華嚴字母雜亂無序，實際上研究上古音和
中古音的清代學人往往有此批判，如柴炳紹《柴氏古韵通‧雜說‧辨字母等
韵得失》：

彼華嚴四十二母，益為駢枝亡論已！至觀音因之作《等子》〔引案：即
《四聲等子》〕三千八百六十二聲，[……] 若併二百六部為十六攝，
使東、冬不分，脂、微無別，亂其大綱，以就細目，最為害耳！ [66]

把華嚴字母視為《四聲等子》的源頭，當然並不正確。又如朱彝尊〈重刊廣韵
序〉（1704）：

自平水劉淵淳祐中始併為一百七韵，[……] 盡乖唐人之官韵。好異
者又惑於婆羅門書，取華嚴字母，三十有六顛倒倫次，審其音而紊其
序。逮《洪武正韵》出，脣齒之不分，清濁之莫辨。[……] [67]

華嚴字母的負面影響竟能與平水韵和《洪武正韵》並列，足見當時以華嚴字母
質論字母的做法其實並不罕見。又如方東樹《考槃集文錄‧鄧尙書譜韵圖跋》

---

65 《五韵論》，《續修四庫全書》，冊 248，頁 353b。
66 柴炳紹：《柴氏古韵通》，《續修四庫全書》影印中國科學院圖書館藏康熙本，冊 244，頁
    379a。然而柴炳紹卻非完全反對佛教的音韵材料，他也提到：
    古切韵未嘗立母，至唐舍利始作字母三十以切字，[……] 溫守座則又 [……增] 共三十六
    母，使字各歸母，以審清濁重輕，蓋即古法，而揣摩得之，縣疏入密，不為無理。
    頁 378b。
67 朱彝尊：〈重刊廣韵序〉，余迺永校註：《新校互註宋本廣韵》影印澤存堂本（上海：上海辭書
    出版社，2000 年），頁 1。

卷五謂：

> 雙聲疊韻，六朝以前人人皆用之，人人皆知之，［……］唐人求音不
> 得，反俙借之西域。信佛弟子獨得真傳《華嚴經》，每卷首皆載〈西江
> 月〉詞一闋，云「華嚴字母，眾藝親宣，善財童子得真傳。」字母紐
> 弄，欲昭反昧，徒益紛紜。[68]

認為華嚴字母屬唐代或以前產物，因此可以引導「字母紐弄」。劉逢祿自述其
古音述作時，更特別提到不要受華嚴字母的影響：

> 述〈古今四聲通轉署例〉一篇，以誌由古入今、由今返古之轍，世之法
> 六朝、唐宋文者，亦可按圖而索，猶作通俗文字，不能用周漢古訓；作
> 隸、楷、行、草，不能用古文篆籀字體也。合兩書［引案：即《詩聲衍》
> 及〈古今四聲通轉署例〉］以通其變，庶乎準古宜今，一存中土之舊，
> 不為華嚴字母娑［引案：當作「婆」］羅門書所淆惑矣。[69]

特意點出不用華嚴字母討論《詩經》古韻，以確保「中土之舊」的正統性，證
明當時如吳起元《詩傳叶音考》之類以華嚴字母考古音的作法不在少數。
　　錢大昕（1728-1804）的折衷態度特別值得注意，他與清廷的官方說法頗為
不同。首先是「字母」一名的出處，錢大昕認為肇自華嚴字母：

> 「字母」兩字，固出《華嚴》，然唐玄應《一切經音義》所載《華嚴經》
> 終于五十八卷，初不見字母之說。今所傳《華嚴》八十一卷，乃實又難
> 陀所譯，出於唐中葉，又在玄應之後。[70]

68　方東樹：〈鄧尚書譜韻圖跋〉，《考槃集文錄》，《續修四庫全書》影印上海華東師範大學藏清光
　　緒二十年本，冊 1497，頁 343a。
69　劉逢祿：〈古今四聲通轉署例〉，《劉禮部集》，《續修四庫全書》影印浙江圖書館藏道光十年思
　　誤齋刻本，冊 1501，頁 143b。
70　《嘉定錢大昕全集》，冊 9，頁 238。

即「八十華嚴」譯出後，才有「字母」一名。以「字母」一詞晚出的說法，還見於李汝珍《李氏音鑑》卷二「天竺僧不空，譯《文殊問經》，始有字母之稱」。[71] 這種說法其實不完全正確，首先現存最早的「字母」用例可追溯至《文殊師利問經》（譯於梁天監十七年［518］）「一切諸法，入於字母及陀羅尼字」，[72] 此經所錄的正是五十字門，因此字母之名出自《華嚴》的說法不完全正確，但相對於五十字門，四十二字門系統的典籍的確較常使用「字母」一詞。「字母」在當時雖有各種用法，但主要表示梵文的輔音（體文），進而借用為三十六字母等表示漢語聲母的術語。[73] 從這個角度而言，三十六字母一詞的語源的確是梵文。

　　錢大昕曾撰〈華嚴四十二字母考〉一文，分析四十二字門的混雜之處，即「二合、三合之聲，華人所不能辨，三十六母中未之有」，而「心、審之別為十餘母，華人所不能分；而非、敷之屬，梵音又無之，則四十二母與三十六母之不能強合也明矣」。[74] 字母之名出於《華嚴經》，但其內容卻與中土的三十六字母不同，兩者之間的落差應如何解釋？錢大昕提供了頗為有趣的解釋：

> 考《隋書‧經籍志》：「自後漢佛法行于中國，又得西域胡書，能以十四字貫一切音，文省而義廣，謂之婆羅門書。」然則西域字母，其初只十有四，後乃增至四十有二也。四十二母本于婆羅門，三十六母則唐人取魏、晉以後字書反切類而別之，惟字母之名，乃襲《華嚴》之舊爾。[75]

這裏再次誤以為四十二字門與十四音有關。據此，則三十六字母只有「字母」的名稱來自《華嚴經》，其內容卻另有源頭。錢大昕並進一步推論「四十二母，梵音也；三十六母，華音也」，「三十六母兼取南北之音，先後有序，較之

71　《李氏音鑑》，《續修四庫全書》，冊 260，頁 411b。
72　T14, no. 468, p. 498a7-8.
73　慶谷壽信：〈「字母」という名稱をめぐって〉，《日本中國學會報》第 33 集（1981 年），頁 201-213。
74　《嘉定錢大昕全集》，冊 9，頁 255。
75　同上注，頁 255。

四十二者實為過之。世謂見、溪、群、疑之譜出於《華嚴》者，妄也」。[76] 那麼，三十六字母的「華音」來源又是如何？《潛研堂答問》中出現了相關的問答：

> 問：三十六母既為華音，則所宗者何家？
> 曰：此譜實依孫愐《唐韻》而作，《唐韻》又本于陸法言之《切韻》，則猶齊、梁以來之舊法也。［……］其與梵書相似者：見、溪、群、疑，即《涅槃》之迦 [ka]、呿 [kha]、伽 [ga]、晅（其柯）[gha]、俄 [ṅa] 也，而去其一；［引案：以下皆舉三十六字母無《涅槃》之送氣濁聲母，文長不引］其餘皆不與《涅槃》合，是僧首溫定三十六母，雖意參取梵音，而實以華音為正。蓋《唐韻》本中華相傳之學，不能以梵學雜之也。[77]

這裏說三十六字母「意參取梵音」，《十駕齋養新錄》中也以為「唐人所撰之三十六字母，實採《涅槃》之文，參以中華音韻而去取之，謂出於《華嚴》則妄矣」，[78] 並未否認三十六字母和梵文的關係。不過他對中土發明韻學的正統性十分堅持，其實如果真的「意參取梵音」，「《唐韻》本中華相傳之學，不能以梵學雜之也」一句也就顯得太過絕對。何況三十六字母到底是襲自西域後以華音為本，還是以華音為本再參考《涅槃》，錢大昕並沒有仔細分析。無論如何，錢大昕不能接受鄭樵「七音之韻，起自西域」的說法，於是力陳三十六字母晚出，「特以其譜為唐末沙門所傳，又襲彼字母之名，夾漈不加詳考，遂誤認為天竺之學耳。」[79]

76　同上注，頁 255。
77　同上注，頁 240-241。
78　《嘉定錢大昕全集》，冊 7，頁 122。
79　《十駕齋養新錄》亦有類近的觀點：
　　三十六字母，唐以前未有言之者。相傳出於僧守溫，溫亦唐末沙門也。司馬溫公《切韻指掌圖》言字母詳矣，初不言出於梵學。至鄭樵作《七音略》，謂華人知四聲而不知七音，乃始尊其學為天竺之傳。今考《華嚴經》四十二字母與三十六母多寡迥異，四十二母，梵音也；三十六母，華音也。華音疑、非、奉諸母，《華嚴》皆無之，而華嚴所謂二合、三合者，又非華人所解，則見、溪、羣、疑之譜出於《華嚴》者非也。特以其為沙門所傳，又襲彼字母之名，夾漈好奇而無識，遂誤仍為得自西域，後人隨聲附和，并為一談，大可怪也。
　　《嘉定錢大昕全集》，冊 7，頁 122；冊 9，頁 238。

通過將三十六字母定為唐代的產物，錢大昕便以反切取而代之，成為音韻的起源：

> 而漢末孫叔然已造翻切，則翻切不因于字母也。翻切之學，以雙聲疊韻紐弄而成音，有疊韻而後人因有二百六部，有雙聲而後人因有三十六母。雙聲疊韻，華學，非梵學；即三十六母，亦華音，非梵音也。[80]

據此則可以擬構韻學發展的源流如下：

注意錢大昕説雙聲疊韻屬華「學」，而三十六字母雖屬華「音」，是否華「學」卻避而不談。錢大昕在另一條答問中説明《詩經》中的雙聲疊韻，並説明其與反切產生的關係：

> ［世人］翻謂七音之辯，始于西域，豈古昔聖賢之智，乃出梵僧下耶？［……］自三百篇啓雙聲之秘，而司馬長卿、揚子雲作賦，益暢其旨。于是孫叔然制為反切，雙聲疊韻之理，遂大顯于斯世，後人又以雙聲類之，而成字母之學。雙聲在前，字母在後。知雙聲則不言字母，可也；言字母而不知雙聲，不可也。[81]

《十駕齋養新錄》更進一步，指出「古人因雙聲疊韻而製翻切，以兩字切一音，上一字必同聲，下一字必同韻」，[82] 因此音韻的源頭在於雙聲疊韻，而不在母：

---

80   《嘉定錢大昕全集》，冊 9，頁 238。

81   同上注，冊 9，頁 235-236。

82   同上注，冊 7，頁 123。

聲同者互相切，本無子母之別。今于同聲之中，偶舉一字以為例，而
尊之為母，此名不正而言不順者也。故言字母，不如言雙聲。知雙聲
而後能為反語，孫叔然其先覺者矣。叔然、鄭康成之徒，漢魏儒家，
未有讀桑門書者，謂聲音出於梵學，豈其然乎？[83]

上文所引及的「豈古昔聖賢之智，乃出梵僧下耶」乃至「漢魏儒家，未有讀桑
門書者」，雖不至意氣用事，但不過是主觀的看法。無論如何，為了排除字母
為聲韻起源的說法，錢大昕與《續通志》一樣，區分反切之學和字母之學，力
主反切之學先於字母之學。錢大昕的觀點基本上為陳澧（1810-1882）所繼承，
但陳澧明確指出三十六字母「依倣《涅槃》」：

非、敷、微、精、清、從、心、邪、喻、匣十母則《涅槃》所無，可見
三十六母據中華之音，非據梵音也。其為《涅槃》所有者，次第與《涅
槃》同，可見其依倣《涅槃》也。《涅槃》無字母名目，其謂之字母，
則沿襲於《華嚴》也。[84]

陳澧其實和錢大昕一樣，只能說明三十六字母所依循的是中土之音，未能排除
其系統的源頭來自西域。另一方面，陳澧為了中土聲韻，同樣採納了《續通志》
字母、反切之學二分的說法，認為「謂字母起自西域則是也，謂反切之學起自
西域則誤也」。比較特別的是，陳澧倒過來認為沈括的「切韻之學」指字母，
因此陳振孫「反切之學」的說法並不正確，這與本書的分析並不一致。[85]
　　錢大昕在批評四十二字門的同時，對五十字門評價較為正面，謂「《大般
涅槃經》有比聲二十五字，曰舌根聲、舌齒聲、上齶聲、舌頭聲、唇吻聲，頗
與見、溪、群、疑之序相似」，這一點頗為令人驚訝，畢竟錢大昕力主音韻的
中原正統。錢大昕又指出從四十二字門系統的華嚴字母觀察並不正確，以為

83　同上注，冊 7，頁 123。
84　陳澧撰，羅偉豪點校：《切韻考》（廣州：廣東高等教育出版社，2004 年），頁 315。
85　《切韻考》，頁 156-157。

「華嚴雖有字母之名，而《涅槃》實在《華嚴》之前，其分部頗有條理，不似《華嚴》之雜糅。今人但知《華嚴》，不知《涅槃》，是逐末而遺本也」，[86] 這一點可謂其卓見，而且與《同文韻統》以五十字門為宗的說法不謀而合。可惜這一說法並沒有引起太大的注意，錢大昕也沒有進一步研究五十字門。陳澧在分析五十字門時，由於缺乏梵文的正確知識，以為「《涅槃》來母四字，審母二字，影母多至十餘字」，不知道所謂重複的字母在梵文輔音有異，所謂十餘個「影母」實際上指涉元音，最後得出「梵音可置之不論矣」的錯誤結論。[87] 終有清一代，漢語聲韻學並沒有因吸收五十字門的優點而變得進一步系統化。

　　相較之下，清儒當中支持官方立場的著作則聲量較小，如《圓音正考》用滿文考索漢字聲韻，自然認為「自西域肇為字母，釋神珙因之作等韻」。[88] 當中意見最為具體的，只有周春《悉曇奧論》卷末所附的〈與盧抱經學士論音韻書〉：

　　原夫字母之起，所謂波〔引按：原文如此〕羅門書十四字者，〈隋志〉載之；《華嚴》之譯，南宋、北魏；而《光讚》、《放光》，早在西晉，《文殊問經》，又在蕭梁；唐時所譯愈多，其後遂增損大備。〔……〕雖王充之作《論衡》，高誘之注《呂覽》，許慎之注《淮南》，劉熙之作《釋名》，並已略言七音之理，然謂等韻不出於守溫等，不可也。獨怪今之論者，謂字母翻切之學，中土所自有，非從竺國，譬如謂西法傳於和仲宅西，故與《周髀》脗合，此想當然則然耳，必謂《幾何原本》諸書不出於利瑪竇，不可也。[89]

周春指出漢儒在反切中彷彿提出七音之理，仍然不是嚴格意義上的字母和等韻之學，真正的字母和等韻之學，仍然肇自佛門。周春所要說服的盧文弨（1717-1796），即不認同西域聲韻勝於中國，其〈聲音發源圖解序〉（1773）即主張「中國之達於音者，或分之，或合之，則未嘗不即其說而益求精焉」，西域看似取

86　《嘉定錢大昕全集》，冊9，頁238-239。
87　《切韻考》，頁315。
88　《圓音正考》，《續修四庫全書》，冊254，頁5a。
89　《悉曇奧論》，無頁碼。

勝，不過是「其致力也專，故其精之也易」。他甚至説要持書「詫西域之人，以雪中國有目無耳之説」，競勝之心頗為明顯。[90]

四庫館臣當中，戴震（1724-1777）與紀昀（1724-1805）對於音韻的意見最值得注意。這裏不妨由戴震〈聲韻考〉（1773 定稿）引起的一場論爭入手專門探究紀昀的想法。戴震的〈聲韻考〉認為反切起源於孫炎而非西域：

1. 魏孫炎始作反語，［……］宋、元以來，競謂反切之學，起于釋神珙，傳西域三十六字母于中土。珙之〈反紐圖〉今具存，其人在唐憲宗元和之後，其圖祖述沈約，遠距反語之興已六七百載，而字母三十六定于釋守溫，又在珙後，考論反切者所宜知也。[91]

2. 今人言切韻，但知推本神珙，以為來自西域。蓋釋氏之專習字母等韻者，推本所起，咸出於珙耳。因誇誕其學，造為傳自西域之說，而指珙為北魏時人。俗學膚淺，不知魏李登《聲類》、晉呂靜《韻集》，韻學實始萌芽，又不知魏有孫叔然，使作反音，故猥稱前乎休文［引案：沈約］，即可謂中土有切韻之先倡。[92]

3. 字母三十六，起于唐末。自釋守溫撰《三十六字母圖》一卷，獨釋氏奉為專習反切之一法，故唐人書絕不聞語涉字母。［……］反切之興，本於徐言、疾言、雙聲、疊韻，學者但講求雙聲，不言字母可也。[93]

4. 宋、元以來，為反切字母之學者，歸之西域，歸之釋神珙。蓋由鄭樵、沈括諸人論古疏漏，惑于釋氏一二翦劣之徒，眠娗誣欺，據其言以為言也。［……］釋氏之徒，舉凡書傳所必資，竊取而學之，即得則相欺相誕，以造為西域之說，故不足指數。［……］儒生結髮從事，勿迷失其師承也。[94]

90　盧文弨著，王文錦點校：《抱經堂文集》（北京：中華書局，1990 年），頁 34-35。
91　戴震：〈聲韻考〉，張岱年主編：《戴震全書》（合肥：黃山書社，1994 年），冊 3，頁 284。
92　同上注，頁 286。
93　同上注，頁 288。
94　同上注，頁 321-322。

注意戴震仍然依稀分辨反切之學和字母之學，而且認為佛門將字母「奉為專習反切之一法」，因而無法取代切韻之學成為源頭。上引數則，第一則和第三則考證聲韻史，其中駁斥神珙為北魏人之說，頗為中肯。[95] 此外，宋人雖謂守溫有《三十六字母圖》之作，敦煌 P.2012 所載守溫字母卻只有三十字，戴震的說法雖不一定正確，但起碼以事論事。第二則和第四則指責釋家妄造字母出於西域之說，並斥之為「窮劣之徒」、「相欺相誕」，帶有強烈的感情色彩。戴震死後，余廷燦〈戴東原事畧〉（1789 前後）將戴震的觀點概括為「君嘗謂反切之法，起於孫叔然。［……］何釋氏之徒，既移反切之法於珙，又移珙於四三［五？］百載之前，冒入北魏欲追而上之休文，以欺惑後世；而儒者數典自忘，亦且筆之於書，併口一談也？」[96]

早在戴震死後四年，其主張已被四庫館臣在《玉篇》提要中正式否定：

> 近時休寧戴氏作《聲韻攷》，力辯反切始魏孫炎，不始神珙，其說良是。至謂唐以前無字母之說，神珙字母乃剽竊儒書，而託詞出於西域，則殊不然。攷《隋書・經籍志》稱：「婆羅門書以十四音貫一切字，漢明帝時，與佛經同入中國」，則遠在孫炎前。［……］戴氏不究其本，徒知神珙在唐元和以後，遂據其末而與之爭，欲以求勝於彼教。不知聲音之學，西域實為專門。儒之勝於釋者，別自有在，不必爭之於此也。[97]

館臣以十四音與佛經同時於東漢進入中國，這與前文提到的官方立場完全一致。至於所謂「欲以求勝於彼教」、「聲音之學，西域實為專門」，則認為戴震否認聲韻肇自西域，只是意氣用事，抵排佛教。然而館臣仍然停留在儒釋二教的優劣上，言辭尚不至激烈。

95　案神珙為北魏人之說，早見魏了翁〈師友雅言〉引李肩吾（李從周）「自元魏胡僧神珙入中國，方有四聲、反切」，其說實無確據。

96　余廷燦：《存吾文稿》，《續修四庫全書》影印上海圖書館藏咸豐五年雲香書屋刻本，冊1456，頁138a。

97　《欽定四庫全書總目》，《景印文淵閣四庫全書》，冊1，頁838a-b。

　　戴震死後十數年，余廷燦作〈戴東原事畧〉，紀昀〈與余存吾太史書〉雖讚揚余廷燦「所舉著書大旨，亦具得作者本意」，但卻認為「中有一條，畧須商搉」：

> 東原與昀交二十餘年，主昀家前後幾十年，凡所撰錄，不以昀為弇陋，頗相質證，無不犁然有當於心者。獨〈聲韻考〉一編，東原計昀必異論，竟不謀而付刻。刻成，昀乃見之，遂為平生之遺憾。蓋東原研究古義，務求精核於諸家，無所偏主，其堅持成見者，則在不使外國之學勝中國，不使後人之學勝古人，故於等韻之學，以孫炎反切為鼻祖，而排斥神珙反紐，為元和以後之說。夫神珙為元和中人，固無疑義；然《隋書・經籍志》明載梵書以十四字貫一切音，漢明帝時與佛經同入中國，實在孫炎以前百餘年，[……] 安得以等韻之學，歸諸神珙，反謂為孫炎之末派旁支哉？東原博極羣書，此條不應不見，昀嘗舉此條詰東原，東原亦不應不記，而刻是書時，仍諱而不言，務伸己說，遂類西河毛氏 [引案：毛奇齡] 之所為，是亦通人之一蔽也。[……] 祈刊改此條，勿彰其短。[……] [98]

紀昀所持理據與館臣提要完全相符，表面上雖然動之以情，表現出迴護亡友，希望余廷燦「勿彰其短」，但信中不但指責戴震對自己的反駁充耳不聞，更謂戴震所為類近毛奇齡。四庫館臣批判毛奇齡「盛氣叫囂，肆行誹詆」、「負氣叫囂」、「逞博爭勝，務與炎武相詰難，則文人相輕之習，益不足為定論矣」，[99] 指控頗為嚴重。當中「不欲使外國之學勝中國」一語，固然一針見血指出了戴震對釋氏的排抵之心；清廷一向藉聲韻出自西域論證滿文的優越性，因此紀昀的指控不但是外國之學是否可以勝於中國的問題，同時也等於指控戴震違反官方標準答案，乃至隱然指向滿文凌駕漢字的正統性。所謂「勿彰其短」，恐怕不

98　紀昀：《紀文達公遺集》，《續修四庫全書》影印嘉慶十七年紀樹馨刻本，冊 1435，頁 420b-421a。

99　參《詩本音》、《經問》、《孝經問》四庫提要。《欽定四庫全書總目》，《景印文淵閣四庫全書》，冊 1，頁 653a-b，683b-684a，884b。

只從學術和私交而言，同時帶有濃烈的政治意味。

余廷燦曾有〈復紀大宗伯書〉回覆紀昀，並且把紀昀的書信附於文集中，在信後加上案語。[100] 余廷燦承認戴震「意在抑梵書之三十六母於後，因諱言《隋書‧經籍志》十四字於前」，認同十四字「已與佛經同入中國，其為反切濫觴，在孫叔然之前，固顯白無疑者」，看似全盤接受紀昀的說法。信中「今（引案：「今」字抬頭）之推測步算，亦不聞尊堯典、周髀而屈西法，是以聖人公聽並收，即為鳥跡蟲書，皆可師可學，又何必有疑有諱於西域之字母」一段，顯得煞有介事，余廷燦似乎也體察到紀昀信中的政治意味。然而仔細閱讀余廷燦的按語，一方面將戴震「不使外國之學勝中國」的想法視為「何嘗非篤信稽古，用心於補苴攘斥者之一端，然意嚮稍有偏涉」，並未完全抹殺戴震；一方面又說：

> 然則中國之有反切，與西域之有反切，其孰先孰後，固不必如東原之執爭；而切音之同不同，則正不可不辨。[101]

其實執爭於孰先孰後的豈止戴震，這裏似乎也暗示紀昀不應窮追猛打。即使中土和西域都有反切，余廷燦指出戴震區別二者的確有其必要。再者，余廷燦誤以為十四音即華嚴字母，針對華嚴字母提出疑問：按語裏說「華嚴字母與釋神珙字母，又無論孰先孰後，而總皆可疑，則廷燦又嘗以書質之先生者」，〈復紀大宗伯書〉更說「若夫蒺藜為茨、終葵為椎、不聿為筆、奈何為那，又似前乎華嚴十四字，六經中已具反切之端倪者」，始終站在反切肇自中土的立場替戴震辯護。

余廷燦最終還是沒有刪除相關的評論，[102] 至於紀昀對這個問題，也許是縈繫

100　《存吾文稿》，《續修四庫全書》，冊 1456，頁 89b-90a，140a-b。

101　同上注，頁 90a。

102　余氏案語云：

而至於今東原已死，猶必伸理前說，以告天下後世，見公論自在當時，不可閡者也。廷燦即欲取東原事畧，刊去此條，而另採其與江慎修所論古音者補入。歷城周太史永年見之曰：「何如兩存其說，一以見東原之博學淹通，未必不有武斷；一以見先生之好古精核，至不肯背負死生，尚論尚友者，不可省括而知所從違乎？」因仍存事畧舊本，並附先生札於右，而詳記其顛末如此。

同上注，頁 140b。

於懷，在余廷燦〈戴東原事畧〉後十數年的嘉慶七年（1802）會試策問，出現了這樣一道題目：

> 言等韻者，一云始唐釋神珙，一云始漢明帝時，孰為確歟？小學之書用以釐正訓詁，考訂音義，實窮經學古之關鍵，多士久沐聖化，必有悉其源流者，其詳著於篇。[103]

「多士久沐聖化」一語可圈可點，為甚麼說「多士久沐聖化，必有悉其源流者」？兩者有何必然的關係？康雍乾三朝御製序的「標準答案」，早已刊行於世，成為了「久沐聖化」的前提，紀昀在這裏暗示考生，必須依照標準答案作回答試題。其實早在乾隆四十九年（1784）的會試中，紀昀已考問「《隋志》稱婆羅門書在四聲前，今等韻乃緣四聲起，二者孰為韻本」，題目中又提及「我聖祖仁皇帝御纂《康熙字典》、《音韻闡微》，我皇上欽定《叶韻彙輯》、《音韻述微》，〔……〕諸生仰鑽萬一，即可別前代之瑕瑜」，[104] 同樣也暗示考生依據官方立場作答。可惜《清代硃卷集成》中未見考生的相關答案，無法進一步考察。

103　《紀文達公遺集》，《續修四庫全書》，冊 1435，頁 419b。
104　同上注，頁 416b。

餘論

　　華嚴字母韻表的唱誦，在這十年間蔚成風氣，影音光碟或網上錄音、錄影繁多，大有後來居上之勢。然而研究華嚴字母的專書，長期以來只有林光明《華嚴字母入門》。此書是為學習字母而設，主要教授字母的寫法與讀法，並考據韻表的若干版本，華嚴字母在明清時代的影響與應用原非此書所側重的內容。本書嘗試以華嚴字母為中心，考察這四十二個字母在明清宗教、語言及政治方面的意義。

　　明清時代的唱韻作為「小悟」的一環，與佛寺的關係十分密切。本書序論介紹的唱韻材料，如《悉曇經傳》中的韻圖則完全是中國的產物，〈普庵咒〉則在很大程度上已被中國化。華嚴字母則可謂在兩者之間：犍陀羅文物的大量發現，證明四十二字門的前身即佉盧文字母，四十二字門的中亞來源已可完全確認；而字門進一步發展為韻表，則是元明語音發展和韻攝合併的結果。從犍陀羅語到梵語、漢語以至藏語，一千多年來四十二字門均曾扮演一定的角色，在亞洲的文化交流史上值得特別關注。

　　本書考證了華嚴字母演化為韻表的時代，當在元明之際，並對寶金創製韻表的說法提出質疑。現存最早的韻表版本《大理叢書》本，序文中提及古庭善堅向明教徒學習唱誦華嚴字母，除了保留了明初明教活動的重要史實，也觸及雲南與中原交流，以至雲南密教性質等議題。八十華嚴中附載韻表的時代偏晚，則說明了韻表原本應以單行形式流通，這些本子雖為袾宏及智旭等人所排斥，但後來不但其後通過清代的《禪門日誦》系列進入佛教徒的視野，還見於《字學元元》等聲韻學論著，成為了普及的韻學材料。

　　通過與宋元韻圖的比較，可以發現韻表中用字與《四聲等子》的若干關連，反映了韻表對宋元韻學的繼承；但其韻攝的獨特排序，以及十三攝的結構，則屬於較新的層次，而韻表中的清濁符號，更是後期加入，並非韻表的原有內容。十三攝牽涉明清併合韻攝的風氣，也與清代湊合滿文十二字門的做法有關，具有鮮明的時代特色。韻表在清代聲韻學上最為突出的成就，應是其通過《大藏字母文字陀羅尼經》和《三教經書文字根本》等書進一步增併韻攝，進入了《康熙字典》，使十二、十三攝一脈的系統成為了官方的說法。然而〈內含四聲音韻圖〉卻刪去了前後的科儀，僅有漏刪的「唱」字暴露了唱韻的痕跡。

　　然而，四十二字母的確從形式和語音結構上而言十分獨特，其排列次序

沒有語音上的邏輯，漢譯以後部分字門的聲母重複，二合、三合字更是中土所無。對於明清佛門和學者來說，這是令人困惑的字母系統，有時甚至說為怪物也不為過。將華嚴字母比附十四音、十二律甚至二十四節氣等做法，也許令現代的聲韻學者不以為然，或覺得繁瑣雜亂而無從分析，因此難以看到有關華嚴字母的聲韻學論著。明清學人誤以華嚴字母為上古音，並將之錯誤地應用於小學訓詁的同時，華嚴字母在聲韻系統的改良上也扮演了重要的角色。李柏翰將參考華嚴字母的著作分為融合形制及附會格局兩類，[1] 這一分類還可進一步分析，即華嚴字母的借用在聲母上較為失敗，而在韻攝上則比較成功。如馬自援《等音》、林本裕《聲位》以至《康熙字典》等化用十三攝系統，成功地反映北方與音系統的改變；但如袁子讓《字學元元》和陳藎謨《元音統韻》因對音素掌握不足，錯誤理解二合和三合字的原理，改動聲母和介音的標示方法時出現了重大的漏洞。

又如林本裕《聲位》、龍為霖《本韻一得》等設立虛位，馬自援《等音》、李汝珍《李氏音鑑》化用華嚴字母聲母系統的原理不明，都是從聲母方面借用華嚴字母的失敗例子。這些韻學家比較字母數並設立虛位，與他們希望建立普世的音系，以記錄各地方言乃至各國音聲的理想有關。然而劉獻廷撰《新韻譜》，雖然設立了定位元音與借用三合，最終卻刪削了華嚴字母的聲母，正反映四十二字門在促進音素理解上的局限。

希望綜合各地音聲的還有清廷，當中還牽涉到宗教和政治上的各種考慮。清帝的文殊菩薩身份與五台山巡幸，除了與西藏的管理有密切關係，更反映了清廷對藏傳佛教的關心。當中尤以乾隆最為突出，他對文殊真言、文殊菩薩的身份以至《華嚴經》的關注，不但與其母親有關，也側映了他對宗教的熱誠，乃至以宗教作為政治手段的意識。康熙帝礙於建立中國之主的道統形象，最終並未在《康熙字典》和《音韻闡微》中貫徹以十二字頭統攝漢語聲韻的做法。然而到了乾隆年間，隨着清帝國的擴張，清廷不但編著了一系列工具書，統一漢、梵、藏、蒙的譯音與寫法，更對西域語言的優越性，建立了一套官方論述，這些不但涉及咒語翻譯，同時也是清帝國「同文大業」的政治理想。然而

1　《明清悉曇文獻及其對等韻學的影響》，頁 223-224。

不少清儒並不認同這套官方說法，他們反對字母乃至韻學西來說，當中往往提及華嚴字母。紀昀與戴震對反切起源的案例，更證明了這一論爭背後的政治意味。

　　錢大昕肯定了五十字門「分部頗有條理」的系統性，《同文韻統》也運用了五十字門，結合滿文統一了對音轉寫的方法，說明了五十字門作為推進聲韻分析的可能性。誠然，如韻圖聲母以見母為首，以日母為尾的排列方法，即與五十字門的排序有關。這裏不妨比較日語的情況，五十音圖的發展與分析與悉曇學非常密切，五十音圖的創製更直接借鑑了五十字門。相傳五十音圖的創始者為明覺（Myōgaku, 1056-?），在明覺以前，日語元音和輔音的排序尚未固定，出現了各種不同的排列方法，以下隨舉數種：[2]

醍醐寺藏《孔雀經音義》（11 世紀前期）	1. イ i	2. オ o	3. ア a	4. エ e	5. ウ u
《金光明最勝王經音義・五音又樣》（承曆三年［1079］寫本）	1. ア a	2. イ i	3. ウ u	4. エ e	5. オ o
《金光明最勝王經音義・五音》（同上）	1. ア a	2. エ e	3. オ o	4. ウ u	5. イ i
寬智《悉曇要集記》（1075）	1. ア a	2. イ i	3. ウ u	4. オ o	5. エ e
《管絃音義》（1185）	1. ア a	2. ウ u	3. イ i	4. オ o	5. エ e

　　這幾種排序當中，以《金光明最勝王經音義・五音》的アエオウイ（a e o u i）最為合理，即從開口度最大的ア a 到開口度最小的イ i 排列，[3] 然而五十音圖的定型並沒有採取這個依據開口度的排列次序，而是五十字門的排列次序：

$$a\ ā\ i\ ī\ u\ ū\ ṛ\ ṝ\ ḷ\ ḹ\ e\ ai\ o\ au\ aṃ\ aḥ$$

把日語不需要的韻母刪去，即成為今日的アイウエオ（a i u e o）次序。[4]

2　　馬渕和夫：《五十音図の話》（東京：大修館書店，1996 年），頁 164-173。

3　　大矢透：《音図及手習詞歌考》（東京：勉誠社，1981 年），頁 15。

4　　尾崎雄二郎認為五十字門次序中的 a i u 是從開口度最大的 a 到舌音位置的 i，然後再到圓唇度最大的 u。這種說法似乎與「三內」說相呼應。尾崎又提到 e 和 o 分別由 ai 和 au 變來，因此其次序本為 ai āi au āu，仍然貫徹 a i u 的排序。〈漢字の音韻〉，《日本語の世界 3　中国の漢字》，頁 151-152。

至於聲母方面的影響更是明顯，早期亦有不太相同的排列方法，[5] 但最後固定下來的五十音圖，排列次序（カサタナハマヤラワ ka sa ta na [pa>] ha ma ya ra wa）與五十字門相同。[6] 日語採用了五十字門的排序，不但在字母教學上具有較嚴整的系統性，直接利用悉曇學分析五十音的聲韻書籍更是不計其數，諸如三內、五音門法等概念，都得以結合悉曇學和日語共同開展。五十字門可謂完全主導了日本韻學的發展，導致以四十二字門系統為據的論著並未出現。相較之下，明清時代的中國聲韻學家並沒有充分地利用五十字母，甚至偶爾採用了散亂無序的四十二字門，當中固然有偶然性的部分，但華嚴和文殊信仰的興盛導致韻表的出現，似乎才是主因。此外，以華嚴字母和等子為觀音所造的説法，也造就了華嚴字母的特殊地位。至於韓國，自高麗至朝鮮朝均有《華嚴經》的轉讀法會，華嚴學更在朝鮮盛行一時，但據筆者所知，似乎未有刊刻或唱誦華嚴字母韻表的記錄。[7]

　　本書雖然觸及了明清宗教、語言及政治等方面，但仍有不少議題並未開展。諸如十二字頭對清代音韻的影響、藏傳佛教與密教中的真言、雲南韻學的專門研究等問題，都只能留待異日。

5　如《悉曇要訣》（1101）為アカヤサタナラハマワ a ka ya sa ta na ra [pa>]ha ma wa，《悉曇反音略釋》為アカサタハヤラワマナ a ka sa ta [pa>]ha ya ra wa ma na。

6　サ行對應五十字門的 ca 行，而不是 48 sa。

7　呂昭明將遼金時期北京之華嚴思想與韓國佛教連結起來，並認為申景濬《韻解訓民正音》受華嚴字母影響；然而《韻解訓民正音》並未提及華嚴字母。《東亞漢語音韻學的觀念與方法》，頁 193-198。

外一章　《重編改正四聲全形等子》初探
——兼論《四聲等子》與《指玄論》的關係

一、《四庫》本以前的空白

現存《四聲等子》的眾多版本，其源頭均可追溯到《四庫全書》各本，然而各本之間卻存在令人難以理解的差異。首先是書題「四聲等子」，只有文淵閣本《四庫全書》作「四聲全形等子」，題簽、提要、版心、卷首卷末書題，無一例外；然而文津閣本、按文瀾閣本刊印的《粵雅堂叢書》本（後有伍崇曜咸豐辛酉（1861）跋）和《咫進齋叢書》本（《四聲等子》初刻時間在1879-1882年間？），[1]乃至文溯閣本的提要（目前只能看到提要），全部作「四聲等子」。如果憑各本提要的「校上」年月份來看：

1　有關兩種咫進齋叢書本《四聲等子》及其初刻年，可參閱王曦：〈咫進齋叢書《四聲等子》版本研究〉，《湖南社會科學》第 2 期（2008 年），頁 207-209。

文淵閣本 [2]	乾隆四十六年（1781）十一月
文溯閣本 [3]	乾隆四十七年（1782）十月
文津閣本 [4]	乾隆四十九年（1784）八月
文瀾閣本（據《粵雅堂叢書》本及《咫進齋叢書》本）[5]	乾隆五十二年（1787）正月

從年份雖然無法得知文淵閣本是否參考了別種的《四聲（全形）等子》，但「全形」一詞並非四庫館臣後期增添，這一點卻可以肯定。不過，到底什麼是「全形」，以及「全形」與《四聲等子》的關係，一直沒有人加以說明，也沒有足夠的材料可資推論。如果再上溯四庫本的來源，（文淵閣）《欽定四庫全書總目》載「《四聲等子》一卷　浙江范懋柱家天一閣藏本」，[6]可知此書乃天一閣范懋柱於乾隆三十九年（1774）進呈善本之一，查范邦甸《天一閣書目‧進呈書》載「《四聲等子》一卷」條，[7]但僅有書目並無提要，而從《浙江採進遺書總錄‧丙集》記「《四聲等子》一卷，天一閣寫本」，[8]頂多可以推論天一閣本是抄本，仍無法了解天一閣本的來源。不過這裏的書名是「四聲等子」，跟文淵閣本又不一樣。從四庫本出發，無法得知《四聲等子》一書的源流，而清代以前的記載更是寥寥可數。一般認為最早提到《四聲等子》的記錄是熊澤民後至元二年（1336）〈經史正音切韻指南序〉：

2　《四聲全形等子》，《景印文淵閣四庫全書》，冊 238，頁 837b-838a。

3　金毓黻輯：《金毓黻手定本文溯閣四庫全書提要》（北京：中華全國圖書館文獻縮微複製中心，1999 年），頁 210-211。

4　《四聲等子》，《欽定四庫全書》影印文津閣本（北京：商務印書館，2005 年），冊 82，頁 545。

5　《四聲等子》，香港中文大學圖書館藏《粵雅堂叢書》本（南海伍氏，1861 年），頁 1-2。《四聲等子》，姚覲元校：《咫進齋叢書本》，嚴一萍選輯：《百部叢書集成》（台北：藝文印書館，1968 年），冊 30，頁 1-2。

6　《欽定四庫全書總目》，《景印文淵閣四庫全書》，冊 1，頁 873b。

7　范欽藏，范邦甸撰：《天一閣書目》，《續修四庫全書》影印浙江圖書館藏清嘉慶十三年揚州阮氏文選樓刻本，冊 920，頁 22a。

8　沈初撰，盧文弨等校：《浙江採進遺書總錄》，張昇編：《四庫全書提要稿輯存》影印乾隆四十年［1775］刻本（北京：北京圖書館出版社，2006 年），冊 1，頁 354。

古有《四聲等子》，為傳流之正宗，然而中間分析尚有未明，不能曲盡
其旨，又且溺於「經堅」、「仁然」之法，而失其真者多矣。[9]

加之《四聲等子》被誤認作劉鑑所作，因此《四聲等子》長期被歸屬為元代
著作。然而參照程端禮（1271-1345）《程氏家塾讀書分年日程》卷二提到「丁
度《集韻》、司馬公《類篇》、《切韻指掌圖》、吳氏《詩補音》及《韻補》、
《四聲等子》、楊氏《韻譜》」等書，[10]《程氏家塾讀書分年日程》撰於延祐二年
（1315），則《四聲等子》的出現，不能晚於南宋。查吳棫為宣和六年（1124）
進士，楊偍生卒年約為 1120-1185，如果相信程端禮的排列次序，程氏大抵認
為《四聲等子》是南北宋之交的產物。[11]

　　元代以後比較值得注意的材料是箋解《四聲等子》的著作，如晁瑮《晁氏
寶文堂書目 · 卷下 · 韻書》有「《四聲等子切韻心法》」，[12] 盛儀《（嘉靖）惟
揚志 · 經籍志》有：

《會意分音大廣篇韻十卷》（國朝景泰中［1450-1456］惟揚布衣歐清撰。
清字本源，精於字學，當時夷人入貢，聞其名必造其廬。）《碎金撮要》
一卷、《切韻心法秘要》一卷、《四聲等子注》一卷（並歐清撰。）[13]

然而只有書名而沒有細目，仍然無法了解《四聲等子》在清代以前的流播。此
外又有一些書目提到《四聲等子》，這些書目和前面提及的兩種《四聲等子》

9　　劉鑑：《新編經史正音切韻指南》，《等韻五種》，頁 1。

10　程端禮：《程氏家塾讀書分年日程》，《四部叢刊續編》影印鐵琴銅劍樓元刻本（上海：商務印
　　書館，1934 年），頁 7b。四庫本誤「楊氏《韻譜》」為「韻補」。

11　宮紀子認為程端禮所指的《四聲等子》不能排除是《切韻指南》的可能性。然而《程氏家塾讀
　　書分年日程》撰於延祐二年，遠早於《切韻指南》的後至元二年序，這樣的質疑基本上不能成
　　立。宮紀子：《モンゴル時代の出版文化》（名古屋：名古屋大學出版會，2006 年），頁 464-
　　465。

12　晁瑮、徐𤊹：《晁氏寶文堂書目　徐氏紅雨樓書目》（上海：古典文學出版社，1957 年），頁
　　157。

13　盛儀：《（嘉靖）惟揚志》，《天一閣藏明代方志選刊》影印天一閣藏明嘉靖殘本（上海：上海
　　古籍書店，1981 年），頁 4b-5a。

箋解，書名同樣都作「四聲等子」，所謂「全形」到底從何而來，讓人感到十分費解。

至於《四聲等子》的刊刻情況，今人所知更是一片空白。《四聲等子》雖然常被誤認為劉鑑所作，但《經史正音切韻指南》起碼還能看到帶有弘治九年（1496）重刊序本以及與《五音集韻》、《玉鑰匙》同刻的各種本子，當中更不乏和刻本；《四聲等子》則在四庫本以前，從來沒有任何刊本存世，現在能看到的相關記載，僅存趙宧光《悉曇經傳 · 學悉曇記》（作於萬曆丙午［1606］）：

> 宧光髫季，得《四聲等子》于先大夫齋閣，［……］先子曰：「此吾州刺史劉君所刻，［……］」得「門法玉鑰」於亂籍中，亦劉本也，間有釋氏語。[14]

「吾州刺史劉君」疑指劉世龍（正德十六年［1521］進士）。[15] 趙宧光也自稱曾撰《四聲等子栞定》一卷，今未見。[16] 此外袁子讓《字學元元》序（萬曆三十一年［1603］）也提及曾獲得「古四聲等子」。[17] 然而趙宧光所謂《四聲等子》，實際上是劉鑑《經史正音切韻指南》，符合明清之際《四聲等子》與《切韻指南》經常相混的情況。[18] 以上提到的各種材料都無法進一步考證，可以說從「古有四聲等子」到四庫本之間，出現了長達五百年的長久空白，學界討論《四聲等子》，只能直接利用晚出諸本進行分析，無法得知當中系統是否經過改動。然而楊從時《重編改正四聲全形等子》（下稱「重編本」）的發現，正好填補了這一空白。作為四庫本《四聲等子》系統（下稱「今本」）以外的本子，重編本一方面書題與文淵閣本的「四聲全形等子」一致，附錄的內容則與今本有較

14　《悉曇經傳 —— 趙宧光及其〈悉曇經傳〉》，頁 107。

15　張寅等編：《（嘉靖）太倉州志》，《天一閣藏明代方志選刊續編》影印崇禎二年重刻本，（上海：上海書店，1990 年），冊 20，頁 425。案此數頁排印頁數錯亂。

16　《說文長箋》，《四庫全書存目叢書》，冊 195，頁 110a。

17　《五先堂字學元元》，《續修四庫全書》，冊 255，頁 172a。

18　如錢大昕《元史藝文志》即云「劉鑑《經史正音切韻指南》一卷（一名《四聲等子》）」，錢曾《讀書敏求記》亦云「古《四聲等子》一卷，即劉士明《切韻指南》」。直到《四庫全書總目提要》斷定二書作者不一，《四聲等子》為無名氏作，始成定論。

大差異，為研究「四聲等子」的原始形態、流變、「全形」釋義以至聲韻學史，提供極為珍貴的訊息。不過，這個現存最早的《四聲等子》本子，卻是「重編改正」本，因此要剔劃出原始《四聲等子》的部分，以及經過「重編改正」的內容，存在一定的難度。作為研究的起點，本文先考證重編本的背景及特點，以供學界參考並作深入研究之用。

二、《重編改正四聲全形等子》簡介

　　楊從時《重編改正四聲全形等子》舊存日本內閣文庫，現存於日本國立公文書館（請求編號「別　063-0009」），是現時所知的唯一存本。此書本屬豐後國（今日本大分縣）佐伯藩毛利氏藏書，八代藩主毛利高標（MŌRI Takasue, 1755-1801）於天明元年（1781）設佐伯文庫，《佐伯紅粟齋書目‧經類第十四函》即載有「《四聲全形等子》（一本）」。[19] 其後由十代藩主毛利高翰（MŌRI Takanaka, 1795-1852）獻上幕府。書上有「佐伯侯毛利高標字培松藏書畫之印」、「日本政府圖書」、「淺草文庫」、「明霞軒藏書」、「昌平阪學問所」等印，知此書先後藏昌平阪學問所、宇野明霞、昌平學校、淺草文庫、內閣文庫，最終藏於公文書館。

　　另外又有兩種公文書館藏本的抄本，首先是靜嘉堂文庫美術館藏岡本保孝（OKAMOTO Yasutaka, 1797-1878）寫本（冊一函　四〇　架一五），目錄標為「岡本保孝手校本」，但其實所謂手校，只是把抄寫時的錯字以朱筆改正而已，並沒有真正用別本校改。書前有岡本保孝所書凡例，原書反白處，此本皆以青筆書寫。抄於弘化二年（1845），有「靜嘉堂藏書」、「宮島本」、「芳宜園奇賞」等印。此外宮內廳圖書寮文庫藏谷森善臣（TANIMORI Yoshiomi, 1817-1911）抄本（冊一　函谷　號二三六），抄於明治十六年（1883），從岡本保孝本再轉抄，實際上沒有很大的校勘意義。不過此本後有谷森善臣跋語，載有相關的考證，對研究頗有幫助。有「宮內省圖書印」、「靖齋圖書」印。

19　《佐伯紅粟齋書目》，京都大學附屬圖書館藏稻葉君山藏本大正四年（1915）謄寫本，無頁碼。

　　據大矢透的介紹，東京帝國大學（今東京大學）國語研究室也曾藏有重編本的寫本，[20] 但東京大學現無相關記錄，小出敦認為很可能於關東大地震中毀失。[21]

　　有關重編本的版本問題，現存有三種說法。記錄佐伯文庫所獻書的《［佐伯毛利侯］獻上書目》記載「《四聲全形等子》元板一卷一本」，[22] 以重編本為中國元代的刊本。然而川瀨一馬《五山版の研究》則定為「五山版」，即日本鎌倉末期至室町末期（14 世紀前半－16 世紀後半）以京都及鎌倉五山禪僧為中心的日本刻本。川瀨一馬的題解如下：

　　室町初期刊。明楊從時編。一卷。一冊。左右雙邊、有界、十三行
　　二十一字。匡郭內、縱八寸弱、橫五寸一分弱。版心「等子（丁數）」。
　　［……］[23]

把楊從時定為明代人，並沒有任何文獻上的根據。所謂室町時期，如果從足利尊氏建立北朝開始算起，指的是 1336-1573 年；但小出敦提出川瀨一馬所指的室町應從南北朝合一（1392 年）開始算起，[24] 兩者相差約 56 年。如果再看川瀨一馬定為室町初期的依據（筆者翻譯）：

　　《（重編改正）四聲等子》（明楊從時編），與《韻鏡》同類，大抵是享
　　祿［引案：1528-1532］版以前，從版式上看恐怕是室町初期開版。僅
　　藏一本于內閣文庫。（福井保氏示教）[25]

20　《韻鏡考　隋唐音圖》，冊上，頁 179。

21　小出敦：〈「重編改正四声等子」の音韻特徵〉，《京都產業大學論集》人文科學系列第 30 號（2003 年 3 月），頁 67。

22　《獻上書目》，京都大學附屬圖書館藏抄本，抄寫年不詳，無頁碼。

23　川瀨一馬：《五山版の研究》（東京：日本古書籍商協會，1970 年），頁 473。

24　〈「重編改正四声等子」の音韻特徵〉，《京都產業大學論集》人文科學系列，頁 67。

25　《五山版の研究》，頁 240。

基本上從版式來認定重編本的刊刻年期，但由於沒有刊刻牌記或序跋紀年等資訊，無法確切指明本書的刊印日期，何況刊印年和成書年不一定一致。不過從「福井保氏示教」看來，川瀨一馬可能沒有親見原物，雖然《五山版の研究》的圖錄中刊出了重編的數頁書影。

至於大矢透的斷代則更晚，更認為重編本乃寬永（1624-1644）以上、慶長（1596-1615）年間本，而且又從書中附載「續添切韻門法玉鑰匙」，推論重編本當出於萬曆（1573-1619）或以後。[26] 小出敦已提出「玉鑰匙」的編撰者真空並非萬曆中人，[27] 而且《新編篇韻貫珠集》有弘治十一年（1498）本，「玉鑰匙」的編撰不可能晚至萬曆年間。有關「玉鑰匙」的問題有待另文探討，釐清重編本中「續添切韻門法玉鑰匙」的性質和年代，對了解「玉鑰匙」系資料的傳承也有極大的幫助。

總而言之，對重編本版本的斷定，或元或明，或中土刻本，或日本刻本，尚未有最後的定論。然而以上三家的論斷都欠缺文獻上的實質證據，而且由於重編本已經重新裱裝，加上筆者能力所限，單憑肉眼難以判斷其確切年代，但無論如何，重編本的時代遠比今本為早，後文還會從內容方面說明重編本的時代不能太晚。

重編本序文云「恣習聲韻弘農楊從時編並序」，編者楊從時未見於史傳，時代籍貫皆不可考。[28] 各朝的弘農雖都不出今河南省境內，但弘農郡廢於貞觀八年（634），而弘農縣則於宋至道三年（997）更名，並廢於元前至元八年（1271）。[29] 案弘農楊氏是楊姓郡望，因此並不能反映楊從時的真正籍貫。小出

26   《韻鏡考　隋唐音圖》，冊上，頁96，179。大矢透於《韻鏡考》第十三章提出此書為寬永以上寫本，但在第十八章則把年限縮窄到慶長年間。

27   小出敦：〈『重編改正四声等子』の音韻特徴〉，《京都產業大學論集》人文科學系列第30號（2003年3月），頁67。

28   筆者翻查「中國基本古籍庫」、《天一閣藏明代方志選刊》及《天一閣藏明代方志選刊續編》中河南省部分方志、《宋人傳記資料索引》、《遼金元傳記三十種綜合引得》、《元人傳記資料索引》、《八十九種明代傳記綜合引得》、《明人傳記資料索引》、《明代地方誌傳記索引》等，均未見楊從時一名。小出敦遍搜清代地方誌十數種，亦無發現。

29   明代又另有弘農衛和弘農潤。關於河南府的沿革，可參田文鏡等監修，孫灝等編纂：《河南通志》，《影印文淵閣本四庫全書》，冊535，頁114b-117a。

敦從重編本附錄內容的語音系統，推斷楊從時當屬吳語區域人士，[30] 後文將對這一說法提出反證。

　　中國學者並未注意到重編本的存在，陽海清等《文字音韻訓詁知見書目》亦未收錄。日本方面，雖然大矢透（撰於 1924）、川瀨一馬（1970）和小出敦（2003）都分別提及此本並試加研析，然而此書在日本至今仍不易得見，且分析亦多集中在刻本研究和重編本的附錄，乃至把重編本當作普通的材料加以引用，未曾將之置入《四聲等子》的譜系乃至聲韻學史的脈絡中加以分析。職是之故，筆者親訪上述三種重編本，以下是重編本和今本組成部分的比較：

今本	重編本
四聲（全形）等子序	重編改正四聲全形等子序
七音綱目	
辨音和切字例、辨類隔切字例、辨廣通切字例、辨內外轉例、辨窠切門、辨振救門、辨正音憑切寄韻門法例、辨雙聲切字例、辨疊韻切字例	
「韻圖」	「韻圖」
	續添切韻門法玉鑰匙
	二百六韻分一十六攝各分內八轉外八轉
	二百六韻分配五姓例
	辨三十六母清濁法
	口韻聲源律例括要圖
	檢韻術
（韻圖：二十圖）	（韻圖：二十一圖）
	平入合韻圖
	（跋語）

當中韻圖部分最值得注意的是，重編本各圖並不像今本標出十六攝的名稱；第一圖通攝和第二圖效攝的次序互換，即重編本與《切韻指掌圖》一樣，都以效攝居首；重編本比今本多出一圖，即在今本第九圖宕攝和第十圖遇攝中間，插入頁碼「又九」，以遇攝中「魚語御屋」韻字另為一圖，並標明「依《集韻》

30　〈「重編改正四声等子」の音韻特徴〉，《京都產業大學論集》人文科學系列，頁 78。

增加」。篇幅所限，本文先集中討論重編本中見母列位與重編本序中的特點。

三、《四聲等子》、見母列位與切身

歷來研究《四聲等子》的學者同樣面對一道難題，那同樣也是廖廷相當年的疑惑：

> 惟止攝見母一等平聲「祐」字，不知何字之誤。考《切韻指掌圖》、《切韻指南》，此處皆不應有字，《五音集韻》五脂見母下有「祺」、「禥」、「祈」三字，此「祐」字或「祺」、「禥」、「祈」之誤歟？又深攝見母一等平聲「站」字，亦不知為何字之誤，考《切韻指掌圖》、《切韻指南》，此處亦不應有字，《續通志》、《七音略》則作「根」字，然「根」非深攝字，惟《廣韻》二十七銜有「鑑」字，古銜切，是「鑑」字可讀平聲，然「鑑」與「站」字形絕異，似不至訛為「站」。以上二字，明知其誤，然無可據而改定之，宜姑仍其舊也。[31]

咫進齋本和粵雅堂本都有「祐」、「站」二字，文瀾閣本也應當如此；文淵閣本和文津閣本都作「祐」、「站」，不過「祐」侯古切，同樣不應列於止攝。無論如何，諸本在止攝開口見母一等、深攝見母一等都有這兩個代表字，似乎不是個別版本的衍字，反映四庫諸本的共同底本應當有此二字。

查看時代較早的重編本，相應的兩處都沒有代表字，[32] 初看令人疑心原本《四聲等子》並沒有這兩個代表字。不過，如果看看重編本的「口韻聲源律例括要圖」：

31　撰人不詳：《四聲等子》影印咫進齋本，《百部叢刊集成》（台北：藝文印書館，1968 年），頁27a。
32　《重編改正四聲等子》，頁 14a，25a。

亢絚公啎歌該祐根干站甘高勾　　　　　開

光肱功孤戈傀䐡昆官　　　　　　　　合 [33]

出現了「祐」和「站」兩字，與「祐／祜」、「站」的字形十分相似。如果再分析以上各字的小韻地位：

開	攝	聲韻地位	《四聲等子》代表字	合	攝	聲韻地位	《四聲等子》代表字
亢	宕	見唐平開一	剛	光	宕	見唐平合一	光
絚	曾	見登平開一	絚	肱	曾	見登平合一	肱
公	通	見東平合一	公	功	通	見東平合一	公（未另立一圖）
啎	遇	古：見模上合一 吾：疑模平合一	今本無此圖 重編本：○	孤	遇	見模平合一	孤
歌	果	見歌平開一	哥	戈	果	見戈平合一	戈
該	蟹	見咍平開一	該	傀	蟹	見灰平合一	傀
祐	止	古：見模上合一 衣：影微平開三	今本：祐／祜 重編本：○	䐡	止	古：見模上合一 回：匣灰平合一	○
根	臻	見痕平開一	根	昆	臻	見魂平合一	昆
干	山	見寒平開一	干	官	山	見桓平合一	官
站	深	立：來緝入開三 （音：影侵平開三B）	今本：站 重編本：○				
甘	咸	見談平開一	甘				
高	效	見豪平開一	高				
勾	流	見侯平開一	鈎				

　　有關「□韻聲源律例括要圖」的其他部分，留待另文詳細分析。這裏以見母一等的字來代表各攝（沒有一等的改用三等），開口十三字，合口九字，共二十二字。值得注意的是，「□韻聲源律例括要圖」的「頌曰」有「先須細弄

十二括，然後摜（橫）將七例窮」，[34]「七例」指圖後的七行例字，而所謂「十二括」當指見母的十二個開口代表字，明顯與「□韻聲源律例括要圖」的開口十三字數目不符。重編本「□韻聲源律例括要圖」所多出的，應當是「語」字，今本韻圖中，遇攝只有一圖，見母一等列「孤」字；重編本「依《集韻》增加」把魚韻另列一圖，證明原本《四聲等子》並無此圖，因此可以確定是楊從時增補一圖後補上相應的「語」字。此外，通攝開口代表字「公」與合口代表字「功」同小韻地位，《四聲等子》中通攝亦只有一圖，見母一等代表字是「公」，因此不當有「功」字。扣除「語」和「功」字後，剩下的二十字的小韻地位與《四聲等子》二十圖的系統相合，同時也符合今本序所提及「其《指玄》之論，〔……〕別為二十圖」的說法。

　　這二十二字中「語」、「祐」、「站」、「硐」屬於所謂「切身」，趙宦光《説文長箋》卷三十三：「釋典譯法，真言中此方無字可當梵音者，即用二字聚作一體，謂之切身。」[35]「□韻聲源律例括要圖」為了要用見母一等字概括這二十一圖，凡是見母一等無字的地方，只能利用切身字來表達相應的音節。今本的「祐／祜」、「站」，其實是「祜」、「站」的形誤，後人不識切身字，把切身字訛為一般漢字，廖廷相的疑問，因重編本的發現而終於得出定解。

　　現在重新回到今本和重編本的問題，今本諸本韻圖中均出現錯字「祐／祜」、「站」，反映今本和「□韻聲源律例括要圖」一樣，本來都有「祜」、「站」這兩個切身字。問題是「□韻聲源律例括要圖」利用見母一等字來簡要歸納韻圖體系，因此有使用切身字的必要，但韻圖為什麼還要列出這些切身字？到底是《四聲等子》本來就載有這些切身字，還是有人為了把「□韻聲源律例括要圖」一類材料與韻圖配合閱讀，所以把切身字加入韻圖？黃耀堃分析《解釋歌義》，仿照《切韻指掌圖》的「二十圖總目」擬製《四聲等子》的「二十圖總目」，標出各圖中的見母小韻字，發現以見母代表字的排列，其代表字數完全符合俄藏黑水城出土抄本《解釋歌義》所提到的入聲三十五韻、平聲五十九韻

34　　同上注，頁 5a。
35　　《説文長箋》，《四庫全書存目叢書》，冊 195，頁 677b。

以及三十三輕韻，並從此確立了《四聲等子》與見母列位現象的關係。[36] 這是個重要的發現，現在由於看到了重編本的「囗韻聲源律例括要圖」，《四聲等子》與見母列位現象的關係從文獻實證得以確立。而當中平聲五十九韻，則必須算進今本的錯字「祐／祜」、「站」即原來的切身字「祜」、「站」才能湊足五十九韻之數，反映這些切身字在早期已經是韻圖的一部分。因此可以推論，《四聲等子》的韻圖中，本來就有「祜」和「站」兩個切身字，今本訛為一般漢字；重編本中則在討論見母列位時保留切身字，在韻圖中卻予以刪除，恢復了實際的列位面貌，這和楊從時〈重編改正四聲等子序〉（下稱「重編本序」）中「形依《廣》、《集》，聲稟《指玄》」的原則相符。至於「𦜖」和「功」的層次未明，有待進一步研究。[37]

　　小出敦依「囗韻聲源律例括要圖」的音韻特徵，把楊從時定為吳人而非弘農人，忽視了切身的傳承因素以及「祜」、「站」二字本存於《四聲等子》韻圖的事實，切身字的存在與楊從時的籍貫沒有直接的關係。

　　見母列位的現象固然存在於明清時代的眾多韻書當中，也見於兩宋韻書，然而早期韻圖中的見母列位現象，現存的文獻中只見於《切韻指掌圖》。重編本的出現，首次從實際文獻中找到有關見母列位配合韻書閱讀的具體形制和讀法，而且見母列位中還出現了切身字，可謂極為珍貴的新材料。《切韻指掌圖》

36　黃耀堃：〈解釋歌義所據的音韻材料及其相關問題〉，《南大語言學（第四輯）》（北京：商務印書館，2012 年），頁 48-73。

37　《解釋歌義》中的平聲五十九列位，並沒有包括止攝合口一等的見母字「𦜖」，但見母列位既然選擇了見母一等的列位，則不應遺漏「𦜖」，如此則變成六十列位，與《解釋歌義》說不符。然而由於今本和重編本的韻圖中都沒有「𦜖」，無法考知其原始形態。而且《解釋歌義》所據韻圖，依黃耀堃說沒有合併東鐘二韻，和《四聲等子》並為一圖不符，因此只能說《解釋歌義》所據的是與《四聲等子》非常接近的韻圖，個別列位出現差異十分合理。不過如果把東鐘分拆為兩圖成為二十一圖，又與《指玄論》二十圖之數不符。至於「功」字，小出敦認為楊從時的實際方言裏已無法區分東鐘，因此故意把完全同音的「功」配為「公」的合口。這一說法並不正確，因為《四聲等子》通攝只有一圖，沒有必要多加一個列位。無論依照《解釋歌義》或《指玄論》一類的材料通攝開合分圖，還是「形依《廣》、《集》」，都可輕易地從中抄出冬韻一等小韻「攻」。因此以「功」配「公」似乎是楊從時刻意為之，問題的核心在於《指玄論》是否和《解釋歌義》一樣東鐘分圖？《解釋歌義》的「頌」和「義」有沒有牽合矛盾的地方？和「𦜖」的問題一樣，如果東鐘分圖，則與《指玄論》二十圖之數不符，這一問題隱然指向「囗韻聲源律例括要圖」是否有早於《四聲等子》的層次這一問題。

的「二十圖總目」詳列四等四聲，而「□韻聲源律例括要圖」則只列見母平聲一等，兩書見母起首的用途，很明顯並不一致，見母起首在韻學上的意義和用途，值得進一步深探。

最後要指出一點，即「□韻聲源律例括要圖」各列位的排列次序，和華嚴字母韻表非常相似，後者同樣主要收錄一等字：（無二等江攝字）

華嚴字母韻表	果假	宕	曾梗	通	遇	效		蟹	止	臻	山	深	咸		流
□韻聲源律例括要圖		宕	曾梗	通	遇		果假	蟹	止	臻	山	深	咸	效	流

華嚴字母韻表的成立與《四聲等子》有極為密切的關係，其代表字反映了《四聲等子》的色彩，現在又發現和《指玄論》關係密切的重編本，在編排各攝一等字的次序也非常相似。華嚴字母韻表由於要先讀出帶 -a 的梵文字母，所以把相應的果假攝字前移，「□韻聲源律例括要圖」則沒有前移。華嚴字母韻表諸攝的排列次序，除果假攝外，基本符合尾崎雄二郎《切韻》「韻序一貫」的說法，主要母音及韻尾發音部位從後到前。華嚴字母韻表的處理略有不同，即 -ŋ → -o → -i → -n → -m → -u，因為發 -u 時雙唇聚攏向前突出，位置比緊閉雙唇的 -m 要前。因此華嚴字母韻表依照雙唇的位置把 -u 置於 -m 後，而《切韻》則依照張唇程度把 -m 置於 -u 後。[38]「□韻聲源律例括要圖」對 -u 的處理和華嚴字母韻表相同，而且還把華嚴字母韻表中讀為 -o 的效攝字，和流攝一樣視為 -u 而置於最後。以宕攝為起首的排列系統，和以通攝或效攝起首的系統又不相同，「韻聲源律例括要圖」為早期韻攝排列次序提供了罕見的實例。

四、《指玄論》新論：重編本序探析

重編本序部分文句與今本序相同，小出敦認為重編序襲用了今本序的原文。如果假設今本序是原序，而重編序是為重編而作的序，這種推想固然十分

合理，不過小出敦並沒有提出證據。如「舊有《四聲等子》，雖已流行，於中甚有舛訛，難取憑准。但僕形依《廣》、《集》，聲稟《指玄》，改正前文，以貽後進」，顯然是重編本獨有的文字；不過重編序雖然並非原序，並不代表今本序與重編本相合的地方，就一定是《四聲等子》的原來部分。兩本序文的比較請參閱篇末的附錄。

「由是《切韻》之作」一段，重編本多出「承紹讚揚」一句，使「傳芳著述」四句成了工整的駢句。「以先知覺後知，以先覺覺後覺」典出《孟子·萬章上》：「天之生此民也，使先知覺後知，使先覺覺後覺也。」〈萬章下〉亦有此語，「此民」作「斯民」。趙注：「覺，悟也。」沒有詳細說明「知」和「覺」的分別。朱熹《孟子集注》卷九：「知，謂識其事之所當然。覺，謂悟其理之所以然。」[39]弄清「知」和「覺」的區別後，重編序的文意便十分明朗：陸法言《切韻》有創始之功，是「傳芳著述」，因此是以「先知覺後知」；智公則設韻學之「關鍵」，其作有繼揚前說之讚語，其所傳乃先他人而悟前人之法，故「以先覺覺後覺」。[40]也因為兩者在性質上的差異，致使兩者在「玄關」（入門路徑）和「妙旨」兩方面都有所不同。今本序不明文意，刪去了「承紹讚揚」，無法顯示陸法言與智公兩系的差異，下文「致使玄關有異，妙旨不同」也就沒有着落。因此，無論如何，原本的序文應有「承紹讚揚」一句。

智公所謂「關鍵之設」，或許是指《指玄論》一類，而至於智公的名號，趙蔭棠雖然認為智公乃為《龍龕手鑒》作序的「智光」，[41]然而隨着《解釋歌義》漸為人所注意，《指玄論》的作者為智邦當無疑義。[42]重編本序所提到的「承紹讚揚」，具體所指不明，可能是有如《解釋歌義》「頌」一類的文體。[43]

指出智公與陸法言的體系差異，其意義何在？重編本「其為韻也虛實而可

39　朱熹撰：《孟子集注》，《四書章句集注》（北京：中華書局，2005 年），頁 310。
40　《解釋歌義·七言四韻頌》：「因君揩決參差後　義曰：智公揩決刊定參差不齊之義也。」孫伯君：《黑水城出土等韻抄本〈解釋歌義〉研究》（蘭州：甘肅文化出版社，2004 年），頁 105。
41　趙憩之［趙蔭棠］：《等韻源流》（台北：文史哲出版社，1985 年），頁 75。
42　《解釋歌義·唇音切字第七門》：「義曰：［……］今者智公建立《指玄論》，［……］儒中有事，但依智邦指教處理，必無傾差。」《黑水城出土等韻抄本〈解釋歌義〉研究》，頁 73。
43　〈七言四韻頌〉：「謂觀智公著撰不群，故於文末用申斯讚。」《黑水城出土等韻抄本〈解釋歌義〉研究》，頁 104。

憑」一段為今本序所無，然而卻足以說明問題。重編本序提到的吳鉉《宋史》無傳，〈句中正傳〉載「時又命中正與著作佐郎吳鉉、大理寺丞楊文舉同撰定《雍熙廣韻》。」[44]《宋史・藝文志》亦載：「句中正《雍熙廣韻》一百卷，序例一卷。」[45] 然而吳鉉又曾重定《切韻》，《續資治通鑒長編》卷二十四載：

> 杭州進士吳鉉嘗重定《切韻》，及上親試，因捧以獻。既中第，授大理評事史館勘書。鉉所定《切韻》，多吳音，增俗字數千，鄙陋尤甚。尋禮部試貢舉人，為鉉韻所誤，有司以聞，詔盡索而焚之。[46]

王應麟《玉海》卷四十五：

> 吳鉉（一作吳銳）重定《切韻》，興國八年 ［太平興國八年，983］ 殿試日捧以獻。七月五日戊午，令入史館校定字書。（鉉多以吳音，作俗字數千增之。貢士為鉉所誤，詔焚之。）[47]

吳鉉在音韻學史上並非重要的人物，為何重編本要特別提到吳鉉？大抵楊從時所指的並非吳鉉協助編成的《雍熙廣韻》，而是「無出《廣》、《集》」的「重定《切韻》」。《指玄論》既然引及與《廣韻》、《集韻》等官方系統以外的韻學材料，則勢必會出現與科舉官韻不符的情況，正如吳鉉的「重定《切韻》」也

44　朱長文《墨池編》所載參與者姓名，尚有王文。「宋句中正，字坦然，華陽人也。［……］太宗雅好其名，擢授直館。與徐鉉校定《說文》，與吳鉉、王文撰《雍熙廣韻》。［……］」朱長文：《墨池編》，《景印文淵閣四庫全書》，冊 812，頁 750b。

45　脫脫等撰：《宋史》（北京：中華書局，1977 年），冊 15，頁 5076。李燾《續資治通鑒長編》卷三十亦載：「六月丁丑，《廣韻》成，凡一百卷，詔書嘉獎焉。」今詔書見於《宋朝大詔令集》卷一百五十政事三〈行雍熙廣韻詔（端拱二年六月丁丑）〉，成書年在端拱二年（989）。王應麟《玉海》卷四十五所載同。

46　李燾：《續資治通鑒長編》（北京：中華書局，1995 年），冊 3，頁 547-548。錢若水《太宗皇帝實錄》卷二十六所記大致相同。鄭樵《通志・藝文略第二》載「《五音廣韻》五卷（吳鉉）」，或即此書。

47　王應麟：《玉海》，影印光緒九年浙江書局刊本（出版地不詳：江蘇古籍出版社、上海書店，1987 年），頁 847a。錢若水《太宗皇帝實錄》卷二十六所記大致相同。

使禮部舉人為之所誤，因此重編本序説《指玄論》「質疑龍門」，而切韻系韻書與《指玄論》系的差異，可以視為官方音韻與民間音韻的分歧。學界對於《指玄論》所知甚少，重編本序為了解《指玄論》提供了新的訊息。

重編本序十分重視《指玄論》，還具體提出其編撰原則是「形依《廣》、《集》，聲稟《指玄》」，從此可見：（1）楊從時很可能看到《指玄論》，最起碼仍能從當時的文獻知道《指玄論》的音韻體系；（2）楊從時雖然倚重《指玄論》，但其「重編改正」的功夫，實際上是要調和陸法言和智公兩系的矛盾，前文討論的見母列位就是一條例證。相對於重編本序與《指玄論》的密切關係，今本序在「致使玄關有異，妙旨不同」後接的卻是「其《指玄》之論［……］而況有音有字者乎」的部分，雖然也提到《指玄論》，不過焦點很明顯與重編本不同，落在門法方面。今本在韻圖前有「辨音和切字例」等條，大致與今本序可以對應。按今本序的文脈來看，這些門法理當是《指玄論》的一部分，而且從《解釋歌義》看來，《指玄論》帶有門法一類的解説，這一點並無問題。重編本也有「續添切韻門法玉鑰匙」（當中「續」字殘缺，依稀可以辨認出是「續」字），[48] 門法竟然稱作「玉鑰匙」而不是「指玄論」，假如相信重編本序和今本序各自強調了《指玄論》的不同部分，而以楊從時對《指玄論》的重視，把《指玄論》的部分換為「玉鑰匙」並不合理，何況改《指玄論》為「玉鑰匙」並沒有從理論上更動了《四聲等子》的門法系統，反而削弱了《指玄論》的色彩。其次正如小出敦所指出，「續添切韻門法玉鑰匙」中的門法過分簡略，無法視為「直指玉鑰匙門法」（乃至《經史正音切韻指南·門法玉鑰匙》）的「續添」。[49] 如果反過來看，把「玉鑰匙」視為《指玄論》一系的產物，則以上的兩點矛盾都可圓滿解釋：楊從時只是增補了《指玄論》中的原始「玉鑰匙」門法，而且經真空改定後，「續添切韻門法玉鑰匙」一類的簡單門法變成了較為詳細的「直指玉鑰匙門法」，最後定型為今天為人熟知的「玉鑰匙」。更值得注意的是，所謂「關鍵之設，肇自智公」，「關鍵（楗）」一詞本來就有鑰匙之意，[50] 從《四聲

48　谷森抄本作「新」字，與殘缺部分筆勢不合，誤。谷森善臣抄自岡本抄本，沒有看到原版。

49　〈「重編改正四声等子」の音韻特徵〉，《京都產業大學論集》人文科學系列，頁67。

50　《老子》二十七章：「善閉無關楗而不可開。」

等子》序的對文「《切韻》之作」來看，「關鍵」可能就是智公門法著述的書名或篇名。《新編篇韻貫珠集》有弘治十一年（1498）本，《經史正音切韻指南‧門法玉鑰匙》見於弘治九年（1496）本，時代偏晚，相較之下，「續添切韻門法玉鑰匙」所反映的應是較為原始的玉鑰匙形態，而與兩宋韻學關係密切。

　　《四聲等子》與《指玄論》的關聯，還可以從凡例中的「韻圖」中窺見。「韻圖」中的齒音部分，今本與重編本同樣提到齒頭音和正齒音各有兩等，[51] 和《解釋歌義‧齒音切字第十門》所論完全一致：

> 在處應知別立身　　義曰：昔日古師混為四等，智邦今分為兩等，故曰
> 「別立身」也。[⋯⋯] 始終元是一家人　　義曰：始者，初也。終者，
> 久也。一家者，俱是齒頭也，今各俱兩等也。[52]

明確指出把齒音各分兩等是智邦《指玄論》的發明。《四聲等子》的凡例部分，無論是今本還是重編本，與《指玄論》的關係，又再次得到確認。

　　總結而言，重編本序和今本序並不能簡單視為承襲修改的單向關係，兩者各自強調《指玄論》的不同特徵，因此很可能同樣來源於某種《四聲等子》的原始序文。不過如果要比較今本序和重編序的優劣，重編本序貫徹首尾地凸顯《指玄論》的體系與《切韻》系韻書的區別，雖然楊從時並不完全同意《指玄論》的說法，但「形依《廣》、《集》，聲稟《指玄》」的做法，卻比今本保留了更多《指玄論》的舊式。楊從時能夠看到《指玄論》，其重編的年代雖然無法確知，但考慮到《指玄論》在明清的聲韻學中已經淡出，楊從時身處的年代並不能太晚。退一步說，重編本很可能是有關《指玄論》的最晚出的文獻，而且即使楊從時所看到的並非《指玄論》的原本，他提到的《指玄論》的學說以至吳鉉的「重定《切韻》」，反映楊從時所接觸到的韻學材料，實在比明清以降的學者要豐富得多。

51　「照穿床審禪」的「兩二在四等三」，文淵閣本、文津閣本誤作「四等四」。
52　《黑水城出土等韻抄本〈解釋歌義〉研究》，頁 89，91。

附　今本序與重編本序比較

今本序（《咫進齋叢書》本）	重編本序
切詳夫！方殊南北，聲皆本于喉舌；域異竺夏，談ละ離於唇齒。	詳夫！方殊南北，音聲皆本于舌喉；域異竺華，談論豈離於唇齒。
由是《切韻》之作，始乎陸氏；關鍵之設，肇自智公。傳芳著述，以先知覺後知，以先覺覺後覺，致使玄關有異，妙旨不同。	由是《切韻》之作，始乎陸氏；關鍵之設，肇自智公。傳芳著述，以先知覺後知；承紹讚揚，以先覺覺後覺。致使玄關有異，妙旨不同。
其《指玄》之論，以三十六字母，約三百八十四聲，別為二十圖，畫為四類。審四聲開闔，以權其輕重，辨七音清濁，以明其虛實；極六律之變，分八轉之異。遞用則名音和（徒紅切東字），傍求則名類隔（補微切非字），同歸一母則為雙聲（和會切會字），同出一類則為疊韻（商量切商字）。同韻而分兩切者，謂之憑切（求人切神字，丞真切脣字）；同音而分兩韻者，謂之憑韻（巨宜切其字，巨祁切祁字）。無字則點寄以足之，謂之寄聲；韻缺則引鄰韻以寓之，謂之寄韻。按圖以索二百六韻之字，雖有音無字者，猶且聲隨口出，而況有音有字者乎？	
	其為韻也，有唐有宋，吳鉉、《龍龕》盛行者，無出《廣》、《集》之本；其為文也，正理正義，質疑龍門。時習者多依《指玄》之論，蓋為四類重輕，分宮羽而無爽；七倫高下，定虛實而可憑。
遂得吳楚之輕清，就聲而不濫；燕趙之重濁，剋體而絕疑，而不失於大中至正之道，可謂盡善盡美矣！	遂得吳楚之輕清，就聲而不濫；燕趙之重濁，剋體而絁（絕）疑，可謂盡善盡美，無比無儔。
近以《龍龕手鑑》重校類編于大藏經函帙之末，復慮方音之不一，唇齒之不分，既類隔假借之不明，則歸母協聲何由取準？遂以此附《龍龕》之後。	
	然而四等、五音，焉其根柢？舊有《四聲等子》，雖已流行，於中甚有舛訛，難取憑准。但僕形依《廣》、《集》，聲稟《指玄》，改正前文，以貽後進，平、入朗現，上、去迢然，
令舉眸識體，[引案：《四庫本》有「庶」字] 無擬議之惑；下口知音，有確實之決。冀諸覽者，審而察焉。	令學者舉眸識體，無擬議之惑；下口知音，有確實之訣。冀諸覽者，審而察焉。
	忝習聲韻弘農楊從時編并序

附錄一
明清聲韻學及華嚴字母年表

華嚴字母韻表	人物	著作
	寶金 1306-1370 蘭茂 1397-1476 古庭善堅 1414-1493 本悟 1440-?	
		1442 韻略易通 1450 聲韻會通 1471 成化丁亥重刊改併五音 　　　類聚四聲篇海 1496 弘治九年切韻指南本
1549 大理叢書本大方廣佛華 　　　嚴經字母 1558 志蓮本最早之題記	蓮池袾宏 1535-1615	1581 青郊雜著 1586 刊　本悟韻略易通
	呂維祺 1587-1641 木陳道忞 1596-1674 蕅益智旭 1599-1655	
1603 字學元元本		1602 重訂司馬溫公等韻圖經 1603 交泰韻 　　　五先堂字學元元 1608 序　趙宧光説文長箋
	方以智 1611-1671	1611 元韻譜 　　　音聲紀元 1611 或以後　趙宧光悉曇經傳
	陳藎謨 ?-1679? 顧炎武 1613-1682	
		1618 泰律外篇 1624 雲棲法彙 1626 西儒耳目資
		1633 音韻日月燈 1639 度曲須知

（續上表）

華嚴字母韻表	人物	著作
	葛仲選 ?-1641 沈寵綏 ?-1645 李光地 1642-1718 高奣映 1647-1707 劉獻廷 1648-1695	
		1654-1673 間　五方元音
1662-1722《嘉興藏》又續藏本《諸經日誦集要》		1666 刊　通雅
	宗常 ?-1733	
		1670 廖綸璣十二字頭引 1674 拙庵韻悟 1674-1707 間？　等音
	王蘭生 1680-1737 江永 1681-1762	
		1685 反切定譜 1692 新韻譜 1695 前　廣陽雜記
	和碩莊親王 1695-1767	
		1699-1702 之間？　三教經書文字根本、諧聲韻學
1703 等切元聲本		1700 切韻正音經緯圖 1703 等切元聲 1706 古今圖書集成（初稿） 1707 前　聲位 1708 重訂馬氏等音外集內集元音統韻
		1715 敕撰音韻闡微
1716 康熙本諸經日誦		1716（康熙）字典
	盧文弨 1717-1796	

（續上表）

華嚴字母韻表	人物	著作
1723 雍正元年本重校諸經日誦		
1733 雍正十一年本日課便蒙	戴震 1724-1777 紀昀 1724-1805 錢大昕 1728-1804 余廷燦 1729-1798 周春 1729-1815 段玉裁 1735-1815 桂馥 1736-1805	1726 音韻闡微告成 1743 圓音正考 1744 黃鐘通韻 1749 欽定同文韻統 1750 本韻一得
1771 曹文埴等寫本八十華嚴	李汝珍 1763-1830	1762 悉曇奧論 1763 西域同文志 1769 增補韻法直圖 1771-　四庫全書 　　　欽定增訂清文鑑 1772 清漢對音字式 1773 音韻述微 　　　滿漢蒙古西番合璧大藏全咒 　　　聲韻考 1775 等韻精要 1777 滿洲源流考 1779 欽定滿州蒙古漢字三合切音清文鑑 　　　清漢對音字式 1787 皇朝文獻通考 　　　欽定皇朝通志

（續上表）

華嚴字母韻表	人物	著作
	鄒漢勛 1805-1854 陳澧 1810-1882	1804 小學餘論 1805 李氏音鑑 1815 等韻簡明指掌圖 1840 音韻逢源 1842 切韻考 1878 刊　五韻論 1879 切韻考外篇
1893-1896 江北刻經處重印本 　　　　八十華嚴 1900 光緒二十六年本禪門日 　　　誦		

附錄二
明清僧人刊刻及編撰聲韻學著作一覽

書後所附之數字為《文字音韻訓詁知見書目》書號。

（一）佛寺刊行之韻學著作

1.《切韻指南》[1]

新編經史正音切韻指南一卷	弘治九年［1496］	思宜刻本	07522
切韻指南一卷	弘治十年［1497］	金臺大隆福寺募刻本	07524（07565），與貫珠集合函
新編經史正音切韻指南一卷	正德十一年［1516］	承恆募刻本	07529
經史正音切韻指南一卷	嘉靖三十一年［1552］	上藍禪寺刻本	07533
新編經史正音切韻指南一卷	嘉靖四十三年［1564］	金臺衍法寺本讚刻本	07534（07579），與直指玉鑰匙門法合函
經史正音切韻指南一卷	萬曆二十六年［1598］	衍法寺刻本	07539
經史正音切韻指南一卷	崇禎二年［1629］	金陵圓覺庵新仁刻本	07540
經史正音切韻指南一卷	康熙二十五年［1686］	恆遠刻套印本	07543（07580, 07687），與直指玉鑰匙門法、新增指明門法歌訣互含字義合函
經史正音切韻指南一卷	康熙二十五年［1686］	京都廣渠門內隆安禪寺刻本	07545（07688）、台灣國立師範大學、日本京都大學藏本，與新增指明門法歌訣互含字義合函

1　　另有《新增篇韻拾遺併藏經字義》一卷，附明刻本《切韻指南》後（中山大）。

2.《五音集韻》

改併五音集韻十五卷	成化（六至七年）[1470-1]	金臺大隆福寺募刻本	05685

3.《四聲篇海》

大明成化丁亥重刊改併五音類聚四聲篇十五卷	成化七年 [1471]	金臺大隆福寺文儒募刻本	05705
大明正德乙亥重刊改併五音類聚四聲篇十五卷五音集韻十五卷	正德十一年 [1516]	金臺衍法寺覺恆募刻本	05711（07530,07568），附切韻指南、貫珠集、直指玉鑰匙門法
大明正德乙亥重刊改併五音類聚四聲篇十五卷五音集韻十五卷	嘉靖三十八年 [1559]	本贊重修正德十一年本	05712（07531,07569,07571），附切韻指南、貫珠集、直指玉鑰匙門法
大明萬曆乙亥重刊改併五音類聚四聲篇十五卷萬曆己丑重刊改併五音集韻十五卷	萬曆三年至十七年 [1575-1589]	崇德圓通庵如彩刻本	05714（07535），附切韻指南、貫珠集
五音篇韻合刻	萬曆三年至十七年 [1575-1589]	溫州天台虎跑寺	高校古文獻資源庫
大明萬曆己丑改併五音類聚四聲篇十五卷五音集韻十五卷	萬曆二十三年 [1595]	晉安芝山開元寺刻本	05717（07538,07574），附切韻指南、貫珠集
大明萬曆己丑重刊改併五音類聚四聲篇十五卷五音集韻十五卷	崇禎二年至十年 [1629-1637]	金陵圓覺庵新仁刻本	05718（07541,07576），附切韻指南、貫珠集

4.《貫珠集》

新編篇韻貫珠集八卷	崇禎十年 [1637]	金陵圓覺庵新仁刻本	07577

5. 其他

韻法直圖一卷	康熙十八年 [1679]	雲棲寺刻本	07611

（二）僧人著作

若愚直指捷徑門法一卷	（明）若愚	隆慶六年［1572］	07564
重刊北京五大部直音會韻二卷	（明）久隱	萬曆三十三年［1605］楞嚴寺般若堂刻本	高校古文獻資源庫
韻略易通不分卷	（明）本悟	康熙八年［1669］刻本、徹潤刻本、清抄本等	05926-05928
韻學指南辨惑不分卷	（明）恆輝	康熙十六［1677］年刻本	06905，見販書偶記續編
新增指明門法歌訣互含字義合函	（清）恆遠	康熙二十五年［1686］	見《切韻指南》說明
大藏字母九音等韻十二卷	（清）阿摩利諦	康熙四十二年本	07759
大藏字母切韻要法	不詳撰人	雍正、嘉慶刻本	07760-07761，助刊僧人見《等韻源流》
切韻要法全集一卷	（清）法輪	清刻本	07895
切韻正音經緯圖一卷	（清）宗常	雲南叢書本	07897
三教經書文字根本	（清）阿摩利諦等	板存東吉祥寺，雍正九年［1731］刊本	助刊僧人見《等韻源流》

附錄三
四十二字門及華嚴字母對照表

A：Gaṇḍavyūha[1]

B：巴焦爾（Bajaur）寫卷（依據 Melzer 2017）

C：尼雅四十二字門木板（僅存字門 16-35）

D：西晉竺法護譯《光讚般若經》（T8, no.222, pp. 195c-196a）

E：西晉無羅叉譯《放光般若經》（T8, no.221, p. 226b-c）

F：後秦鳩摩羅什譯《摩訶般若波羅蜜經》（T8, no.223, p. 256a8-b11）

G：東晉馱跋陀羅譯《大方廣佛華嚴經》（六十華嚴）（T9, no.278, pp. 765c-766a）

H：唐玄奘譯《大般若波羅蜜多經》（T5, no.220, p. 302b-c, pp. 81c-82a, pp. 489b-490a）

I：實叉難陀譯《大方廣佛華嚴經》（八十華嚴）（T10, no.279, p. 418a-b）

J：唐地婆訶羅譯《大方廣佛華嚴經入法界品》（T10, no.295, p. 877a-b）

K：般若譯《大方廣佛華嚴經》（四十華嚴）（T10, no.293, pp. 804a-805a）

L：不空譯《大方廣佛華嚴經入法界品四十二字觀門》（T19, no.1019, pp. 707c-708c）

	A	B	C	D	E	F	G	H	I	J	K	L
1	a	（a）		14. 阿	阿	阿	阿	哀	阿	阿	婀	阿
2	ra	ra		1. 羅	羅	羅[2]	羅	洛	多	羅	囉	囉

1　／前後分別為 Suzuki 本及 Vaidya 本的字門。Daisetz Teitaro Suzuki and Hokei Idzumi（ed.）, *The Gandavyuha Sutra*（Kyoto: The Sanskrit Buddhist Texts Publishing Society, 1934）, pp. 448-450. P. L. Vaidya, *Gaṇḍavyūhasūtra*（Darbhanga: The Mithala Institute, 1960）, pp. 353-354.

2　思溪、普寧、嘉興作羅。

（續上表）

	A	B	C	D	E	F	G	H	I	J	K	L
3	pa	pa		2.波	波	波	波	跛	波	波	跛	跛
4	ca	ca		3.遮	遮	遮	者	者	者	者	者	左
5	na	ṇa (na?)		4.那	那	那	多	娜	那	多	曩	曩
6	la	la		5.羅	羅	邏³	邏	砢	邏	邏	攞	攞
7	da	da		6.陀	陀	陀	茶	柁	柂	茶	娜	娜
8	ba	ba		7.波	波	婆	婆	婆	婆	婆	婆	麼⁴
9	ḍa	ḍa		8.咤⁵	茶	茶	茶⁶	茶⁷	茶	茶⁸	拏	拏
10	ṣa/ sa	ṣa		9.沙	沙	沙	沙	沙	沙	沙	灑	灑
11	va	va		10.恕	和	和	他	縛	縛	他	嚩	嚩
12	ta	ta		11.多	多	多	那	頦	哆	那	哆	多
13	ya	ya		12.計	夜	夜	那＞邪⁹	也	也	耶	也	野
14	ṣṭa	ṭha		13.咤	咤	咤	史咤	瑟咤	瑟咤	史咤	瑟咤	瑟咤¹⁰
15	ka	ka			加	迦	迦	迦	迦	迦	迦	迦
16	sa/ ṣa	sa	sa	15.娑	娑	娑	娑	娑¹¹	娑	婆	娑	娑
17	ma	ma	ma	16.摩	摩	磨¹²	摩	磨	麼	摩	莾	莾
18	ga	ga	ga	17.迦	伽	伽	伽	伽	伽	伽	誐	誐

3　思溪、普寧、嘉興作羅。

4　思溪、普寧、嘉興作摩。

5　思溪、嘉興作蹉。

6　嘉興作茶。

7　卷四一五茶誤作茶，思溪、普寧、嘉興不誤。

8　思溪、嘉興作茶。

9　思溪、普寧、嘉興皆作邪，大正作那，誤。

10　思溪、普寧「咤」作「咃」。

11　思溪、普寧誤作婆。

12　思溪作魔。

（續上表）

	A	B	C	D	E	F	G	H	I	J	K	L
19	tha	tha	tha	18. 癉	他	他	娑他	他	他	娑他	他	他
20	ja	ja	ja	19. 闍	闍	闍	社	闍	社	社	惹	惹
21	sva	śpa	spa	20. 波	濕波	賧[13]	室者	濕縛	鎖	室者	娑嚩	娑嚩
22	dha	dha	dha	21. 陀呵	大	馱	扡[14]	達	柂	陀[15]	馱	馱
23	śa	śa	śa	22. 奢	赦	賒	奢	捨	奢	奢	捨	捨
24	kha	kha	kha	23. 呿	佉	呿	佉	佉	佉	佉	佉	佉
25	kṣa	kṣa	kṣa	24. 叉	叉	叉	叉	羼	叉	叉	乞叉	訖灑
26	sta	sta	sta	25. 尸癉	侈	哆	娑多	薩頦	娑多[16]	娑多	娑哆	娑多[17]
27	ña	ña	ña	26. 愒	若	若	壤	若	壤	壤	壤	孃[18]
28	rtha/ tha	aṭa	tha	27. 吒呵	伊陀	扡[19]	頗	辣他 / 剌 > 剌[20]	曷擺多	頗	曷囉他	囉他
								呵[21]				
29	bha	bha	bha	28. 披何	繁	婆	婆	薄	婆[22]	婆	婆	婆
30	cha	cha	cha	29. 車	車	車	車	綽[23]	車	車	車	磋
31	sma	spa	spa	30. 那	魔	摩	娑摩	颯磨	娑麼	娑摩	娑麼	娑摩
32	hva	vha	vha	31. 沙波	回	火	訶娑	嗑縛	訶婆	訶婆[24]	訶嚩	訶嚩

13　思溪誤作斯，普寧、嘉興作簸。

14　思溪、普寧、嘉興作柂。

15　宮內廳圖書寮藏舊宋本（引案：據《大正藏》介紹當為崇寧、毘盧合成本）、思溪、普寧、嘉作柂。

16　正倉院聖語藏本、宮內廳本無呼字。

17　思溪、普寧、嘉興無上字。

18　嘉興作攘。

19　普寧作柂。

20　大正卷四百一十五、四百九十作「剌 > 剌」。據 CBETA 更正。

21　大正卷四百一十五誤作阿，他卷不誤。

22　大正作餓，據 CBETA 改。

23　大正卷四百一十五作縛，思溪、普寧、嘉興作綽不誤。

24　宮內廳本、思溪、普寧、嘉興作娑。

	A	B	C	D	E	F	G	H	I	J	K	L
33	tsa	tsa	tsa	32. 嗟[25]	蹉	嗟	訶	蹉[26]	縒	訶	哆娑	哆娑
34	gha	gha	gha	33. 迦何	峨	伽	伽	鍵	伽	伽	伽	伽
35	ṭha	ṭha	ṭha	34. 吒徐[27]	咃	他	吒	摅[28]	吒	吒	姹	姹
36	ṇa	ṇa		35. 那	那	拏	拏	拏[29]	拏	拏	儜	儜
37	pha	pha		36. 頗	破	頗	娑頗	頗	娑頗	娑頗	頗	頗
38	ska	ḱa		37. 尸迦	歌	歌	娑迦	塞迦	娑迦	娑迦	娑迦	塞迦
39	ysa/ sya	za		38. 磋	嵯	醝	闍	逸娑	也娑	闍	夷娑	也娑[30]
40	śca	ća		39. 伊陀	嗟	遮	多娑	酌	室者	多娑	室者	室左
41	ṭa	ṭa		40. 伊陀（？）[31]	吒	咤	佗＞佗[32]	吒	侘	侘	侘	吒[33]
42	ḍha	ḍha		41. 吒	嗏	茶	陀	擇	陀	陀	荼	荼[34]

25　嘉興作蹉。

26　大正卷四百一十五作摅，據 CBETA 改。

27　思溪、普寧、嘉興徐作除。

28　大正卷四百一十五作拏，據 CBETA 改。

29　卷五十三作挐，據 CBETA 改。

30　思溪、普寧作二合上，嘉興作二合下同。

31　伊陀，正倉院聖語藏本作侈，宮內廳本作是侈。

32　大正作佗，據 CBETA 改為佗。

33　嘉興作咤。

34　嘉興作「茶（引去）」。

附錄四

華嚴字母韻表彙校

諸本內容差異頗大，考慮實用因素，本表以較接近通行本之光緒二十六年（1900）天寧寺刊本《禪門日誦》為底本，並據以下諸本彙校：

（1）《大理叢書》本《大方廣佛華嚴經字母》（簡稱大理）

（2）志蓮淨苑影印明天啟、崇禎年間重刊萬曆本八十華嚴（簡稱志蓮）

（3）《嘉興藏》又續藏本《諸經日誦集要》（簡稱嘉興）

（4）雍正十一年（1733）揚州平山古栖靈禪寺本《日課便蒙》（簡稱便蒙）

（5）乾隆五十七年（1792）翻雍正元年（1723）廣州海幢寺妙圓重校本《重校諸經日誦》（簡稱重校日誦）

（6）袁子讓《五先堂字學元元》（簡稱元元，明萬曆三十一年［1603］刻本）

（7）熊士伯《等切元聲》（簡稱元聲，清康熙尚友堂刻本）

（8）周春《悉曇奧論》（簡稱奧論，稿本）

（9）李汝珍《李氏音鑑》（簡稱音鑑，清嘉慶十五年［1810］寶善堂刻本）

志蓮只參考卷一至十四異文，清濁符號則酌量參考全書異文。志蓮、嘉興、便蒙、重校日誦、元元、元聲、奧論、音鑑圈中無字，諸本僅底本、志蓮、元聲、奧論有清濁符號。以下不一一出校。奧論〇作■。異體字不另出校。

1.　阿〇　佚鞿翁烏爐哀醫因安音謡謳阿[1]

2.　多〇　當登東都刀驒低顛單(顛)耽兜多

3.　波〇　幫崩(閉)[2]逋襃頗卑賓般(斌)[3](般)(襃)[4]波

1　嘉興不重複字門，下倣此。

2　大理作(崩)。

3　大理作(賓)。

4　大理作(逋)。

4.　左○　　臧增宗租遭災賮津籛浸 5 簪陬左

5.　那◐ 6　　囊能濃 7 奴猱 8 痳泥年難詃 9 南甆 10 那

6.　邏◖ 11　郎楞籠盧勞來黎嶙闌林藍 12 婁邏

7.　柂●　　唐騰 13 同徒 14 陶臺啼田檀 ⑪ 覃頭柂

8.　婆● 15　傍 16 朋蓬蒲袍 17 牌毘頻槃 ㈱ 18 蓬裒婆

9.　茶●　　長澄重除桃婰池陳獬 19 沉㦪 20 儔茶

10.　沙◎　　霜生春 21 疎稍崰詩申山深衫搜沙

11.　嚩◑ 22　忘 ㈣ 23 庠 24 無○ 25 ㈲ 26 微文橫 ㈽ 27 ㈶ 28 霂嚩

5　元元作褆。

6　元聲作○。

7　元元作農。

8　嘉興作揉，重校日誦作楺。

9　重校日誦誤作誑。

10　大理作菀，嘉興、便蒙作甆，元聲作菀。

11　元聲作○。

12　音鑑作闌，誤。

13　便蒙、重校日誦作滕。

14　嘉興誤作從。

15　志蓮卷三、奧論作◐。

16　元元作旁。

17　音鑑作枹。

18　大理作媖。

19　音鑑作○。

20　音鑑誤作慽。

21　大理誤作春。音鑑作○。

22　志蓮卷四、元聲、奧論作○。

23　大理誤作庠。

24　底本原作 ㈢，據諸本改。奧論作庠，注微交翻，誤。

25　底本原作庠，不合效攝。大理作 ㈭。

26　大理作魂。

27　大理作 ㈸。

28　音鑑作螢。

12. 哆○　　鐺燈冬都啁 [29] 懵 [30] 堤 [31] 顛殫 ⓐ 擔侸哆

13. 也◖ [32]　　陽蠅容余遙 ⓑ [33] 移寅延淫鹽由也

14. 瑟吒（二合）◎○　　尸 [34] 張尸 [35] 徵書 [36] 中書朱尸 [37] 朝 [38] 師 [39] 梩尸 [40] 知尸 [41] 珍 [42] 師 [43] 儃 [44] 尸 [45] 砧師 [46] 詀 [47] 師 [48] 鞝 [49] 瑟吒 [50]

15. 迦○　　岡拖公孤高該雞斤干 [51] 金甘鈎迦

16. 娑◎ [52]　　桑僧檊甦騷腮 [53] 西新 [54] 册 [55] 心三涷 [56] 娑

29　啁，陟交切。音鑑作凋。
30　音鑑作懭。
31　大理作提，音鑑作媞。
32　元聲作○。
33　大理作 ⓒ。
34　大理作式，元元作霜。
35　大理作式，元元作生。
36　元元作舂。
37　大理作式，元元作燒。
38　大理原字漫漶，整理者誤補為朝。
39　大理作瑟，元元作篩，音鑑作尸。
40　大理作式。
41　大理作瑟，元元作身。
42　音鑑作琛。
43　大理作瑟，元元作禋。
44　便蒙、重校日誦作禮。
45　大理作式，元元作深。
46　大理作瑟，元元作苫。
47　大理誤作砧。
48　大理作式，元元作收。
49　大理原字漫漶，整理者誤補為轉。
50　元聲闕行末字門。
51　嘉興、便蒙誤作千。
52　元聲作○。
53　音鑑作聰。
54　志蓮、奧論作辛，奧論注「一作新」。
55　大理原字漫漶，整理者誤補為現。元元作册。
56　疑大理原字漫漶，整理者補為涷。奧論作涷，注桑責翻，誤。音鑑作涷。

17. 麼◖ ⁵⁷　茫 ⁵⁸ 曹蒙模毛埋彌民瞞 ⁵⁹ 㫱 ⁶⁰ 姆呣麼

18. 伽● ⁶¹　強殃 ⁶² 窮渠喬 揩 奇勤虔琴鉗求伽

19. 他◎　湯鼟通琭叨胎梯天灘磰 ⁶³ 貪偷他

20. 社● ⁶⁴　常成慵 ⁶⁵ 蛴韶 澠 ⁶⁶ 時辰禪諶蟾酬社

21. 鑠◎ ⁶⁷　纇僧敝蘇掃認洗囟 ⁶⁸ 傘槑糙娿 ⁶⁹ 鑠

22. 柂 ⁷⁰ ●　　堂 ⁷¹ 滕 ⁷² 筒 ⁷³ 途桃擡 ⁷⁴ 提田壇 田 談投柂

23. 奢◎　傷升春 ⁷⁵ 書燒篩 ⁷⁶ 尸伸 ⁷⁷ 羶琛 ⁷⁸ 苫收奢

24. 佉◎　康砸空枯屄開欺絜 ⁷⁹ 看欽龕弧佉

57　元聲作○。

58　音鑑作芒。

59　大理從耳旁。

60　大理作㫱。

61　元聲作○。

62　便蒙作磽。

63　便蒙、重校日誦誤作蟾。

64　志蓮卷七、周春作○。志蓮卷二十一不誤。

65　元聲作傭。

66　大理作篩。

67　志蓮卷七、元聲作○。志蓮卷二十一不誤。

68　便蒙、重校日誦誤作囪。

69　志蓮作㝱，案以下遇有相同偏旁形誤，不再出校。音鑑作㝱。

70　便蒙、重校日誦誤作拖，行末字門同。

71　嘉興作棠。

72　大理、音鑑作騰。

73　元元作同。

74　大理作檯。

75　大理、志蓮、嘉興誤作舂。

76　音鑑誤作師。

77　大理誤作仲，便蒙作申。

78　音鑑作深。

79　音鑑作絜。

25.　又◎　　創琤衝初抄釵鶵嗔獧 [80] 覰 [81] 攙 [82] 搊叉

26.　娑多◎◎（二合）　思 [83] 當思 [84] 登蘇 [85] 東蘇都思 [86] 刀思 [87] 驪 [88] 西 [89] 低 [90] 西 [91] 顛 [92] 思 [93] 單西 [94] ㉕ [95] 思 [96] 耽思 [97] 兜娑多

27.　壤◕ [98] 穰仍茸如饒㑉 [99] 而仁然任礛 [100] 柔壤

28.　曷攞多（三合）●◐○ [101] 　杭 [102] 郎 [103] 當 [104] 恆楞 [105] 登洪 [106] 籠 [107] 東 [108] 胡 [109]

80　志蓮、嘉興、便蒙、重校日誦、奧論、音鑑作徎。案獧屬穿母山韻二等，正當此位；字書未見徎字，當為獧誤字。

81　底本作諟，案諟屬禪母，不合此位，諸本均作覰，據改。

82　元元作攙。

83　大理作塞，元元作相。

84　大理作塞，元元作星。

85　大理作速，元元作憶。

86　大理作塞，元元作騷。

87　大理作塞，元元作腮。

88　大理作欙，志蓮、嘉興、便蒙、重校日誦、元元、奧論作欞，元聲作儸，音鑑作擡。

89　大理作昔。

90　音鑑作抵。

91　大理作昔，元元作辛。

92　大理作巔。

93　大理作塞，元元作仙。

94　元元作心。

95　大理圈中字漫漶，無法辨認。

96　大理作塞，元元作鉆。

97　疑大理原作塞，整理者誤補作寨。元元作脩。

98　元聲作○。

99　大理作疕。

100　便蒙、重校日誦、元聲、奧論作髯。

101　底本作●○○，元聲作◎(?)，志蓮、奧論作●◐○。來母符號見 6 邏，諸本均作◑，可從。

102　志蓮、大理、嘉興、便蒙、重校日誦、元聲、奧論、音鑑作亢，元元作航。

103　元元作良。

104　音鑑全行闕第三字，以下不逐一出校。

105　元元作陵。

106　嘉興、便蒙、重校日誦、元聲作胡，奧論作壺。

107　大理、嘉興、便蒙、重校日誦、元元、元聲作龍，志蓮、奧論作矗。

108　大理、志蓮、奧論作冬。

109　志蓮、奧論作壺。

盧[110] 都毫勞[111] 刀孩[112] 來鼉[113] 奚[114] 黎[115] 低賢[116] 嶙[117] 顛寒闌[118] 單⟨言⟩[119] 林[120] ⟨顛⟩含藍[121] 耽[122] 侯婁[123] 兜曷攞多

29. 婆●[124] 旁棚鼙葡[125] 炮排皮貧柈[126] ⟨妍⟩[127] 蓬髻[128] 婆

30. 車◎ 昌稱衝樞[129] 佁差蚩瞋[130] 闡覰饞犨車

31. 娑麼◎●[131] 斯[132] 茫[133] 斯[134] 萌蘇[135] 蒙[136] 蘇[137] 模[138] 思[139] 毛[140] 思[141] 埋[142]

110　元元作廬。

111　元元作聊。

112　元元作亥。

113　大理作攂（攑?），志蓮、嘉興作儴，便蒙、重校日誦作㑞，元聲、奧論作儂。

114　便蒙誤作溪。

115　元元作離。

116　大理、志蓮、元元作礦。奧論注「一作礦」。

117　大理、志蓮、嘉興、便蒙、重校日誦、奧論、音鑑作桀，元元、元聲作鄰。

118　大理作蘭，元元作連。

119　大理作⟨礦⟩。

120　志蓮作啉，元元三字均作○。奧論作㚌。

121　元元作廉。

122　元元作聃。

123　元元作流。

124　志蓮、奧論誤作○。

125　元元、音鑑作蒲。

126　元元作拌，元聲誤作枰。

127　大理作⟨貧⟩。

128　大理誤作髻，嘉興誤作髻，奧論誤作髻。

129　便蒙、重校日誦誤作摳。

130　志蓮作耳旁，音鑑誤作慎。

131　元聲疑作●。

132　大理作塞，元元作喪。

133　元元作忙。

134　大理作塞，元元作騂。

135　大理作速，元元作鬆。

136　元元作帳。

137　大理作速。

138　元元作謨。

139　大理作塞，元元作繰。

140　大理、元元作茅。

141　大理作塞，元元作顋。

142　元元作霾。

西迷 [143] 西 [144] 民 [145] 西 [146] 蠻 [147] 西 [148] ㊀ [149] 思 [150] 菱 [151] 思 [152] 謀娑麼

32. 訶婆◎● [153]　欦 [154] 旁亨 [155] 朋 [156] 烘蓬呼蒲 [157] 蒿袍 [158] 哈排 [159] 希毘 [160] 希 [161] 貧 [162] 頹 [163] 柈 [164] 希 [165] ㊀ [166] 含 [167] 遄呴 [168] 哀 [169] 訶婆

143　大理作眉。

144　元元作新。

145　元元作坥。

146　大理作塞，志蓮、嘉興、重校日誦、奧論作思，元元作鮮。

147　音鑑誤作巒。

148　元元作心。

149　大理作㊀。

150　大理作塞，元元作三。

151　志蓮作葵，奧論誤作葵。

152　大理作塞，元元作涷。

153　元聲作◎。

154　元元作荒。

155　大理、嘉興、便蒙、重校日誦、音鑑作衡。

156　元元作彭。

157　元元作莆。

158　大理作炮，便蒙、重校日誦作刨，元元作庖。

159　大理作桦，疑誤。元元作廜。

160　大理作皮，元元作脾。

161　大理作忻，元元作欣。底本作㊀，諸本均無圈，此從諸本。

162　大理原字漫漶，無法辨認。元元作嬪。

163　元元作袄。

164　嘉興作泮，便蒙、重校日誦作拌，元元作便，元聲誤作枰。

165　大理作忻。底本作㊀，元元作○，諸本均無圈，此從諸本。

166　大理圈中字漫漶，無法辨認，疑為貧或賓字。

167　元元作䤂，志蓮、音鑑作峇。

168　疑大理整理者誤補作呴。元元作駒。

169　元元作杯，當為抔之誤。

33.　縒◎ [170]　　喪僧 [171] 鬆 [172] 蘇 [173] 繰顙 [174] 西 [175] 辛 [176] 珊 [177] 芯 [178] 糁鎪縒

34.　伽● 　　　強擎 [179] 蛩劬翹㪍 [180] 其芹乾禽鍼裘 [181] 伽

35.　吒○ 　　　張 [182] 徵 [183] 中 [184] 豬朝 [185] 椔知 [186] 珍 [187] 亶 [188] 砧砧 [189] 輒 [190] 吒

36.　拏◑ [191]　　孃蠡釀衼嬈捊 [192] 尼 [193] 紉 [194] 𡁜 [195] 詆 [196] 譌孺 [197] 拏

170　奧論作○。
171　元元作醫，當為醫之誤。
172　大理作松。
173　元元作酥。
174　元元作鰓。
175　元元作犀。
176　元元作薪。
177　元元作冊。
178　元元、音鑑作心。
179　音鑑作琴。
180　大理作揩。
181　元元作虯。
182　元元作根，誤。
183　元元作紅。
184　元元作衷。
185　大理、元元作嘲。
186　元元作賀。
187　元元作駗，音鑑作真。
188　音鑑作亶。案亶屬知母山韻，合此位。
189　便蒙、元聲誤作詀，元元作沾。
190　元元作佾。
191　底本作◎，志蓮卷十二及二十六、奧論作◑，次濁聲母當從後者。元聲符號漫漶，疑作◎。
192　志蓮、重校日誦作捊，元元、元聲、音鑑誤作樏。
193　大理作泥。
194　大理誤作紐。
195　志蓮、嘉興、便蒙、重校日誦、元元、奧論、音鑑作然。
196　重校日誦作註。
197　志蓮作湖，奧論作惆，注「一作孺，非」。案孺泥母侯韻，合此位。

37. 娑頗◎◎ [198] 思 [199] 滂 [200] 思 [201] 溯 [202] 蘇 [203] 徟蘇 [204] 蒲 [205] 思 [206] 胞 [207] 思 [208] 崑西 [209] 披 [210] 西 [211] 砏 [212] 思 [213] 潘西 [214] ⟨砏⟩ [215] 思 [216] 芝 [217] 思 [218] 抙 [219] 娑頗

38. 娑迦◎◎ [220] 思 [221] 岡 [222] 思 [223] 抪 [224] 蘇 [225] 公 [226] 蘇 [227] 孤 [228] 思 [229] 高 [230] 思 [231] 該 [232]

198　底本作◎○，奧論作○◎，誤。當從志蓮卷十三、二十七作◎◎。元聲闕符號。

199　大理作塞，元元作襄。

200　大理作傍，元元作雺。

201　大理作塞，元元作繰。

202　便蒙、重校日誦作朋。

203　大理作速，元元作蝛。

204　大理作速，元元作胥。

205　大理、志蓮、嘉興、便蒙、重校日誦、元元、元聲、奧論作稛，音鑑作補。

206　大理作塞，元元作宵。

207　大理原字漫漶，無法辨認。志蓮、元元作胞。

208　大理作塞，元元作腮。

209　大理作昔，元元作栖。

210　元元誤作彼。

211　大理作昔，元元作新。

212　音鑑作矽。

213　大理作塞，元元作先，奧論作西。

214　大理作昔，元元作心。

215　奧論誤作芝。

216　大理作塞，元元作銛，奧論作西。

217　大理、嘉興、元元、元聲、音鑑誤作芝，志蓮作○，案芝屬滂母凡韻，合此位。奧論前一代表字誤作西芝，此代表字作■，當為抄寫之誤。

218　大理作塞，元元作羞。

219　志蓮作浮。元聲、音鑑誤作桴。

220　元聲闕符號。

221　大理作塞，元元作驤。

222　元元作姜。

223　大理作塞，元元作箮。

224　便蒙、重校日誦、音鑑作柜，元元作經。

225　大理作速，元元作嵩。

226　元元作弓。

227　大理作速，元元作酥。

228　元元作車。

229　大理作塞，元元作驪。

230　元元作交。

231　大理作塞，元元作栖。

232　元元作街。

西[233] 雞[234] 西[235] 斤[236] 思[237] 干[238] 西[239] 今[240] 思[241] 甘[242] 思[243] 勾[244] 娑迦

39. 也娑●◎[245] 亦[246] 桑[247] 亦[248] 僧亦[249] 蚣[250] 亦[251] 甦[252] 亦[253] 臊[254] 亦[255] 腮[256] 亦[257] 西[258] 亦[259] 辛[260] 亦[261] 珊[262] 亦[263] 心[264] 亦[265] 三[266] 亦[267] 鞍[268] 也娑

233　大理作嘶。

234　元元作飢。

235　大理作昔，元元作辛。

236　大理作巾。元元作筋，當為筋之誤。

237　大理作塞，元元作冼。

238　嘉興、便蒙誤作千。元元作堅。

239　大理作昔，元元作心，音鑑作思。

240　奧論作金。

241　大理作塞，元元作纖。

242　元元作鍼。

243　大理作塞，元元作廢。

244　大理作鈎，元元作鳩。

245　底本作●○，據志蓮卷十三及二十七、奧論改作●◎。可從。元聲闕符號。

246　元元作羊。

247　大理作喪。

248　元元作盈。

249　元元作榕。

250　元元作淞。

251　元元作侉。

252　元元作須。

253　元元作猰。

254　元元作蕭。

255　元元作頤。

256　大理作愶，疑為整理者誤補。元元作䚡。

257　元元作夷。

258　元元作思，奧論誤作而。

259　元元作銀。

260　元元作信。

261　元元作延。

262　便蒙、重校日誦誤作冊。元元作刪。

263　元元作蟬。

264　大理作鈊。

265　元元作炎。

266　元元作毾。

267　元元作猷。

268　大理圈中字漫漶，疑整理者誤補偏旁。便蒙、重校日誦誤作鞍。元元作鞍，音鑑作較。

40. 室左○○ [269]　室 [270] 臧 [271] 室 [272] 增束 [273] 宗 [274] 束 [275] 租室 [276] 遭 [277] 室 [278] 災室 [279] 賷 [280] 室 [281] 津瑟 [282] 錢室 [283] 浸 [284] 瑟 [285] 簪 [286] 室 [287] 陬 [288] 室左

41. 侘◎　蓦 [289] 鐙踵 [290] 攄 [291] 超摅綌獙 [292] 脡琛覘 [293] 抽侘

42. 陀● [294]　唐滕 [295] 肜圖韜駘騠 [296] 田驒 ⊞ 曇骰 [297] 陀

────────────────

269　志蓮、元聲闕符號。
270　元元作殤。
271　元元作將。
272　元元作勝。
273　元元作春，元聲作室。
274　元元作蹤。
275　元元作舒，元聲作室。
276　元元作筲。
277　元元作糟。
278　元元作醨。
279　元元作施。
280　元元作茲。
281　元元作紳。
282　元元作珊，元聲作室。
283　元元作深。
284　元元作褑。
285　元元作痁，元聲作室。
286　大理整理者誤補作替。
287　元元作蒐。
288　大理、嘉興、便蒙、重校日誦、元元、元聲、音鑑作鄒，莊母尤韻三等，不合此位。陬有精母侯韻一等一讀，正合此位，但作陬者較少，疑原據時音作鄒。
289　嘉興、重校日誦、元聲、音鑑誤作募，便蒙誤作葛，奧論作暢。
290　奧論誤作蹱。
291　大理作慲。
292　嘉興、便蒙、重校日誦誤作儞。
293　便蒙誤作覘。
294　元聲作○。
295　元元作騰，元聲作騰。
296　大理作提，志蓮、嘉興、便蒙、元元、元聲、奧論、音鑑作騠。
297　大理作投。

附錄五
《大理叢書》本〈華嚴字母起止道場大略〉

第一

華嚴道場起止　每日清晨入壇，諸品經呪普回向畢。

主經者起香讚，大眾起立，弊（？）念：

鑪香乍爇，法界蒙熏，華嚴海會悉遙聞，隨處結祥雲。誠意方殷，諸佛現全身。

主經出班白云：

遮那妙體，徧法界以為身；華藏莊嚴，等太虛而為量。維此法會，不異寂場。極依正以常融，在聖凡而靡間。初成正覺，現神變於菩提場中；再轉法輪，震圓音於普光明殿。徧七處而恒演，歷九會以同宣。敷萬行之因華，嚴一乘之道果。謹遵教典，大啟法筵。仰祝

皇圖鞏固，帝道遐長。佛日增輝，法輪常轉。十方施主，增益福田。法界眾生，同圓種智。

主歸位。

南無華嚴教主盧舍那佛　三念

舉開經偈

無上甚深微妙法，百千萬劫難遭遇。我今見聞得受持，願解如來真實義。

起經卷。卷經畢，舉讚。最初共有四讚。

其一，佛讚。

華嚴海會，舍那如來，蓮華藏海坐華臺，諸佛歎奇哉。萬象昭回，幽暗一時開。一卷之三卷

華嚴海會佛菩薩　二聲　略回向

願以此功德，普及於一切。我等與眾生，皆共成佛道。

其二，法讚。

華嚴海會，寶藏靈文，大千經卷一微塵，剖出在當人。華雨繽紛，法界普薰聞。四卷至五卷

華嚴海會佛菩薩　二聲

願以此功德，普及於一切。我等與眾生，皆共成佛道。

其三，海會眾讚。

華嚴海會，十聖三賢，華臺寶座擁諸天，法界廣無邊。助佛弘宣，陸地綻金蓮。六卷之八卷

華嚴海會佛菩薩　三聲

願以此功德，普及於一切。我等與眾生，皆共成佛道。

其四，第一會讚。九卷之十一卷

華嚴海會，覺帝揚靈，菩提場內道初成，夜半覩明星。普救迷情，幽暗悉光明。

華嚴海會佛菩薩　三聲

願以此功德，普及於一切。我等與眾生，皆共成佛道。

第二會讚

普光明殿，大法弘宣，如來名號廣無邊，四諦義幽玄。法炬常燃，普［ㄑ 音］獻法王前。十二之十五卷

華嚴海會佛菩薩　三聲

願以此功德，普及於一切。我等與眾生，皆共成佛道。

第三會讚

菩提樹下，不動而昇，天王帝釋遠相迎，敷座已圓成。覺帝揚聲，萬象悉皆聽。十六至十八卷

華嚴海會佛菩薩　三聲

願以此功德，普及於一切。我等與眾生，皆共成佛道。

第四會讚

波騰行海，雲布慈門，夜摩天上眾雲臻，圍繞法王身。花雨繽紛，一會儼然存。十九之二十一卷

華嚴海會佛菩薩　三聲

願以此功德，普及於一切。我等與眾生，皆共成佛道。

第五會讚

率陁天上，慧日舒光，十回向義廣宣揚，苦海作津梁。化日舒長，花雨散天香。二十二之三十三卷

華嚴海會佛菩薩　三聲

願以此功德，普及於一切。我等與眾生，皆共成佛道。

第六會讚

高昇他化，自在天宮，廣宣十地義無窮，行布盡圓融。慧焰重重，爍破大虛空。三十四之三十九卷

華嚴海會佛菩薩　三聲

願以此功德，普及於一切。我等與眾生，皆共成佛道。

第七會讚

普光再會，大法重宣，高超十聖與三賢，等覺義幽玄。心月孤圓，究竟離言詮。四十之五十二卷。

華嚴海會佛菩薩　三聲

願以此功德，普及於一切。我等與眾生，皆共成佛道。

第八會讚

普光三會，萬行圓修，普賢瓶瀉二千酬，苦海泛慈舟。一句全收，法義一齊周。五十三之五十九卷

華嚴海會佛菩薩　三聲

願以此功德，普及於一切。我等與眾生，皆共成佛道。

第九會讚

福城東際，童子南詢，百城煙水渺無垠，知識異常倫。五十三人，一曲和陽春。六十之八十卷

華嚴海會佛菩薩

願以此功德，普及於一切。我等與眾生，皆共成佛道。

經畢總讚

普賢行願，功德周圓，普賢恩有利人天，福壽廣增延。滅罪無邊，同願禮金仙。八十一卷

華嚴海會佛菩薩　三聲

總回向

稽首華嚴真性海，種種光明福照尊。普賢萬行所莊嚴，一切真如法界義。龍樹龍宮親誦憶，實叉于闐闡微言。一乘圓頓妙法門，見性成佛真秘典。手捧目觀心口誦，當知夙有大因緣。見聞隨喜發菩提，究竟圓成莎婆若。

十方三世一切佛，諸大菩薩摩訶薩聲聞羅漢賢聖僧摩訶般若波羅蜜。

附錄六
華嚴字母韻表代表字比較

凡例

1. 本文以《廣韻》、《集韻》、《禮部韻略》、《七音略》、《切韻指掌圖》、《五音集韻》、《四聲等子》、《經史正音切韻指南》八種為比較對象，《廣韻》、《集韻》、《禮部韻略》和《五音集韻》的小韻分別參考辻本春彥《廣韻切韻譜》、方孝岳《廣韻韻圖》、佐佐木猛《集韻切韻譜》、佐佐木猛《增修互註禮部韻略切韻譜》和大岩本幸次〈五音集韻切韻譜〉。《七音略》參照楊軍《七音略校注》影印元至治本，《切韻指掌圖》用《宋本切韻指掌圖》影印宋紹定本，《四聲等子》用《叢書集成初編》本及楊從時編《重編改正四聲全形等子》，《經史正音切韻指南》用藝文印書館《等韻五種》影印弘治九年本。

2. 本表依本書所校訂之華嚴字母韻表，除去代表字門之果假攝，分為十二攝，小韻地位一般參照《廣韻》，特殊情況加注說明。

3. 韻表「〇」中補入之字，茲不收錄。

4. 二合字及三合字諸本差異太大，除 28 曷攞多及 32 訶婆收錄首字（分別對應匣母及曉母，以 [ ] 標示），其餘只收錄各代表字之最後一字。

5. 遇有韻表所用代表字與其代表聲母或韻攝不合者，以口號標出，並加注說明。分析時仍置入該小韻本身之聲韻地位處。

6. 重紐地位在小韻後標出，A 代表重紐四等，B 代表重紐三等。

7. 非平聲字於小韻後以下標字標出聲調。

8. ✓代表小韻字與華嚴字母韻表相同，〇代表該材料無相應小韻字。

9. 遇有異體字，以 [ ] 號標出通行字。錯別字以「甲 [> 乙]」形式標出。

10. 《禮部韻略》以《附釋文互註禮部韻略》為準，遇有《附釋文互註禮部韻略》

　　無而《增修互註禮部韻略》有之小韻，以＊號標出。

11.《切韻指掌圖》、《四聲等子》、《經史正音切韻指南》等有合韻情況，如：

韻表							廣	切
曾	梗	梗	曾	梗				
登一	庚二	耕二	蒸三	清三	庚三	青四		
曇			殑				✓	擎
					擎		✓	✓

　　「殑」、「擎」在《切韻指掌圖》合為一小韻「擎」，在「殑」處仍標上「擎」，表示「殑」在《切韻指掌圖》中相應的小韻地位即為「擎」。

1. 宕攝

韻表		廣	集	禮	七	切	五	四	經
唐一	陽三								
幫	幫	✓	✓	榜＊	✓	✓	✓	✓	○
滂	滂	✓	✓	✓	✓	✓	✓	✓	✓
並	傍	✓				✓	✓	✓	
	旁		✓	✓	✓				○
明	茫	✓	芒	✓	✓	忙	✓	忙	✓
非									
敷									
奉									
微	忘	亡	亡	亡	亡	亡	亡	亡	✓
端	當 鐺	✓	✓	✓	✓	✓	✓	✓	✓
透	湯	✓	✓	✓	✓	✓	✓	✓	✓
定	唐 堂	✓	✓	✓	棠	✓	✓	✓	✓
泥	囊	✓	✓	✓	✓	✓	✓	✓	✓
知	張	✓	✓	✓	✓	✓	✓	✓	✓

（續上表）

	唐一	陽三	廣	集	禮	七	切	五	四	經
徹		蠆	✓	✓	倀	倀	✓	✓	萇＞蠆	✓
澄		長	✓	✓	✓	✓	✓	✓	✓	✓
娘		孃	✓	✓	✓娘	✓	✓娘	✓	✓（娘）	✓
見	岡		✓	✓	✓	✓	剛	✓	剛	✓
溪	康		✓	穅	✓	穅	✓	✓	✓	✓
羣		強	✓	✓彊	✓彊	✓彊	✓彊	✓彊	✓	✓
疑										
精	臧		✓	✓	✓	✓	✓	✓	✓	✓
清										
從										
心	桑 顙 喪		✓	✓	✓	✓	✓	✓	✓	✓
邪										
照三										
穿三		昌	✓	✓	✓	✓	✓	✓	✓	✓
床三										
審三		傷	商	商	商	商	商	商	商	商
禪三		常	✓	✓	✓	✓	✓	✓	✓	✓
照二										
穿二		創	✓	✓	✓	✓	瘡	✓	瘡	✓
床二										
審二		霜	✓	✓	✓	✓	✓	✓	✓	✓
影	佚		鴦	鴦	○	✓	鴦	鴦	✓	鴦
曉	［炕］		炕	炕	○	䢊＞炕	炕	炕	炕	炕
匣	［杭］		航	斻	斻	航	✓	航	航	航
喻		陽	✓	✓	✓	✓	✓	✓	羊（✓）	✓
來	郎		✓	✓	✓	✓	✓	✓	✓	✓
日		穰	✓	✓	✓	✓襄＞穰	✓	✓	✓（攘）	✓

2. 曾、梗攝

	韻表							廣	集	禮	七	切	五	四	經
	曾	梗	梗	曾	梗			分攝	分攝	分攝	分攝	合攝	分攝[1]	合攝	分攝[2]
	登一	庚二	耕二	蒸三	清三	庚三	青四								
幫	崩							✓	✓嵋	○	✓	✓	✓	✓	✓
滂	漰							✓	✓	✓	✓	✓	✓	繃（✓）	✓
並	朋棚							✓	✓	✓	✓	✓	✓	✓	✓
明	瞢	萌[3]						✓ 薨	✓ 薨	✓ 薨	✓ 盲	✓ 盲	✓ 薨	✓	✓ 薨
非															
敷															
奉															
微															
端	登燈							✓	✓	✓	✓	✓	✓	✓	✓
透	鼟							✓	✓	○	✓	✓	✓	✓鼟（✓）	✓
定	騰滕							✓	✓	✓	✓	✓	✓	（✓）	✓
泥	能						寍	✓ ✓寧	✓ ✓寧	✓ ✓寧	✓ ✓寧	✓ ✓寧	✓ ✓寧	✓ ✓寧	✓ ✓寧
知				徵				✓	✓	○	✓	貞	✓	✓	✓
徹				僜				✓	✓	○	✓	樫	✓	✓	✓
澄				澄[4]				✓瀓	✓瀓	懲	✓	✓	✓瀓		✓瀓
娘															
見	揯							✓	✓揯	✓揯	✓	✓揯	✓	絚	✓柜＞揯
溪			硍					✓	✓硍	○	✓	卿	✓	✓硍（硍）	✓
羣			殑		擎			✓ ✓	✓ ✓	✓* 勍	✓ ✓	擎 ✓	✓ ✓	✓（○） ○	✓ 檠（清三）
疑															

1　併庚耕。

2　併青清。

3　按「萌」入耕二、庚二兩韻，唯《四聲等子》庚二有此，故取庚二。

4　此字尚有庚二一讀，但諸圖不收此小韻。

（續上表）

	韻表							廣	集	禮	七	切	五	四	經
	曾	梗	梗	曾	梗			分攝	分攝	分攝	分攝	合攝	分攝¹	合攝	分攝²
	登一	庚二	耕二	蒸三	清三	庚三	青四								
精	增							✓	✓	✓	✓	✓	✓	✓	✓
清															
從															
心	僧							✓	✓	✓	✓	✓	✓	✓	✓
邪															
照三															
穿三				稱				✓	✓	✓	✓	✓	✓	✓	✓
床三															
審三				升				✓	✓	✓	昇	聲	✓	✓	✓
禪三					成			✓	✓	✓	✓	✓	✓	丞	✓
照二															
穿二			琤					✓	✓	✓	✓	✓	✓	✓	✓
床二															
審二		生						✓	✓	✓	✓	✓	✓	✓	✓
影	韄							○	✓	○	○	○	✓	✓	✓
曉		[亨]						脣	✓	✓	✓		脣	✓	脣
匣	[恆]							✓	✓	○	峘	✓恒	✓恒	✓	✓恒
喻				蠅				✓	✓	✓	✓	✓	✓	盈	✓
來	棱							✓	✓棱	✓棱	✓	✓	✓棱	✓	✓棱
日				仍				✓	✓	✓	✓	✓	✓	✓	✓

3. 通攝

	韻表				廣	集	禮	七	切	五	四	經
	東一	東三	冬一	鍾三								
幫												
滂	徎[5]				○	✓	○	✓	○	✓	✓	✓
並	蓬 髼				✓	✓	✓	✓	✓	✓	✓	✓
明	蒙				✓	✓	✓		✓	✓	✓	✓
非												
敷												
奉												
微				犘	○	✓	○	○	○	○	○（✓）	✓
端	東				✓	✓	✓	✓	✓	✓	✓	✓
			冬		✓	✓	✓	○	東	✓	東	東
透	通				✓	✓	✓	✓	✓	✓	✓	✓
定	同 筒				✓	✓	✓	✓	✓	✓	✓	✓
			彤		✓	✓	✓	○	同	✓	同	同
泥												
知		中			✓	✓	✓	✓	✓	✓	✓	✓
徹												
澄				重	✓	✓	✓	✓	蟲	蟲	蟲（✓）	✓
娘				濃 醲					✓	✓		
					✓	✓	✓	✓			✓	✓
見	公				✓	✓	✓	✓	✓	✓	✓	✓
溪	空				✓	✓	✓	✓	✓	✓	✓	✓
羣		窮			✓	✓	✓*	✓	✓	✓	✓（蛩）	蛩
				蛩	✓	✓	✓	✓	窮	✓	窮（✓）	✓
疑												
精			宗		✓	✓	✓	✓	葼	✓	椶（葼）	葼

5　依《集韻》。

（續上表）

	韻表				廣	集	禮	七	切	五	四	經
	東一	東三	冬一	鍾三								
清												
從												
心	菘 戤				✓椴	✓椴	憁	✓椴	✓椴	✓椴	✓椴	✓椴
			鬆[6] 蚣		✓	✓	✓	✓	椴	椴	椴	
												✓
邪												
照三				踵上	腫	腫	腫	腫	腫	腫	腫	腫
穿三				衝	✓衝	✓衝	✓	✓	充	✓衝	✓	✓衝
床三												
審三				春	✓	✓	✓		✓	✓		✓
禪三				慵	鱅	鱅	鰊	鱅	鱅	鱅	鱅	鱅
照二												
穿二												
床二												
審二												
影	翁				✓	✓	✓	✓	✓	✓	✓	✓
曉	［烘］				✓	✓	✓	✓	✓	✓	✓	✓
匣	［洪］				✓	✓	✓	✓	✓	✓	✓	✓
喻				容	✓	✓	✓	✓	融	✓	○（✓）	✓
來	籠				✓	✓	✓	隆	✓	✓	✓	✓
日				茸	✓	✓	✓	✓	戎	✓	✓	✓

6　「鬆」有東一、冬一、鍾三三讀，此據諸圖定為冬一。

4. 遇攝 [7]

	韻表			廣	集	禮	七	切	五	四	經
	模一	魚三	虞三								
幫	逋			✓	✓	✓	✓	✓	✓	✓	✓
滂											
並	蒲葡			酺	✓	酺	✓	酺	酺	✓	酺
明	模			✓	✓	✓	✓	✓	✓	✓	✓
非											
敷											
奉											
微			無	✓	✓	✓	✓	✓	✓	✓	✓
端	都			✓	✓	✓	✓	✓	✓	✓	✓
透	瑹			✓	✓	✓*	✓	✓	✓	✓	✓
定	徒途圖			✓	✓辻	✓	✓	✓	✓	✓	✓
泥	奴			✓	✓	✓	✓	✓	✓	✓	✓
知		豬		✓	✓	✓	✓	✓	✓	株＋	✓
徹		攄		✓	✓	✓	✓	✓	✓	貙（貙）＋	✓
澄		除		✓	✓	✓	✓	✓	✓	廚＋	✓
娘		袽		✓	絮	✓	✓	✓	✓	魖＞魖＋	✓
見	孤			✓	✓	✓	✓	✓	✓	✓	✓
溪	枯			✓	✓	✓	✓	✓	✓	✓	✓
羣		渠		✓	✓	✓	✓	✓	✓	✓	✓
			劬	衢[8]	✓	✓	✓	渠	衢	渠	渠
疑											
精	租			✓	✓	✓	✓	✓	✓	✓	✓
清											
從											

7　楊從時重編本據《集韻》增加一圖，收入相關之魚三字。表中以＋號標示，代表該增加圖收
　　字與華嚴字母韻表相同。

8　此位《韻鏡》作劬。

（續上表）

	韻表			廣	集	禮	七	切	五	四	經
	模一	魚三	虞三								
心	甦蘇			✓	✓	✓	✓	✓	✓	✓	✓
邪											
照三		朱⁹		諸	諸	諸	諸	諸	諸	✓¹⁰	諸
穿三			樞	✓	✓	✓	✓	貙	✓	✓	✓
床三											
審三		書		✓	✓	✓	✓	✓	✓	輸＋	✓
禪三		蜍		✓	✓	✓	✓	✓	✓	殊＋	✓
照二											
穿二		初		✓	✓	✓	✓	✓	✓	✓	✓
床二											
審二		疎		✓疏	蔬	蔬	蔬	蔬	✓疏	梳	✓疏
影	烏			✓	✓	✓	✓	✓	✓	✓	✓
曉	［呼］			✓	✓	✓	✓	✓	✓	✓	✓
匣	［胡］			✓	✓	✓	✓	✓	✓	✓	✓
喻		余		✓	✓	✓	✓	舁	✓	逾＋	✓
來	盧			✓	✓	✓	✓	✓	✓	✓	✓
日		如		✓	✓	✓	✓	✓	✓	儒	✓

9　此字在 14 瑟吒（知母）下。

10　增加圖載「諸」。

5. 效攝

	豪一	肴/爻二	宵三	蕭四	廣	集	禮	七	切	五	四	經
幫	褒				✓褒	✓褒	✓	✓	✓褒	✓	✓	✓褒
滂		胞			✓	✓	✓	✓	✓	✓	✓	✓
並	袍				✓	✓	✓	✓	✓	✓	✓	✓
		炮			庖	庖	庖	庖	庖	庖	✓	庖
明	毛				✓	✓	✓	✓	✓	✓	✓	✓
非												
敷												
奉												
微												
端	刀 嗝				✓	✓	✓	✓	✓	✓	✓	✓
透	叨				饕	饕	饕	饕	饕	饕	✓	饕
定	陶 桃 韜				✓	匋	匋	✓	淘	✓	✓	✓
泥	猱			蕘[11]	✓	甖	✓	✓	✓	✓	✓	✓
					○	✓	○	✓	○	✓（宵）	✓	✓
知			朝		✓	✓	✓	✓	✓	✓	✓	✓
徹			超		✓	✓	✓	✓	✓	✓	✓	✓
澄		桃			✓	✓	○	✓桃>桃	✓	✓	✓	✓桃>桃
娘												
見	高				✓	✓	✓	✓	✓	✓	✓	✓
溪	尻				✓	✓	✓	✓	✓	✓	✓	✓
羣			喬B		✓	✓	✓	✓	✓	✓	✓	✓
			翹A		✓	✓	✓	○	✓	✓	✓	✓
疑												

11　此字在 36 拏（娘母）下。

（續上表）

	韻表				廣	集	禮	七	切	五	四	經
	豪一	肴/爻二	宵三	蕭四								
精	遭				糟	糟	✓	糟	糟	糟	糟	糟
清												
從												
心	騷 掃上去 繰 髞				✓	✓	✓	✓	✓	✓	✓	✓
邪												
照三												
穿三			怊		✓	✓	紹	✓	✓	✓	✓	✓
床三												
審三			燒		✓	✓	✓	✓	✓	✓	✓	✓
禪三			韶		✓	✓	✓	✓	✓	✓	✓	✓
照二												
穿二		抄			諫	諫	諫	諫	諫	諫	✓	諫
床二												
審二		稍			梢	梢	梢	梢	梢	梢	梢（✓）	梢
影	爊				✓熝	✓	熝	✓	熝	✓熝	✓	✓
曉	[蒿]				✓	✓	✓	✓	✓	✓	✓	✓
匣	[毫]				豪	✓	豪	豪	豪	豪	豪	豪
喻			遙		✓	✓	✓	✓	✓	✓	✓	✓
來	勞				✓	✓	✓	✓	✓	✓	✓	✓
日			饒		✓	✓	✓	✓	✓	✓	✓	✓

6. 蟹攝

	韻表			廣	集	禮	七	切	五	四	經
	咍一	皆二	佳二								
幫		碩[12]		〇	✓	〇	✓	〇	✓	蜱	✓
滂		崀[13]		〇	✓	〇	✓	姪	✓	〇	✓
並		 排	牌[14]	✓ ✓	✓ ✓	簿 排	✓ ✓	排 ✓	〇 ✓	✓ 牌	排 ✓
明		埋		✓	蕒	✓	✓	✓	膭	賵	瞶
非											
敷											
奉											
微											
端	鑒 懛			✓	✓	〇	✓	✓	✓	✓	✓
透	胎			✓	✓	✓	✓	✓	✓	✓	✓
定	臺 擡 駘			✓	✓	✓	✓	✓	✓	✓	✓
泥	痲？[15]			能	能	能	能	能	能	能	能
知		榸[16]		齛	齛	〇	齛	齛	✓	齛	✓
徹		摝[17]		✓	✓	〇	✓	✓	✓	扠	✓
澄		媃		〇	✓	〇	〇	〇	✓	〇	✓
娘		搱		✓ 搱	✓ 搱	〇	✓ 搱	✓ 搱	✓ 搱	羪	✓ 樨 > 搱
見	該			✓	✓	✓	✓	✓	✓	✓	✓
溪	開			✓	✓	✓	✓	✓	✓	✓	✓
羣											
疑											

12　依《集韻》。

13　依《集韻》。

14　此字尚有皆二一讀，此據諸圖定為佳二。

15　此字有泥、日母二讀，然兩者皆與諸圖不合，疑別有又音。

16　此據《集韻》莊皆切，然非小韻首字。

17　此字有皆二、佳二兩讀，此據諸圖定為皆二。

（續上表）

	韻表			廣	集	禮	七	切	五	四	經
	咍一	皆二	佳二								
精	災			✓烖	哉	哉	哉	✓烖	✓烖	✓烖	✓烖
清											
從											
心	腮顋			鰓	鰓	鼮	鰓	鰓	鰓	鰓	鰓
邪											
照三											
穿三											
床三											
審三											
禪三											
照二											
穿二		差[18]		✓	✓	✓	✓	✓	○	釵	釵
穿二			釵	✓	✓	✓	✓	差	✓	✓	✓
床二											
審二		崰		✓崰[19]	✓崰	筵	✓崰	✓崰	✓崰	✓崰	✓崰
審二			崰	✓崰	✓崰	○	✓崰	✓崰	✓崰	✓崰	✓崰
			籭[20]								
影	哀			✓	✓	✓	✓	✓	✓	✓	✓衰
曉	［咍］			✓	✓	✓	✓	✓	✓	✓	✓
匣	［孩］			✓	咳	✓	✓	✓	✓	✓	✓
喻											
來	來			✓	✓	✓	✓	✓	✓	✓	✓
日											

18　此字有皆二、佳二兩讀，此據諸圖定為皆二。

19　《廣韻》所宜、疏夷二切俱不合此位。「籭」山佳切，宋本《玉篇》所街切合此。

20　《廣韻》、《集韻》此字兩見，皆為小韻首字。《切韻指掌圖》、《四聲等子》及《切韻指南》則兩位合併。

7. 止攝

	韻表				廣	集	禮	七	切	五	四	經
	之三	支三	脂三	齊四	微三							
幫		卑A				✓	✓	✓	✓	豍	✓	✓	✓
滂		披B				鈹	鈹	鈹	鈹	鈹	鈹	✓	鈹
並			毘A			✓毗	✓毗	毗	✓毗	鼙	✓毗	陴	✓毗
		皮B				✓	✓	✓	✓	✓	✓	✓	✓
明		彌A				✓	✓	✓彌	✓	麋	✓	✓	✓
				迷		✓	✓	✓	✓	✓	✓	✓	✓
非													
敷													
奉													
微					微合	✓	✓	✓	✓	✓	✓	✓	✓
端				低 堤		✓	氐	氐	氐	✓	✓	氐	✓
透				梯		✓	✓	✓	✓	✓	✓	✓	✓
定				啼 提 騠		✓嗁	題	題	題	蹄	✓嗁	✓	✓嗁
泥				泥		✓	✓	✓	✓	✓	✓	✓	✓
知		知				✓	✓	✓	✓	✓	✓	✓	✓
徹			絺			✓	✓	✓	✓	癡	✓	稀（摛）	✓
澄		池				馳	馳	馳	馳	持	馳	馳	馳
娘			尼			✓	✓	✓	✓	✓	✓	✓	✓
見				雞		✓	✓	✓	✓雞	✓	✓	✓	✓
溪	欺					✓	敧	欹	✓	✓	敧	敧	敧
羣		奇B				✓	✓	✓	✓	其	✓	✓	祇
	其					✓	奇	奇	✓	✓	○	奇	奇
疑													
精				賫		✓齎	✓齎	✓齎	✓齎	✓齎	✓齎	✓齎	✓齎
清													
從													
心				西 洗上		✓	✓	✓	✓	✓	✓	✓	✓
邪													
照三													
穿三	蚩					✓	✓	✓	✓	眵	鴟	眵	鴟
			鴟			✓	✓雌	✓鴟	✓	眵	✓	眵	✓
床三													

（續上表）

	韻表					廣	集	禮	七	切	五	四	經
	之三	支三	脂三	齊四	微三								
審三	詩					✓	✓	✓	✓	✓	✓	施	✓
			尸[21]			✓	✓	✓	✓只>尸	詩	詩	施	詩
禪三	時					✓	✓	✓	✓	✓	✓	匙	✓
照二													
穿二													
床二													
審二													
影	醫					✓	✓	✓	✓	✓	✓	漪	✓
曉					[希開]	✓	✓	✓	✓	俙	✓	羲	犧
匣			[奚]			✓	兮	兮	兮	兮	✓	✓	✓
喻		移				✓	✓	✓	✓	✓	✓	✓	✓
來				黎		✓	✓	✓	✓	✓	✓	梨（✓）	✓
日	而					✓	✓	✓	✓	兒	✓	兒	✓

21　《廣韻》脂韻式之切，當為式脂切之誤。切二式指[>脂]切，王三、徐鍇式脂切，《集韻》升脂切可證。

8. 臻攝²²

	韻表				廣	集	禮	七	切	五	四	經
	真三		文三（合）	欣/殷三								
		集韻諄三										
幫	賓A				✓	✓	✓	○	✓	✓	✓	✓
滂	砏B				✓	✓	○	✓	✓	✓	✓	✓
並	頻A				✓	✓	✓	○	✓	✓	✓	✓
	貧B				✓	✓	✓	✓	✓	✓	✓	✓
明	民A				✓	✓	✓	○	✓	✓	✓	✓
非												
敷												
奉												
微			文		✓	✓	✓	✓	✓	✓	✓	✓
端		顛			○	✓	○	○	○	✓	✓	✓
透		天			○	✓	○	○	○	✓	✓	✓
定		田			○	✓	○	○	○	✓	✓	✓
泥		年			○	✓	○	○	○	✓	✓	✓
知	珍				✓	✓	✓	✓	✓	✓	✓	✓
徹	獜				✓	✓	✓	✓	✓	✓	縝	✓
澄	陳				✓	✓	✓	✓	✓	✓	✓	✓
娘	紉				✓	✓	✓	✓	✓	✓	✓	✓
見				斤	✓	✓	✓	✓	巾	✓	✓	巾
溪		緊			○	✓	○	○	○	✓	✓	✓
羣				勤芹	✓	✓	✓	✓	✓	✓	✓（○）	𣖄[矜]
疑												
精	津				✓	✓	✓	✓	✓	✓	✓	✓
清												
從												

22　此圖中部分《切韻》真韻字《集韻》轉入諄韻，以 ＿ 號表示。

（續上表）

| | 韻表 | | | | 廣 | 集 | 禮 | 七 | 切 | 五 | 四 | 經 |
| | 真三 | | 文三（合） | 欣/殷三 | | | | | | | | |
	真三	集韻諄三										
心	新 凶去 辛				✓	 ✓	 ✓	 ✓	✓	✓	✓	✓
邪												
照三												
穿三	嗔 瞋				 ✓	 ✓	 ✓	 ✓	 ✓	 ✓	✓	 ✓
床三												
審三	申 伸				✓	✓	✓	✓	✓	✓	✓	✓
禪三	辰				✓	✓	✓	✓	臣	✓	✓	✓
照二												
穿二												
床二												
審二												
影	因A				✓	✓	✓	✓	✓	✓	✓	✓
曉												
匣		[賢]			礥	礥	礥	礥	礥	礥	✓ （礥）	礥
喻	寅				✓	✓	✓	夤	✓	✓	✓	✓
來	嶙				粦	鄰	鄰	✓	鄰	燐	鄰	䜹
日	仁				✓	人	人	✓	人	✓	人	✓

9. 山攝

	韻表						廣	集	禮	七	切	五	四	經
	寒一	桓/歡一（合）	山二	刪二	仙三	先四								
幫		般[23]					䮾	搬	䮾	䮾	✓	䮾	䮾（✓）	䮾
滂		潘					✓	✓	✓	✓	✓	✓	✓	✓
並		槃柈					✓	✓	✓	盤	盤	✓	盤	✓
明		構瞞		蠻									謾	
							✓	✓	✓	✓	✓	✓		✓
							✓	✓	✓	✓	✓	✓	✓	✓
非														
敷														
奉														
微														
端	單殫						✓	✓	✓	✓	✓	✓	✓	✓
透	灘						✓	✓	✓*	✓	✓	✓	✓	✓
定	檀壇驒						✓	✓	✓	✓	✓	✓	✓	✓
泥	難						✓	✓鶏	✓	✓	✓	✓	✓	✓
知			徸				譠	✓	○	✓	譠	✓	譠	✓
徹					脡		✓	✓	梴	✓脡＞脡	✓	✓	✓	✓
澄			獺				✓	✓	○	✓	✓	✓	✓	✓
娘			嘫				✓	○	○	✓	✓	㜷	✓	㜷
見	干						✓	✓	✓	✓	✓	✓	✓	✓
溪	看						✓	✓	✓	✓	✓	✓	✓	✓
羣					虔B 乾B		✓	✓	✓	✓	✓	✓	✓	✓
疑														

23　此字另有刪二一讀，據諸圖定為桓一。

（續上表）

	寒一	桓/歡一（合）	山二	刪二	仙三	先四	廣	集	禮	七	切	五	四	經
			韻表											
精						籛[24]	籛	籛	籛	餞	籛	籛	籛	籛
清														
從														
心	珊 傘上						刪	刪	✓	✓	✓	刪	✓	刪
邪														
照三														
穿三					闡[25]		燀	燀	燀	燀	燀	○	燀	○
床三														
審三				羶			✓	✓羴	○	✓	✓	✓	✓	✓
禪三				禪			鋋	鋋	鋋	鋋	✓	鋋	○（✓）	鋋
照二														
穿二			獑				✓	✓	○	✓	✓	✓	✓	✓獋 [>獋]
床二														
審二			山				✓	✓	✓	✓	✓	✓	✓	✓
影	安						✓	✓	✓	✓	✓	✓	✓	✓
曉	［預］						✓	✓	✓	✓	✓	✓	✓	✓
匣	［寒］						✓	✓	✓	✓	✓	✓	✓	✓
喻					延		✓	✓	✓	✓	✓	✓	✓	✓
來	闌						蘭	✓	✓	✓	蘭	蘭	✓	蘭
日					然		✓	✓	✓	✓	✓	✓	✓	✓

24　《四聲等子》、《切韻指南》寒一均有此字，《七音略》、《切韻指掌圖》無。
25　《集韻》有稱延切平聲一讀。

10. 深攝

	韻表		廣	集	禮	七	切	五	四	經
	侵三	添四								
幫										
滂										
並										
明										
非										
敷										
奉										
微										
端										
透	罎四等[26]		○	✓	○	○/添	✓	✓	○	✓
定										
泥										
知	砧		✓砧	✓砧	✓砧	✓砧	✓	✓砧	✓砧	✓砧
徹	琛		✓	✓	✓	✓	✓	✓	✓	✓
澄	沉		✓沈	✓沈	✓沈	✓	✓沈	✓沈	✓	✓沈
娘	誑[27]		✓	✓	南*	✓誑	✓	✓	篤	✓
見	金B		✓				✓	✓	✓	✓
	今B			✓	✓	✓				
溪	欽B		✓	✓	✓	✓	✓	✓	✓	✓
羣	琴B		✓	✓	✓	✓	✓	✓	✓	✓
	禽B									
疑										
精	浸去		✓	✓	✓	✓	✓	✓	✓	✓
清										
從										
心	心		✓	✓	✓	✓	✓	✓	✓	✓
	芯									

26　《韻鏡》、《七音略》、《切韻指掌圖》置於侵韻四等，《七音略》、《四聲等子》無。

27　另有日母一讀，此據諸圖定為娘母。

（續上表）

	韻表		廣	集	禮	七	切	五	四	經
	侵三	添四								
邪										
照三										
穿三	覕		✓	✓	○	✓	✓	✓	✓	✓
床三										
審三	深		✓	✓	✓	✓	✓	✓	✓	✓
禪三	諶		✓	✓	✓	✓	✓	✓	✓	✓
照二										
穿二										
床二										
審二	罧		森	森	森	森	森	森	參	森
影	音B		✓	✓	✓	✓	✓	✓	✓	✓
曉										
匣										
喻	淫		✓	✓	✓	✓	✓	✓	✓	✓
來	林		✓	✓	✓	✓	✓	✓	✓	✓
日	任		✓	壬	壬	✓	✓	✓	✓	✓

11. 咸攝

字母	韻表						廣	集	禮	七	切	五	四	經
	覃一	談一	銜二	咸二	鹽三	凡二								
幫														
滂						芝	✓	✓	○	✓	✓芝>芝	✓	✓	✓
並			耊				✓	✓踮	○	✓	✓	○	✓耊>耊(✓)	✓
明		姏					✓	✓	○	✓	✓	✓	✓	✓
				苳			○	✓	○	○	○	✓	✓	✓妥
非														
敷														
奉														
微														
端		耽					✓	✓	✓	✓	擔	✓	✓	✓
		擔					✓	✓	儋	✓	✓	耽	✓魧(耽)	耽
透		貪					探	✓	✓	✓	舚	舚	✓	舚
定	覃曇						✓	✓	✓	✓	談	✓	✓	✓
		談					✓	✓	✓	✓	✓	覃	覃	覃
泥		南					✓	✓	✓	✓	男	✓	男	✓
知					詀		✓	✓	✓	✓	✓	✓	✓詀>詀(✓)	✓
徹			覘				✓	✓	✓	✓	✓	硯[>覘?]	✓	✓
澄			鋮				○	✓	○	○	○	✓	✓	✓
娘			諵				✓	✓	✓	✓	✓喃	✓	✓	✓
見		甘					✓	✓	✓	✓	✓	弇	✓	弇
溪		龕					✓	✓	✓	✓	坩	✓	堪	✓
羣					鉗B		箝	箝	箝	箝	箝	涅	○（鈐）	涅四等
					鍼A[28]		✓	✓	○	✓	✓	✓	○（埋［涅］）	✓三等
疑														
精		篸					✓	✓	✓	✓	鐕	✓	✓	✓

28　另有三等 B 類一讀，此據諸圖定為 A 類。

（續上表）

	覃一	談一	銜二	咸二	鹽三	凡二	廣	集	禮	七	切	五	四	經
清														
從														
心	糝	三 糝					✓㲱	✓㲱	✓㲱	✓㲱	✓三	✓三[29]	✓三	✓三
邪														
照三														
穿三					贛		✓	襜	襜	✓	✓	✓	襜>襜（襜）	✓
床三														
審三					苫		✓	✓	✓	✓	✓	✓	✓	✓
禪三					蟾		棎	棎	棎	✓	棎	棎	✓	棎
照二														
穿二			攙				✓	欃[>攙?]	✓	✓	✓	✓	✓	✓
床二														
審二			衫				✓	✓	✓	✓	✓	襳[杉]	✓	襳[杉]
影	諳						✓	✓	✓	✓	✓	✓	✓	✓
曉														
匣	[含]						✓	✓	✓	✓	酣	✓	○（✓）	✓
喻					鹽		✓	✓	✓	✓	✓	✓	✓（塩）	✓
來		藍					✓	✓	✓	✓	✓	✓	楙	✓
日					髯		✓	✓髯	✓顁	✓髯	✓髯	✓	蚺（○）	✓

29　《五音集韻》及《經史正音切韻指南》「三」字兩見於覃一和談一。

12. 流攝

韻表		廣	集	禮	七	切	五	四	經
侯一	尤三								
幫									
滂　抒[30]		○	✓	○	○	○	✓	✓	✓
並　哀髻		✓	抒	✓	✓	✓	✓	✓	✓
明　哷	霧 謀	✓	謀	謨	✓	謀	✓	✓	✓
	謀	✓	✓[31]	○	✓	○	謨	謨	✓
非									
敷									
奉									
微									
端　兜侸		✓	✓	✓	✓	✓	✓	哆	✓
透　偷		✓	✓	✓	✓	✓	✓	✓	✓
定　頭投骰		✓	✓	✓	✓	✓	✓	✓	✓
泥　羺羺				✓*					
		✓	✓		✓	✓	✓	✓	✓
知	輈	✓	✓	✓	✓	✓	✓	✓	✓
徹	抽	✓	✓遛	✓	✓	✓	✓	✓	✓
澄	儔	✓	✓	✓	✓	✓	✓	紬	✓
娘									
見　鈎勾		✓鈎	✓鈎	✓鈎	✓	✓	✓	✓鈎（鈎）	✓鈎
溪　彄		✓	✓	✓	✓	✓	✓	摳	✓
羣	求		✓	✓	✓	✓		✓	
	裘	✓					✓		✓裘

30　諸又音唯《集韻》普溝切合此位。

31　《集韻》侯一亦有迷浮切一讀，與尤三為兩讀。

（續上表）

	韻表		廣	集	禮	七	切	五	四	經
	侯一	尤三								
疑										
精	陬		纇	纇	緅	纇	緅	纇	諏	纇
清										
從										
心	涑 窀 鞍		✓	✓	潄	✓	✓	✓	✓	✓
邪										
照三										
穿三		雔	✓	✓	✓	✓	✓	✓	✓	✓
床三										
審三		收	✓	✓	✓	✓	✓	✓	✓	✓
禪三		酬	讎	讎	讎[> 讎 ?]	讎	讎	讎	疇	讎
照二										
穿二		搊	✓	✓	○	✓	篘	✓	✓	✓
床二										
審二		搜鎪[32]	✓挼	✓挼	✓挼	✓	✓	✓挼	✓	✓漉
影	謳		✓	✓	✓	✓	✓	✓	✓	✓
曉	[呴]		齁	齁	○	齁	齁	齁	齁	齁
匣	[侯]		✓	✓	✓	✓	✓	✓	✓	✓
喻		由	尤	✓	✓	✓	✓	猷[> 猷]	✓	猷
來	婁		樓	✓	✓	✓	樓	樓	✓	樓
日		柔	✓	✓	✓	✓	✓	✓	✓	✓

參考書目

一、傳統文獻

阿桂、于敏中等撰:《欽定滿洲源流考》,《景印文淵閣四庫全書》,冊 499。

(傳)阿摩利諦譯:《大藏字母文字陀羅尼經》,台灣師範大學圖書館藏民國抄本。

愛新覺羅・弘曆敕撰:《欽定皇朝文獻通考》,《景印文淵閣四庫全書》,冊 632-637。

愛新覺羅・弘曆敕撰:《欽定皇朝通志》,《景印文淵閣四庫全書》,冊 644-645。

愛新覺羅・弘曆撰:《御製文集》,《景印文淵閣四庫全書》,冊 1301。

愛新覺羅・弘曆撰:《御製詩集》,《景印文淵閣四庫全書》,冊 1302-1311。

北平故宮博物院編:《清代帝后像》,北京:北平故宮博物院,1931 年。

柴炳紹:《柴氏古韻通》,《續修四庫全書》影印中國科學院圖書館藏康熙本,冊 244。

晁瑮、徐燉:《晁氏寶文堂書目徐氏紅雨樓書目》,上海:古典文學出版社,1957 年。

陳藎謨:《元音統韻》,《四庫全書存目叢書》影印山東省圖書館藏清康熙五十三年范廷瑚刻本,冊 215。

陳澧撰,羅偉豪點校:《切韻考》,廣州:廣東高等教育出版社,2004 年。

陳振孫撰,徐小蠻、顧美華點校:《直齋書錄解題》,上海:上海古籍出版社,1987 年。

程端禮：《程氏家塾讀書分年日程》，《四部叢刊續編》影印鐵琴銅劍樓元刻本，
　　　上海：商務印書館，1934 年。

存之堂輯：《圓音正考》，《續修四庫全書》影印上海圖書館藏清道光十年京都
　　　三槐堂刻本，冊 254。

董誥等編：《欽定清涼山志》，《故宮珍本叢刊》影印乾隆五十年本，冊 248。

樊騰鳳：《五方元音》，《續修四庫全書》影印清文秀堂刻本，冊 260。

范欽藏，范邦甸撰：《天一閣書目》，《續修四庫全書》影印浙江圖書館藏清嘉
　　　慶十三年揚州阮氏文選樓刻本，1995 年。

方東樹：《考槃集文錄》，《續修四庫全書》影印上海華東師範大學藏清光緒
　　　二十年本，冊 1497。

方以智著，龐樸注釋：《東西均》，北京：中華書局，2001 年。

高奣映：《等音聲位合彙》，《雲南叢書》，北京：中華書局，2009 年，冊 4。

桂馥撰，趙智海點校：《札樸》，北京：中華書局，2006 年。

韓孝彥、韓道昭撰，釋文儒、思遠、文通刪補：《成化丁亥重刊改併五音類聚四
　　　聲篇海》，《續修四庫全書》影印北京大學圖書館藏成化七年文儒募刻本，
　　　冊 229。

侯外廬主編，中國社會科學院歷史研究所中國思想史研究室編：《方以智全書》，
　　　上海：上海古籍出版社，1988 年。

紀昀：《紀文達公遺集》，《續修四庫全書》影印嘉慶十七年紀樹馨刻本，冊
　　　1435。

賈存仁：《等韻精要》，《續修四庫全書》影印國家圖書館分館藏清乾隆四十年
　　　河東賈氏家塾刻本，冊 258。

江永：《音學辨微》，《音韻學叢書》本。

金毓黻：《金毓黻手定本文溯閣四庫全書提要》，中華全國圖書館文獻縮微複製
　　　中心，1999 年。

老藏丹巴：《清涼山新志》，《故宮珍本叢刊》影印康熙四十五年本，冊 248。

李汝珍：《李氏音鑑》，《續修四庫全書》影印華東師大圖書館藏清嘉慶十五年
　　　寶善堂刻本，冊 260。

李燾：《續資治通鑑長編》，北京：中華書局，1995 年。

梁國治等編：《欽定音韻述微》，《景印文淵閣四庫全書》，冊 240。

劉逢祿：《劉禮部集》，《續修四庫全書》影印浙江圖書館藏道光十年思誤齋刻本，冊 1501。

李光地：《榕村集》，《景印文淵閣四庫全書》，冊 1324。

劉鑑：《經史正音切韻指南》，京都大學藏近衛文庫正德八年刊本。

劉鑑：《經史正音切韻指南》，中央研究院傅斯年圖書館藏嘉靖四十三年釋本讚捐貲重刊本。

劉鑑：《經史正音切韻指南》，中央研究院傅斯年圖書館藏崇禎二至十年金陵圓覺庵釋新仁重刊本。

劉鑑：《經史正音切韻指南》，台灣師範大學藏康熙二十三年隆安禪寺刊本。

劉獻廷：《廣陽雜記》，《續修四庫全書》影印南京圖書館藏清同治四年周星詒家抄本，冊 1176。

劉獻廷：《廣陽雜記》，北京：中華書局，1957 年。

龍為霖：《本韻一得》，《四庫全書存目叢書》影印北京圖書館分館藏清乾隆十六年刻本，冊 219。

盧文弨著，王文錦點校：《抱經堂文集》，北京：中華書局，1990 年。

牟應震：《毛詩古韻雜論》，《續修四庫全書》影印南京圖書館藏清嘉慶刻道光二十九年至咸豐五年朱廷相朱畹重修《毛詩質疑六種》本，冊 247。

潘耒：《類音》，《續修四庫全書》影印上海辭書出版社圖書館藏清雍正潘氏遂初堂刻本，冊 258。

樸隱子：《反切定譜》，《續修四庫全書》影印浙江省圖書館藏清康熙二十四年刻本，冊 253。

錢大昕撰，陳文和主編：《嘉定錢大昕全集》，南京：江蘇古籍出版社，1997 年。

錢大昕：《元史藝文志》，《續修四庫全書》影印潛研堂全書本，冊 916。

錢維喬修，錢大昕纂：《［乾隆］鄞縣志》，《續修四庫全書》影印華東師範大學藏乾隆五十三年本，冊 706。

錢曾：《讀書敏求記》，《續修四庫全書》影印雍正六年濮梁延古堂刻本，冊 923。

喬中和：《元韻譜》，《續修四庫全書》影印國家圖書館分館藏清康熙梅墅石渠閣刻本，冊 256。

全祖望撰，朱鑄禹彙校集注：《全祖望集彙校集注》，上海：上海古籍出版社，
　　2000 年。

桑紹良：《聲韻雜著一卷文韻考衷六聲會編》，《續修四庫全書》影印北京大學
　　圖書館藏明萬曆桑學夔刻本，冊 255。

沈寵綏：《度曲須知》，《四庫全書存目叢書》影印北京大學圖書館、北京圖書
　　館藏明崇禎刻本，冊 426。

沈初撰，盧文弨等校：《浙江採進遺書總錄》，《四庫全書提要稿輯存》影印乾
　　隆四十年刻本。

沈括撰，胡道靜校注：《新校正夢溪筆談》，香港：中華書局，1975 年。

盛儀：《（嘉靖）惟揚志》，《天一閣藏明代方志選刊》影印天一閣藏明嘉靖殘本，
　　上海：上海古籍書店，1981 年。

實叉難陀譯：《大方廣佛華嚴經》影印天啟、崇禎年間重刊明刻本，香港：志蓮
　　淨苑，2001 年。

釋真空：《新編篇韻貫珠集》，《四庫全書存目叢書》影印北京大學圖書館藏明
　　弘治十一年本，冊 213。

釋振澄：《清涼山志》，《故宮珍本叢刊》影印萬曆本，海口：海南出版社，
　　2001 年，冊 248。

[傳] 司馬光：《宋本切韻指掌圖》影印北京圖書館藏宋紹定刻本，北京：中華
　　書局，1986 年。

田文鏡等監修，孫灝等編纂：《河南通志》，《景印文淵閣四庫全書》，冊 535。

脫脫等撰：《宋史》，北京：中華書局，1997 年。

王昶：《湖海文傳》，《續修四庫全書》影印經訓堂刻本，冊 1668。

王杰等輯：《欽定祕殿珠林續編》，《續修四庫全書》影印清內府抄本，冊 1069。

王蘭生：《交河集》，《清代詩文集彙編》影印道光十六年大足官廨刻本，冊
　　247。

王先謙：《釋名疏證補》，《續修四庫全書》影印華東師範大學藏清光緒二十二
　　年思賢書局刻本，冊 190。

王軒等撰：《山西通志》，《中國省志彙編》影印嘉慶本（台北：華文書局，
　　1969 年）。

王應麟：《玉海》影印光緒九年浙江書局刊本，上海：江蘇古籍出版社、上海書店，1987 年。

魏徵、令狐德棻撰：《隋書》，北京：中華書局，1982 年。

吳繼仕：《音聲紀元》，《續修四庫全書》影印北京圖書館藏明萬曆刻本，冊 254。

吳烺：《五聲反切正均》，《續修四庫全書》影印華東師大圖書館藏民國二十一年《安徽叢書》編印處影印南陵徐氏藏杉亭集原刻本，冊 258。

邢準：《新修絫音引證群籍玉篇》，《續修四庫全書》影印北京圖書館藏金刻本，冊 229。

熊士伯：《等切元聲》，《續修四庫全書》影印清華大學圖書館藏清康熙尚友堂刻本，冊 258。

許惠：《等韻學》，《續修四庫全書》影印國家圖書館分館藏清光緒八年刻擇雅堂初集本，冊 258。

楊從時編：《重編改正四聲等子》，宮內廳圖書寮文庫藏谷森善臣抄本，明治十六年。

楊從時編：《重編改正四聲等子》，靜嘉堂文庫美術館藏岡本保孝寫本，弘化二年。

楊從時編：《重編改正四聲等子》，日本國立公文書館藏本，刊年不詳。

楊軍：《七音略校注》影印元至治本，上海：上海辭書出版社，2003 年。

楊世鈺、趙寅松主編：《大理叢書·大藏經篇》，北京：民族出版社，2008 年。

藝文印書館編：《等韻五種》，台北：藝文印書館，2003 年。

永瑢等撰：《欽定四庫全書總目》，《景印文淵閣四庫全書》影印武英殿刻本，冊 1-5。

余迺永校註：《新校互註宋本廣韻》影印澤存堂本，上海：上海辭書出版社，2000 年。

余廷燦：《存吾文稿》，《續修四庫全書》影印上海圖書館藏咸豐五年雲香書屋刻本，冊 1456。

裕恩：《音韻逢源》，《續修四庫全書》影印北京大學圖書館藏清道光聚珍堂刻本，冊 258。

袁子讓：《五先堂字學元元》，《續修四庫全書》影印上海圖書館藏明萬曆

　　三十一年本，冊 255。

張岱年主編：《戴震全書》，合肥：黃山書社，1994 年。

張寅等編：《（嘉靖）太倉州志》，《天一閣藏明代方志選刊續編》影印崇禎二年
　　重刻本，上海：上海書店，1990 年。

張玉書等編纂：《康熙字典》，哈佛燕京圖書館藏內府本。

趙宧光：《説文長箋》，《四庫全書存目叢書》影印首都圖書館藏崇禎四年趙均
　　小宛堂刻本，台南：莊嚴文化事業有限公司，1997 年。

趙宧光撰，饒宗頤編集：《悉曇經傳 —— 趙宧光及其〈悉曇經傳〉》，台北：新
　　文豐出版股份有限公司，1999 年。

周春：《悉曇奧論》，上海圖書館藏，無頁碼。

周春：《小學餘論》，香港中文大學圖書館藏清刻本。

周祥鈺、鄒金生等輯：《新定九宮大成南北詞宮譜》，《續修四庫全書》影印古
　　書流通處影乾隆十一年刻本，冊 1755。

朱長文：《墨池編》，《景印文淵閣四庫全書》，冊 812。

朱熹撰：《孟子集注》，《四書章句集注》，北京：中華書局，2005 年。

撰人不詳：《四聲等子》，香港中文大學圖書館藏《粵雅堂叢書》，南海伍氏，
　　1861 年。

撰人不詳：《四聲等子》，《叢書集成初編》，上海：商務印書館，1937 年。

撰人不詳：《四聲等子》，《百部叢刊集成》影印咫進齋本，台北：藝文印書館，
　　1968 年。

撰人不詳：《四聲全形等子》，《景印文淵閣四庫全書》，冊 238。

撰人不詳：《四聲等子》，《欽定四庫全書》影印文津閣本，北京：商務印書館，
　　2005 年。

周賽華：《諧聲韻學校訂》，北京：中華書局，2014 年。

鄒漢勛：《五韻論》，《續修四庫全書》影印中國科學院圖書館藏光緒四年本，
　　冊 248。

撰人不詳：《佐伯紅粟齋書目》，京都大學附屬圖書館藏，大正四年謄寫自稻葉
　　君山藏本。

撰人不詳：《獻上書目》，京都大學附屬圖書館藏抄本，抄寫年不詳。

二、今人論著

曹志耘：《南部吳語語音研究》，北京：商務印書館，2002 年。

陳進國：《中國宗教研究年鑒（2009-2010）》，北京：中國社會科學出版社，2013 年。

丁福保：《佛學大辭典》，上海：上海書店，1991 年。

方孝岳：《廣韻韻圖》，北京：中華書局，2005 年。

耿振生：《明清等韻學通論》，北京：語文出版社，1992 年。

漢語大詞典編纂委員會：《漢語大詞典》，上海：漢語大詞典出版社，1989 年。

何孝榮：《明代北京佛教寺院修建研究》，天津：南開大學出版社，2007 年。

洪明玄：《方以智音學研究》，新北市：花木蘭文化事業有限公司，2018 年。

侯沖：《雲南與巴蜀佛教研究論稿》，北京：宗教文化出版社，2006 年。

侯沖：《漢傳佛教、宗教儀式與經典文獻之研究──侯沖自選集》，台北：博揚文化事業有限公司，2016 年。

侯沖：《「白密何在」──雲南漢傳佛教經典文獻研究》，桂林：廣西師範大學出版社，2017 年。

黃典誠：《黃典誠語言學論文集》，廈門：廈門大學出版社，2003 年。

黃維楚（智隆）：《華嚴字母及其唱法》，上海：上海佛學書局，無刊印年。

黃耀堃：《黃耀堃語言學論文集》，南京：鳳凰出版社，2004 年。

林光明：《華嚴字母入門》，台北：嘉豐出版社，2007 年。

林慶勳：《音韻闡微研究》，台北：台灣學生書局，1988 年。

林悟殊：《摩尼教及其東漸》，北京：中華書局，1987 年。

婁育：《經史正音切韻指南文獻整理與研究》，北京：中央民族大學出版社，2013 年。

羅常培：《羅常培語言學論文集》，北京：商務印書館，2004 年。

呂昭明：《東亞漢語音韻學的觀念與方法》，台北：元華文創，2017 年。

馬小鶴：《光明的使者──摩尼與摩尼教》，蘭州：蘭州大學出版社，2013 年。

馬小鶴：《霞浦文書研究》，蘭州：蘭州大學出版社，2014 年，頁 33。

牟潤孫：《注史齋叢稿》，香港：新亞研究所，1959 年。

甯忌浮：《漢語韻書史・金元卷》，上海：上海人民出版社，2016 年。

潘重規、陳紹棠：《中國聲韻學》，台北：東大圖書公司，1990 年。

潘文國：《韻圖考》，上海：華東師範大學出版社，1997 年。

饒宗頤：《梵學集》，上海：上海古籍出版社，1993 年。

孫伯君：《黑水城出土等韻抄本〈解釋歌義〉研究》，蘭州：甘肅文化出版社，
    2004 年。

譚慧穎：《西儒耳目資源流辨析》，北京：外語教學與研究出版社，2008 年。

譚世寶：《悉曇學與漢字音學新論》，北京：中華書局，2009 年。

田海著，劉平、王蕊譯：《中國歷史上的白蓮教》，北京：商務印書館，2017 年。

王俊中：《東亞漢藏佛教史研究》，台北：東大圖書股份有限公司，2003 年。

吳慰祖校訂：《四庫採進書目》，北京：商務印書館，1960 年。

袁靜芳：《中國漢傳佛教音樂文化》，北京：中央民族大學出版社，2003 年。

雲南省文史研究館纂集：《〈雲南叢書〉書目提要》，北京：中華書局，2010 年。

張廣保、宋學立：《宗教教化與西南邊疆經略——以元明時期雲南為中心的考
    察》，北京：社會科學文獻出版社，2014 年。

張羽新：《清政府與喇嘛教》，拉薩：西藏人民出版社，1988 年。

趙憩之（趙蔭棠）：《等韻源流》，台北：文史哲出版社，1985 年。

周廣榮：《梵語〈悉曇章〉在中國的傳播與影響》，北京：宗教文化出版社，
    2004 年。

周齊：《清代佛教與政治文化》，北京：人民出版社，2015 年。

周叔迦：《周叔迦佛學論著集》，北京：中華書局，1991 年。

石橋崇雄：《大清帝国》，東京：講談社，2000 年。

大岩本幸次：〈五音集韻切韻譜〉，《金代字書の研究》，仙台：東北大学出版会，
    2007 年。

大矢透：《韻鏡考　隋唐音圖》，東京：勉誠社，1978 年。

川瀨一馬：《五山版の研究》，東京：日本古書籍商協會，1970 年。

京都國立博物館編集：《古経図録：守屋孝蔵氏蒐集》，京都：京都國立博物館，
    1964 年。

佐佐木猛：《集韻切韻譜》，福岡：中國書店，2000 年。

佐佐木猛：《增修互註禮部韻略切韻譜》，福岡：中國書店，1996 年。

田久保周譽：《批判悉曇學　論説篇》，東京：眞言宗東京專修學院，1944 年。

辻本春彥著，森博達編：《廣韻切韻譜》，京都：臨川書店，2008 年。

古屋昭弘：《張自烈「正字通」字音研究》，東京：好文出版，2009 年。

宮紀子：《モンゴル時代の出版文化》，名古屋：名古屋大學出版会，2006 年。

吉田豐、古川攝一：《中國江南マニ教繪画研究》，京都：臨川書店，2015 年。

Conze, Edward (trans.). *The Large Sutra on Perfect Wisdom, With the Divisions of the Abhisamayālaṅkāra.* Berkeley, Los Angeles, London: University of California Press, 1975.

Emmerick, R. E.. *The Book of Zambasta: A Khotanese Poem on Buddhism.* London: Oxford University Press, 1968.

Nattier, Jan. *A Few Good Men: the Bodhisattva Path According to the Inquiry of Ugra (Ugrapariprccha).* Honolulu : University of Hawai'i Press, 2003.

Salomon, Richard. *The Buddhist Literature of Ancient Gandhāra: An Introduction with Selected Translations.* Somerville, MA: Wisdom Publication, 2018.

Suzuki, Daisetz Teitaro and Idzumi, Hokei (ed.). *The Gandavyuha sutra.* Kyoto: The Sanskrit Buddhist Texts Publishing Society, 1934.

Vaidya, P. L.. *Gaṇḍavyūhasūtra.* Darbhanga: The Mithala Institute, 1960.

三、單篇論文

陳子怡［陳雲路］：〈釋康熙字典內含四聲音韻圖的唱〉，《女師大學術季刊》第一卷第二期（1930 年 6 月），無頁碼。

傅暮蓉：〈華嚴字母儀式中的梵唄〉，《樂府新聲（瀋陽音樂學院學報）》第 3 期（2012 年），頁 148-158。

耿振生：〈《字母切韻要法》再辨〉，《語言學論叢》第 17 輯（1992 年），頁 31-59。

黃進興：〈清初政權意識形態之探究：政治化的「道統觀」〉，《中央研究院歷史

語言研究所集刊》第 58 本第 1 分（1987 年），頁 105-132。

黃耀堃：〈萬曆五年本《四聲等子》？〉，《南大語言學》第二輯（2005 年），頁
　　143-144。

黃耀堃：〈歸納助紐字與漢字注音的「三拼制」〉，《語言研究》第 28 卷第 2 期
　　（2008 年），頁 17-30。

黃耀堃：〈解釋歌義所據的音韻材料及其相關問題〉，《南大語言學（第四輯）》，
　　北京：商務印書館，2012 年。

黃永年：〈《西洋記》裏金碧峰的本來面目〉，《中國典籍與文化論叢》第 2 輯
　　（1995 年），頁 144-155。

李惠綿：〈沈寵綏體兼南北的度曲論〉，《臺大中文學報》第 33 期（2010 年），
　　頁 295-340。

李靜惠：〈試探《拙菴韻悟》之圓形音類符號〉，《聲韻論叢》第 6 輯（1997 年），
　　頁 613-636。

李新魁：〈《康熙字典》的兩種韻圖〉，《辭書研究》第 1 期（1980 年），頁
　　174-182。

廖可斌：〈《三寶太監西洋記通俗演義》主人公金碧峰本事考〉，《文獻》第 1 期
　　（1996 年），頁 24-46。

林士炫：〈中華衛藏：清仁宗西巡五臺山研究〉，《故宮學術季刊》第 28 卷第 2
　　期（2010 年），頁 147-212。

林士鉉：〈四譯而為滿州 —— 五臺山與清乾隆年間的滿文佛經翻譯〉，釋妙江主
　　編：《一山而五頂：多學科、跨方域、超文化視野下的五臺信仰研究》，台
　　北：新文豐出版股份有限公司，2017 年，頁 213-247。

林子周、陳劍秋：〈福建霞浦明教之林瞪的祭祀活動調查〉，《世界宗教文化》
　　第 5 期（2010 年），頁 82-85。

呂建福：〈五台山文殊信仰與密宗〉，《五台山研究》第 2 期（1989 年），頁 12,
　　29-32。

榮新江：〈西域史研究的回顧與展望〉，《歷史研究》第 2 期（1998 年），頁
　　132-146。

榮新江、文欣：〈「西域」概念的變化與唐朝「邊境」的西移 —— 兼談安西都護

府在唐政治體系中的地位〉,《北京大學學報（哲學社會科學版）》第 49 卷第 4 期（2012 年），頁 113-119。

孫昌武：〈清王朝佛教政策 —— 興黃教以安天下〉,《北方民族與佛教：文化交流與民族融合》，北京：中華書局，2015 年，頁 461-507。

唐蘭：〈論唐末以前韻學家所謂「輕清」和「重濁」〉,《國立北京大學五十周年紀念論文集（文學院第二種）》，收入《均社論叢》第 15 號（1984），頁 33-53。

王邦維：〈謝靈運《十四音訓叙》輯考〉,《交流與互鑒：佛教與中印文化關係論集》，香港：三聯書店（香港）有限公司，2018 年，頁 119-166。

王松木：〈墜入魔道的古音學家 —— 論龍為霖《本韻一得》及其音學思想〉,《清華中文學報》第 8 期（2012 年），頁 63-133。

王曦：〈咫進齋叢書《四聲等子》版本研究〉,《湖南社會科學》第 2 期（2008 年），頁 207-209。

吳晗：〈明教與大明帝國〉,《讀史劄記》，北京：生活・讀書・新知　三聯書店，1961 年，頁 235-270。

蕭蛻：〈華嚴字母學音篇〉,《國學論衡》第 4 期（1934 年），頁 12-22。

蕭振豪：〈輕清重濁重議：以詩律為中心〉,《中國語學》第 260 號（2013 年），頁 54-73。

蕭振豪：〈通韻與羅文 —— 重讀《論鳩摩羅什通韻》〉,《日本中国語學會第 65 回全国大会予稿集》，東京：好文出版，2015 年，頁 132-136。

徐菲：〈上海地區三個不同寺院的梵唄《華嚴字母讚》的音樂風格比較〉,《黃河之聲》第 20 期（2011 年），頁 82-84。

印順：〈《大智度論》之作者及其翻譯〉,《東方宗教研究》新二期（1991 年），頁 11-70。

袁嘉穀：〈滇南釋教論〉,《袁嘉穀文集》，昆明：雲南人民出版社，2001 年，冊 1，頁 606-631。

周廣榮：〈禪門日誦中的華嚴字母考述〉,《中國禪學》第五卷（2010 年），頁 503-517。

周有光：〈劉獻廷和他的《新韻譜》〉，北京市語言學會編:《語言論文集》，北京：

商務印書館，1985 年，頁 261-267。

岩崎日出男：〈不空三蔵の五臺山文殊信仰の宣布について〉，《密教文化》第
　　181 號（1993 年），頁 40-57。

尾崎雄二郎：〈漢字の音韻〉，載貝塚茂樹、小川環樹編：《日本語の世界 3　中
　　国の漢字》，東京：中央公論社，1981 年，頁 150-160。

金文京：〈張象津「等韻簡明指掌圖」譯注〉，高田時雄編：《明清時代の音韻學》，
　　京都：京都大學人文科學研究所，2001 年，頁 89-121。

窪德忠：〈宋代における道教とマニ教〉，和田博士古稀記念東洋史論叢編纂委
　　員會編：《和田博士古稀紀念　東洋史論叢》，東京：講談社，1960 年，頁
　　361-371。

慶谷壽信：〈「字母」という名稱をめぐって〉，《日本中國學會報》第 33 集
　　（1981 年），頁 201-213。

小出敦：〈「重編改正四声等子」の音韻特徵〉，《京都產業大學論集》人文科學
　　系列第 30 號（2003 年），頁 65-84。

小川環樹：〈讀尾崎雄二郎「漢語語音史研究」〉，《世界華學季刊》第二卷第三
　　期（1981 年），頁 1-6。

佐藤哲英：〈南岳慧思の「四十二字門」について〉，《印度學佛教學研究》第
　　16 卷 2 期（1968 年），頁 40-47。

高橋純佑：〈四十二字門と文殊菩薩〉，《智山學報》第 39 卷（1990 年），頁
　　67-77。

陳繼東：〈「禅門日誦」の諸本について〉，《印度學佛教研究》第 51 卷第 1 號
　　（2002 年），橫排頁 313-308。

陳繼東：〈「禅門日誦」再考〉，《印度學佛教研究》第 53 卷第 2 號（2005 年），
　　橫排頁 798-793。

陳繼東：〈明末の「諸経日誦集要」とその周辺〉，《印度學佛教研究》第 55 卷
　　第 2 號（2007 年），頁 552-558。

平田昌司：〈謝靈運「十四音訓叙」の系譜 —— 科學制度と中國語史 第一〉，
　　高田時雄編：《中國語史の資料と方法》，京都：京都大學科學研究所，
　　1994 年，頁 33-80。

古屋昭弘：〈廖綸璣「滿字十二字頭」について〉，早稻田大學中國古籍文化研究所編：《中國古籍文化研究　稻畑耕一郎教授退休紀念論集》，東京：東方書店，2018 年，上卷，頁 405-413。

麥文彪：〈「普庵咒」における悉曇字母について：佛教眞言の中國化の一例〉，《東方學報》第 88 冊（2013 年），頁 189-219。

吉田道興：〈天童寺世代考（一）〉，《禅研究所紀要》第 12 號（1984 年），頁75-126。

Benard, Elisabeth. "The Qianlong Emperor and Tibetan Buddhism." In James A. Millward et al. (ed.), *New Qing Imperial History: The Making of Inner Asian Empire at Qing Chengde*, London, Routledge Curzon, 2004, pp. 123-151.

Bianchi, Ester. "Chinese Chantings of the names of Mañjuśrī: The *Zhenshi Ming Jing* 真實名經 in Late Imperial and Modern China." In Durand-Dastès, Vincent. (ed.) *Empreintes du Tantrisme en Chine et en Asie Orientale. Imaginaires, rituals, influences.* Leuven: Peeters, 2015, pp. 117-138.

Brough, John. "The Arapacana Syllabary in the Old Lalita-vistara." In *Bulletin of the School of Oriental and African Studies*, Vol. 40, No. 1, 1977, pp. 85-95.

Bühnemann, Gudrun. "Buddhist Deities and Mantras in the Hindu Tantras: II The *Śrīvidyārṇavatantra* and the *Tantrasāra*." In *Indo-Iranian Journal*, Vol. 43, No. 1, 2000, pp. 27-48.

Chou, Wen-Shing. "Imperial Apparitions: Manchu Buddhism and the Cult of Mañjuśrī." In *Archives of Asian Art*, Vol. 65, Issue 1-2 (2015), pp. 139-179.

Farquhar, David M.. "Emperor as Bodhisattva in The Governance of The Ch'ing Empire." In *Harvard Journal of Asiatic Studies*, Vol. 38, No. 1 (1978), pp. 5-34.

Federick, William Thomas. "A Kharoṣṭhī Document and the Arapacana Alphabet." In *Miscellanea Academica Berolinensia: Gesammelte Abhandlungen zur Feier des 250-jährigen Bestehens der deutschen Akademie der Wissenschaften zu Berlin*, II/2, pp. 194-207.

Filliozat, Pierre-Sylvain. "Ancient Sanskrit Mathematics: An Oral Tradition and a Written Literature." In Karine Chemla (ed.), *History of Science, History of*

Text. Dordrecht: Springer, 2005, pp. 137-157.

Köhle, Natalie. "Why did the Kangxi Emperor go to Wutai Shan ? Patronage, pilgrimage, and the Place of Tibetan Buddhism at the Early Qing Court." In *Late Imperial China*, Vol. 29 No.1 (2008), pp. 73-119.

Konow, Sten. "The Arapacana Alphabet and the Sakas." In *Acta Orienalia*, vol. XII, 1934, pp. 13-24.

Lévi, Sylvain. "Ysa." In *Memorial Sylvain Lévi*. Paris: Paul Hartmann, 1937, pp. 355-363.

Lieu, Samuel N.C. "Manichaean Remains in Jinjiang 晉江 ." In *Medieval Christian and Manichaean Remains from Quanzhou (Zayton)*. Turnhout: Brepols, 2012, pp. 61-82.

Salomon, Richard. "New Evidence for a Gāndhārī Origin of the Arapacana Syllabary." In *Journal of the American Oriental Society*, Vol.110, No.2, 1990, pp. 255-273.

Salomon, Richard. "An Additional Note on Arapacana." In *Journal of the American Oriental Society*, Vol. 113, No. 2, 1993, pp. 275-276.

Salomon, Richard. "An Arapacana Abecedary from Kara Tepe (Termez, Uzbekistan." In *Bulletin of the Asia Institute*, New Series, Vol. 18, 2004 (publ. 2008), pp. 43-51.

Salomon, Richard. "Kharoṣṭhī Syllables used as Location Markers in Gandhāran Stūpa Architecture." In Pierfrancesco Callieri (ed.), *Architetti, capomastri, artigiani: l'organizzazione dei cantieri e della produzione artistica nell'Asia ellenistica: Studi offerti a Domenico Faccenna nel suo ottantesimo compleanno*. Roma: Istituto italiano per l'Africa e l'Oriente, 2006, pp. 181-224.

Sarita, Khettry. "History of Buddhism in Gandhāra: A Relook at Material Remains." In *Proceedings of the Indian History Congress*, Vol. 70 (2009-2010), pp. 78-85.

Wang, Xiangyun. "The Qing Court's Tibet Connection: Lcang skya Rol pa'i rdo rje and the Qianlong Emperor," In *Harvard Journal of Asiatic Studies*, Vol. 60,

No. 1 (2000), pp. 125-163.

Zsuzsanna, Gulácsi. "Searching for Mani's Picture-Book in Textual and Pictorial Sources." In *Transcultural Studies*, Vol.2, No.1, 2011, pp. 233-262.

四、學位論文：

李柏翰：《明清悉曇文獻及其對等韻學的影響》，台灣清華大學中國文學系博士論文，2015 年。

蕭漢威：《明代佛教典籍出版研究》，台灣輔仁大學碩士論文，2018 年。

嚴至誠：《宋元語文雜叢所見等韻資料研究》，香港中文大學中國語言及文學課程哲學碩士論文，2006 年。

五、電子資源：

《大正新脩大藏經》、《卍新纂續藏經》，中華電子佛典協會（CBETA）電子佛典集成，2018。

佛光大辭典編修委員會：《佛光大辭典》，CBETA 版。

Melzer, Gudrun. "An Acrostic Poem Based on the Arapacana Alphabet from Gandhāra: Bajaur Collection Kharoṣṭhī Fragment 5." (17 May 2017).http://130.223.29.184/editions/melzer_bc5_20170517.pdf. (Accessed 1 Jan 2019).

Strauch, Ingo. "The Bajaur collection: A new collection of Kharoṣṭhī manuscripts--A preliminary catalogue and survey."(2018). https://www.academia.edu/25779968/The_Bajaur_collection_A_new_collection_of_Kharo%E1%B9%A3%E1%B9%ADh%C4%AB_manuscripts_A_preliminary_catalogue_and_survey. (Accessed 1 Jan 2019).

"The Qianlong Emperor as Manjushri, the Bodhisattva of Wisdom". https://asia.si.edu/object/F2000.4/. (Accessed 9 Dec 2020).

後記

　　這本小書的原點，固然是 2009 年秋天開始撰寫的碩士論文，但真正動筆重寫，卻要到 2018 年的 5 月才正式開始。那時我身處屋久島，和友人白井瞭平君相約登山看號稱樹齡 2000 年（一説 7200 年）的繩文杉。繩文杉標高 1300 米，從登山口來回共 22 公里，需時 7-12 小時。這對登山者的體力來説是一大挑戰，事前在網上看到其他登山者的感想，當中不乏成功攻頂的人，但也有不少人望而生畏，或在山上進退維谷。雖然在日本經常遠足，但也不免對自己的體力缺乏信心，更有友人勸我果斷放棄。

　　或許因為過於緊張，前一晚反而無法入眠。凌晨四時，瞭平君如時起床，興致勃勃，我卻仍然猶豫不決。想到自己睡眠不足，如果在山上出現狀況，恐怕會成為別人的負累。雖然難以啟齒，還是臨陣退縮，目送他的身影融入一片漆黑之中。回到房間，想到自己好像成了逃兵，把友人丟到深山裏探險，不禁怪責自己的怯懦。不久初出的日光映照碧海，屏山西注，翠色漸起，鳥囀時聞。此時瞭平君正在征途之上，拿着我的相機代為記錄沿途的風光，我又怎能在房間裏一事無成？雖然形式各異，也應該各自修行吧。於是矢志拿起手邊的《悉曇經傳》和新買的記事本，以攀山的心情來讀書。讀到有疑滯之處，看看浪濤，看看半空中漂浮的雲霧，又繼續讀下去。餓了就吃一口沒有用武之地的登山便當，許多難題逐漸冰消。

　　結果瞭平君比預定的時間還要早完成，還説有不少老人緩慢地走完全程，這無疑讓人更感羞愧——然而沒有這段小插曲，這本書又怎能順利開始呢？上天好像藉此要賜予我勇氣和希望，讓許多意念在電光石火間萌生，更讓我忽然

對放下多年的課題重拾熱情。

　　這當然不是刻意模仿〈始得西山宴游記〉而編造「於是乎始」的情節。不過，第二天我們一同登上白谷水雲峽，那裏苔石蒼潤，水鳴琅然，雖無繩文杉的雄壯挺拔，碧綠的夢幻世界卻教人夢魂縈繞。學術的道途同樣如此，太宏大的理想無法一蹴而就，只好慢慢拾級而上，在方寸之間尋找勝境，有時連攀山者也不知道自己能走多遠，身在何方。

　　這座華嚴字母的山上充滿「無量主山神」（八十華嚴卷一），想要一一拜訪並不容易。從開始選題到正式上梓，十寒一暴，竟然橫跨了整整十載。最初訂立論題，不過誤打誤撞，既輕率又任性，某些章節甚至在提交前半個月才急就而成，其成品之粗疏可笑，可想而知。業師黃耀堃教授竟然耐心包容我這莽撞兒，悉心批閱；在我深感挫折時又每以嘉言激勵，長育顧復，恩情罔極。老師帶領我踏進學術的殿堂，又在平日的雜談中提到不少嶄新的著作與研究方向，當中尤以韻讀與文學、宗教文獻及日本漢學的研究方法，對我的影響最為深遠。老師經常提到道教的種種概念，又命我閱讀大藏經文獻，我於此學雖然不甚了了，但後來閱讀《悉曇藏》，乃至注視明教與華嚴字母之關係，無不與老師的啟發有關。老師從來不要求我們服膺他的説法，反而鼓勵我們勇於批判，做一個「不聽話」的學生，試問有此雅量能有幾人？然而我們一方面以做「不聽話」的學生為榮，一方面卻對老師的心傳和學風念茲在茲。畢業多年，沒有什麼可以報答恩師，唯有認真修訂這本小書，作為老師指導的見證。因此拙書不啻是遲交十年的作業謄改，更叫人不敢草草為之。現在老師又不吝賜序，謹此致上最深的謝意！不知道老師給這份作業打多少分數？

　　既然在多年後完全重寫，理應在書中體現這些年來的省思與學術上的成長。當時隱約感到從華嚴字母以小見大，可以察看語言史與文化的關係，但卻不知道怎樣進一步深化論述。直到在京都親炙業師平田昌司教授，才逐漸明白結合語言史和文化史的蹊徑所在。平田老師的研究苦卓孤詣，擅於將語文學上的現象與大歷史接連起來，而且徵引材料之廣博，對研究背景之嫻熟，令人難望項背。世上頗有誇誇其談之輩，張大其辭，初讀若受電然，稍進厭其淺薄。老師堅持篤實的學問，律己以嚴，每次謁見，老師雖容色藹如，現在回想起來，心中只有愧疚與惶恐。老師的學問，自己不敢説通其萬一；但老師嚴肅猛

銳的治學精神，卻每每督促着我，即使思緒乙乙若抽，下筆也不敢輕作一字妄語。祝願老師榮休生活無憂多福！

　　老師們永遠是難以逾越的高山。所幸山陰道上，總有不少人熱心相助。碩士論文獲得 2009/2010 年度尤德爵士紀念基金研究生獎學金（Sir Edward Youde Memorial Fellowships 2009/2010），這對研究生來説，確是莫大的鼓舞。撰論過程中，林光明教授賜函解惑；張洪年教授和陳萬成教授在論文答辯時惠示修改意見；趙詠詩女史、嚴偉先生代為影印孤本文獻，在此一併衷心致謝！

　　十年來往事歷歷，事過境遷，回首總覺雲淡風輕，即使當年拙劣無比，卻仍令人懷想無已。重讀舊作，觸目雌黃，一旦面世以後，修正無從，由是惴慄不安。書中第三、四章部分內容，曾刊於《明清研究論叢》第二輯；書末〈《重編改正四聲全形等子》初探——兼論《四聲等子》與《指玄論》的關係〉，原刊於《語言研究》第 35 卷第 4 期（2015 年），豈料短短幾年，已發現文中有關《貫珠集》符號及明代《四聲等子》流傳的説明不盡正確，正好藉此修訂，聊補前愆而已。

　　人生和學術一樣，已往多不可諫，來者未必可追，往往只能存悔。還可以補救的是：下次總要親眼看到繩文杉吧……

戊戌歲暮於兩辛苦齋

　　恐怕好一段時間無法去看繩文杉了。避疫困居，無心塗抹，天意人事，可以悽愴傷心者矣！對着書稿的文檔，終日塊坐，只覺無限的羞愧襲人而來。在愁緒之中，除了業師依舊垂眷，何志華教授、酈可怡教授和黃金文教授始終關心拙著的出版，中華書局（香港）有限公司黎耀強先生、黃杰華博士、許穎博士熱心促成這本冷僻的專論面世，並惠示修改意見，可謂極大的鼓勵。書中僻字和符號頗多，編輯們仍不厭其煩地校對和造字，志蓮淨苑圖書館員和流通處的志工，在疫間閉館之時，協助重檢志蓮本八十華嚴，實在令人感動。尤其在撰論乞靈無助之際，李俊彤博士不時賜告佛教史和美術史的新知，余佳韻教授代為查覽海外材料，唐偉豪先生和城浜大秦君嘉言撫勉，其後羅星陽先生代為整理書目，鄒靈璞先生在百忙之中更通校一過……心中暗自慶幸「天意憐幽

草」。桜井真樹子老師的聲明課，成為了生活中唯一的安慰。如果這本小書真
有什麼有益世道之處，但願能迴向一眾師友和家人，僅此而已。

　　寒夜校對韻圖，目力疲弊，於是出門到海邊走走。腦海中閃現的，卻是當
年某夜，天氣同樣凜冽，也許還有幾點雪珠。在研究室工作到凌晨，早已沒有
車了，從百萬遍步行一小時回西陣，沿途冷風擊面，竟覺得心境澄明，彷彿世
界寂然不動。那時候，總好像有用不完的時間和熱情。此情此景，不知道此生
再否。

　　　　　　　　　　　　　　　　　　　　　庚子孟冬再識於兩辛苦齋

□ 責任編輯	黃杰華
□ 裝幀設計	黃希欣
□ 排版	楊舜君
□ 印務	劉漢舉

《華嚴字母新探：明清宗教、語言與政治》

蕭振豪 著

出版 中華書局（香港）有限公司

香港北角英皇道 499 號北角工業大廈一樓 B

電話：（852）2137 2338　傳真：（852）2713 8202

電子郵件：info@chunghwabook.com.hk

網址：http://www.chunghwabook.com.hk

發行 香港聯合書刊物流有限公司

香港新界荃灣德士古道 220-248 號

荃灣工業中心 16 樓

電話：（852）2150 2100　傳真：（852）2407 3062

電子郵件：info@suplogistics.com.hk

印刷 美雅印刷製本有限公司

香港觀塘榮業街 6 號海濱工業大廈四樓 A 室

版次 2021 年 5 月初版

© 2021 中華書局（香港）有限公司

規格 16 開（230mm×170mm）

ISBN 978-988-8758-55-5